民主と両岸関係についての東アジアの観点

馬場毅　謝政諭　編

東方書店

本論集は、愛知大学国際問題研究所と東呉大学と東方書店との提携出版である。

序文

東呉大学と愛知大学は二〇〇二年に姉妹校提携を結んで以来、すべての学生の交流、教授の訪問および講演を頻繁に重ね、二〇一三年には台湾にて愛知大学現代中国学部の三五名の教師・学生が一五日にわたる「現地研究調査」を実施し、両者の交流提携が絶えず深化している。

台湾教育部などの機関による奨励、補助のもと、この三年来、愛知大学黄英哲教授と筆者は「近六十年来台湾発展経験についての東アジアの観点」とする国際的研究を共に進めてきた。その研究活動のもとで、二〇一二年六月一六日、一七日両日にわたり、東呉大学政治学系と愛知大学国際問題研究所の共同主催による、「民主と両岸関係についての東アジアの観点」とする国際シンポジウムを愛知大学にて行った。そのシンポジウムの各部会タイトルは「東アジア民主化の経験の比較」、「東アジア地域の安全と地政学政治」、「現代東アジア文化とアイデンティティー」、「東日本大震災におけるメディアの役割——日本と台湾の事例」との議題にて実施した。このうち「オバマの『戦略東移』と東アジア国際政治」、「海峡両岸関係の進展と平和協定」、「『九二年コンセンサス』——両岸政治修辞学の選挙への影響」、「地政学理論から見る中国、日本、台湾の三角関係」といった議題はいずれも白熱した討論となった。総合討論では、東京大学の松田康博教授により、国際構造、地政学政治や民主化からすると、日、韓、台の近似性、相似性、共通認識の差が中国・ASEANよりも高まっているとの指摘がなされた。東アジア問題を考察する際、討論に与る研究者は政治的側面以外の文化的アイデンティティーあるいは社会的価値の影響を軽視してはならないと思っている。両岸関係についての総合討論における共通認識は、両岸問題が中国大陸と台湾間の問題だけでなく、東アジアと世界情勢の問題にも影響を及ぼすというものであった。現今のグローバル化をめぐる大きな趨勢のもとで、両岸の平和的発展は、中国大陸と台湾の共通利益であり、同時に東アジア地域の安定的発展を促すものでもある。

閉幕の際には、シンポジウム主催者の馬場毅、黄英哲両教授および筆者によりシンポジウムに参加した研究者に向けて日本各地、中国、台湾から遠路遥々ご足労いただき、共同して盛大なシンポジウムを挙行できたことに、心よりの謝意が示された。筆者はまた意に及んで「文官は筆を提げて天下を安んじ、武将は剣を抜いて乾坤を震わす」（文官提筆安天下、武将抜剣震乾坤）との東洋の古訓を述べた。東アジアの「文官」の多くが平和的プランを提示し、「武将」が干戈を交えず、共に東アジアの平和と繁栄に持続的に力を尽くすよう期待したい。また、シンポジウムの中国語版論集はすでに二〇一二年一一月において台湾の松慧文化出版よりなされている。日本語版の出版を目前にして、論文執筆と評論を行った研究者に対して、再び心よりの謝意を示したい。

東呉大学人文社会学院政治学系教授
謝政諭（野口武訳）

二〇一四年三月

序文

本書は二〇一二年六月一六日と一七日の二日間にわたって愛知大学国際問題研究所と台湾・東呉大学人文社会学院政治学系共催、中日新聞社・愛知大学同窓会・台湾民主基金会後援で、愛知大学名古屋校舎で行われた国際シンポウム「民主と両岸関係についての東アジアの観点」で報告した論文で構成したものである（紙幅の関係でコメンテーターのコメントと議論は省略した）。

シンポジウムは二日間にわたって一三の報告が行われ、日本側の発表には台湾および中国側、台湾および中国側の報告には日本側のコメンテーターがつき、活発な学術交流が行われた。

二日間の報告は、①東アジアの民主社会の再構築の方向、②東アジア民主化の経験の比較、③東アジアの安全と地政学政治、④現代東アジア文化とアイデンティティー、⑤東日本大震災におけるメディアの役割の5つのセクションで行われた。これらの報告の中で、台湾、日本、韓国の民主化の経験が議論され、中国と対比しつつそれらの共通性が述べられると共に、日本の要素やアメリカの要素を含めた東アジア国際政治の中での中台両岸関係について、さらには中台日韓を含む東アジアの文化とそれぞれのアイデンティティー、東日本大震災における台日メディアの問題などが議論された（なお本書ではそれらを四部構成とした）。

愛知大学国際問題研究所は、一九四八年、創立の際は東亜同文書院大学の「支那問題研究所」を継承して「中国問題研究所」と命名しようとしたが、当時の日本を統治していたＧＨＱの意向を反映して、国際問題研究所と命名せざるを得なかった。そのような経過から研究の中心は長く中国問題であった。その後二〇〇三年にＣＯＥプロジェクトとして学内に中国研究の専門研究機関である国際中国学研究センター（ＩＣＣＳ）が設置されて以後、現在国際問題研究所は国際中国学研究センターと役割分担をし、欧米やアジアなどを対象とした地域研究、国際関係、国際機構の研究をしている。ただ台湾を含む中国問題の研究も現在でも柱の一つであり、その意味から本書は台湾を含む中国問題研究の成果を発表するものである。

本シンポジウム開催にあたって、東呉大学人文社会学院政治学系の謝政諭教授をはじめとする東呉大学の先生方、お忙しい中、報告、コメンテーター、司会を務められた日本国内の各大学の先生方、本シンポウムの企画段階から本書の出版まで多大の尽力をされた愛知大学の黄英哲教授に対して感謝の意を表したい。

また本書の出版に当たって、(株)東方書店コンテンツ事業部の川崎道雄氏に編集作業で大変お世話になった。

なお本書は愛知大学国際問題研究所と東呉大学と東方書店の提携出版である。

最後にシンポジウムのスケジュールを記しておく。

「民主と両岸関係についての東アジアの観点」

共催：愛知大学国際問題研究所

　台湾・東呉大学人文社会学院政治学系

後援：中日新聞社／愛知大学同窓会／台湾民主基金会

■六月一六日（土）会場：愛知大学車道校舎 コンベンションホール

司会　馬場毅（愛知大学国際問題研究所所長）

一〇：三〇〜一一：〇〇　開会挨拶

　佐藤元彦（愛知大学学長）

　林錦川（東呉大学副学長）

一一：〇〇〜一一：五〇　基調講演

趙永茂（台湾大学政治学系教授兼社会科学院院長）

東アジア民主社会の再構築の方向

――「政商代議」体制から「社会代議」の結合へ

◆セクション一　東アジア民主化の経験の比較　一三：〇〇〜一四：三〇

司会　加納寛（愛知大学国際コミュニケーション学部教授）

林錦川（東呉大学副学長）

●河辺一郎（愛知大学現代中国学部教授）

台湾民主化の対外的波紋

コメンテーター　呉志中（東呉大学政治学系副教授兼台湾フランス学会理事長）

●黄秀端（東呉大学政治学系教授兼系主任）

民主化と台湾国会政治

コメンテーター　三好章（愛知大学大学院中国研究科科長）

●楊鈞池（高雄大学政治法律系副教授兼系主任）

「アジア太平洋主義」から「東アジア主義」へ ― 日本における「東アジア共同体」の分析 ―

コメンテーター　前田直樹（広島大学大学院社会科学研究科助教）

◆セクション二　東アジア地域の安全と地政学政治　一四：五〇〜一六：五〇

司会　三好章（愛知大学大学院中国研究科科長）

趙永茂（台湾大学政治学系教授兼社会科学院院長）

●趙建民（政治大学国家発展研究所教授）
両岸関係の変遷と東アジア地域の安全
コメンテーター　松田康博（東京大学大学院情報学環教授）
●呉志中（東呉大学政治学系副教授兼台湾フランス学会理事長）
地政学理論から見る中国、日本、台湾の三角関係
コメンテーター　浅野豊美（中京大学国際教養学部教授）
●加々美光行（愛知大学現代中国学部教授）
オバマの「戦略東移」と東アジア国際政治
コメンテーター　楊鈞池（高雄大学政治法律系副教授兼系主任）
●松本はる香（アジア経済研究所副主任研究員）
海峡両岸関係の進展と平和協定――「現状維持」の行方
コメンテーター　謝政諭（東呉大学政治学系教授）

■六月一七日（日）会場：愛知大学車道校舎コンベンションホール
◆セクション三　現代東アジア文化とアイデンティティー　一〇：〇〇～一一：三〇
司会　李春利（愛知大学経済学部教授）
　　　頼錦雀（東呉大学日本語文学系教授兼外語学院院長）
●加治宏基（三重大学地域戦略センター専任研究員）
中国の世界遺産政策にみる政治的境界と文化実体の国際的承認

コメンテーター　王堯（蘇州大学文学院院長）
●呉介民（中央研究院社会学研究所副研究員）
「九二年コンセンサス」：両岸政治修辞学の選挙への影響
コメンテーター　小笠原欣幸（東京外国語大学准教授）
●張家銘（東呉大学社会学系教授）
社会資本と文化資本――中国における台湾、日本、韓国企業の駐在員
コメンテーター　川井伸一（愛知大学副学長）
◆セクション四　東日本大震災におけるメディアの役割　一二：三〇～一三：三〇
――台湾と日本の事例
司会　朱広興（東呉大学日本語文学系教授）
王堯（蘇州大学文学院院長）
●謝政諭（東呉大学政治学系教授）
蔡韻竹（東呉大学政治学系助理教授）
日本の三・一一東日本大地震での台湾メディアの役割と災害への関心
コメンテーター　菊池一隆（愛知学院大学文学部教授）
●楊韜（名古屋大学大学院国際言語文化研究科助教）
三・一一以降の日本メディアにおける「国際社会と震災支援」報道の分析
――日中・日台・中台の相互関係という視点から
コメンテーター　菊池一隆（愛知学院大学文学部教授）

◆総合討論　一三：三〇～一四：五〇
司会　馬場毅（愛知大学国際問題研究所所長）
黄英哲（愛知大学現代中国学部教授）
●討論者：趙建民・呉介民・王堯・松田康博・小笠原欣幸
◆閉会挨拶　一四：五〇～一五：〇〇
馬場毅（愛知大学国際問題研究所所長）
謝政諭（東呉大学政治学系教授）

愛知大学国際問題研究所所長、現代中国学部教授
馬場毅

目次

第一部　東アジア民主化の経験の比較

東アジア民主社会の再構築の行方
――「政財代議」体制から「社会代議」的結合へ

趙永茂（小嶋祐輔訳）

はじめに

本論は主に、一九八〇年代以降の英国及び米国の中央と地方における民主選挙或いは代議政体についての再検討、そして近年の日本、台湾及び韓国という東アジア民主政体諸国のパブリックガバナンスや「社会代議」体制について議論する際に見られる、かつての国家と地方双方の「政財代議」政体に関する議論の再検討を行うことを目的としている。またこれと同時に、東アジアのデモクラシーと政治構造の問題点、そして市民社会における公共的関与についての再考運動や改善方向に関して若干の議論を行いたい。こうした議論には、「政財代議」、つまり政治と経済との利益関係を中心とする国家から、市民社会の利益を中心とする国家への発展、（政府と財界との関係による）選挙動員国家から市民社会的ガバナンスによる動員を可能とする国家への発展、すなわち「政財代議」国家から新たな「公共代議」国家への発展といった内容が含まれる。実際のところ、民主政治の成熟と深まりは、主として市民社会の成熟に依拠した公共的関与及び公的基盤のうえに築かれる。言い換えれば、成熟した民主政体は、健全な民主的市民社会の形成によって構築される。つまり、民主的社会が存在しなければ、健全な民主政治も存在しないのである。

一、「政財代議」国家から新たな「公共代議」国家へ

人類における早期の国家の形態は、超大型国家と超小型社会という形態をとっており、次第に権威主義国家や主権国家及びその政府という形態へと移行した。大きな国家と大きな政府は、小都市或いは小さな部落、村落社会のうえに成り立った。近代民主国家は、政治、経済、社会そして教育が急速に発展するにつれて、多国籍企業や大規模な都市社会と大衆社会を形成し発展させており、国家に元より存在した「政財代議」体制は過度に膨張し、政府の組織と職能は、懐疑の目を向けられ試練に曝されており、一方で市民社会の権利と力が急速に発展している。大都市と多元社会の結合によって国家と大きな社会は次第に平行して成長を遂げ、元々あった大きな政府と小さな社会という構造は試練に曝され、都市の起業家精神、新自由主義、多元的統治社会、そして共同体主義などが栄え、発展してくる。非政府組織や専門家団体、利害代表による代議政体制への挑戦と公共政策への関与の要求は日増しに高まり、的な「社会代議」体制を求める運動が形成される。政府の権力と能力を有限なものとするよう迫り、必然的に大小市民社会の能力と資源が結合され、既存の民主的代議制に基づいた政府や過渡期にある多元的で専門化された民主社会に、より多くの一体化の契機がもたらされる（図1参照）。

図2に示すように、民主選挙による代議体制に対する批判と反省、そして市民社会の創造力、公共政策への関与力、公共の批判や監督能力、社会資本動員力の増強を経て、国家と社会の伝統的関係は次第に国家中心主義からの方

図１　代議制のデモクラシーと社会の統治形態との発展関係図

大きな国家小さな社会→国家と大きな社会の形成→共同及び連合型の国家・社会

超大型 State 超小型 Society	権威的、集権的国家 閉鎖、分離、単一化された小さな社会	大きな国家（政府） 小さな地方（郷・鎮・市） 部（村）落社会

⇩

平行	state society	国家（政府、「政財代議」体制）は過度に膨張し、政府の組織と職能は、懐疑の目を向けられ、試練に曝され、市民社会の権利と力が急速に発展（開放的、多元的社会）する	有限の政府、 大規模都市社会、 大規模市民社会

（大衆化社会の平行成長）

⇩

State ｜ Governance ｜ 社会（大都市と多元社会が結合した大社会）	公（共）のガバナンスが結びつけるネットワーク 多元的統治社会 共同体主義（個人や小集団） （国家と社会の平行発展）	有限な政府の権力、能力、結合型政府 大小市民社会の結合 （各社会団体や利害代表による代議体制への挑戦と公共政策への関与の要求――「社会代議」体制の形成）

図２　新たなパブリックガバナンスの時代
――「政財代議」から「社会代議」的結合へ

State 国家中心主義	⇔	Society
（「政財代議」体制への批判と反省）		（市民社会の創造力、公共政策への参与力、公共の批判や監督能力、社会資本動員力の増強）

向へとシフトし、発展していく。

図3に示すように、伝統的な公共政策とは国家や政府の統治権のことであり、民主選挙によって選ばれた中央政府と地方政府の首長或いは代議体制によって実施される。けれども、先に述べたように大都市と市民社会の時代、多元的市民社会の時代が到来すると、様々な専門家団体、利害関係の代表者達は、立法や公共政策のプロセスへの関与を求め、「社会代議」的な関与と監督の機能を形成し、中央及び地方の代議政体への協力や監督を行い始め、既存の代議体制と新たな「社会代議」体制という二重の権力が結合した、新たな「公共代議」国家とデモクラシーの体制を形成する。

パブリックガバナンスの主な目的

図３　公共政策の二重権力下におけるガバナンス型政府と政治

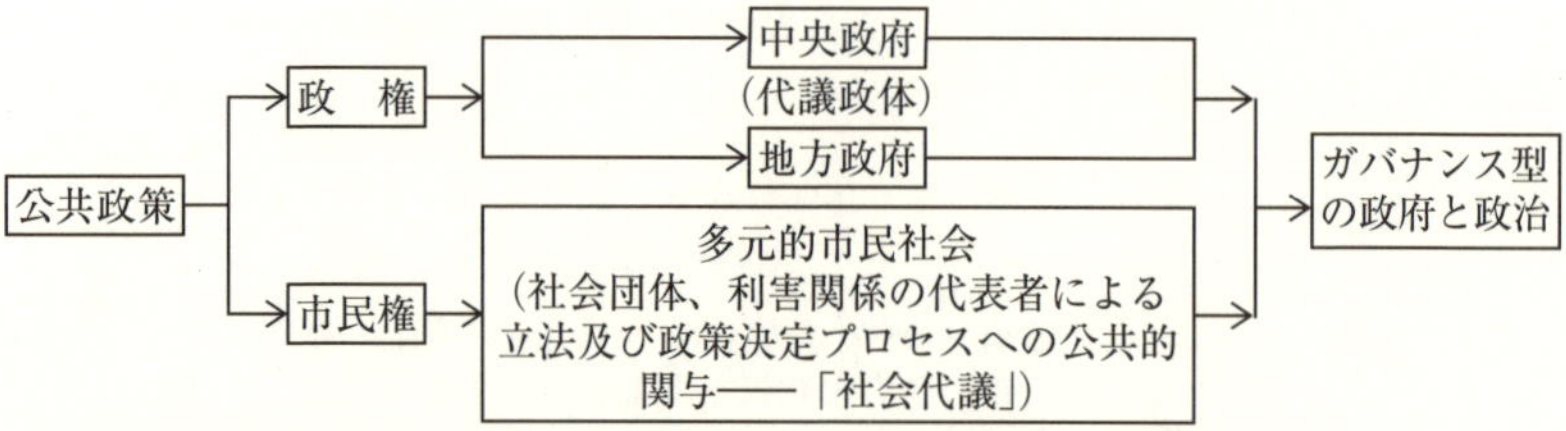

（政、商（経済）、社会の三者が結合した（透明な）立法及び政策決定の体制）

は、以下のような目標を達成することにある。一、権力誤用の監督。二、協商型政治とリーダーシップ。三、市民による対話空間の創造。四、政府業務のアウトソーシング。五、積極的に弱者やその団体を支援し、協商と寛容を実現する。六、社会責任の拡大。七、社会の公的信頼性の拡大。八、市民社会の自主管理の促進。また、大衆参加による熟議民主主義（Popular participation deliberative democracy）の主な意義は、以下のような目標の実現にある。一、積極的な政治参加。二、各コミュニティにとっての共通善となる価値、共同価値の追求。三、公的熟議の可能性。四、代議制、利益壟断の回避。五、公共政策への関心の増加。六、マイノリティ（政治的弱者）への保障と思いやりの実践。

上述のように、パブリックガバナンスや市民社会によるガバナンスを打ち立てる目的は、主として自発的ガバナンスを可能とする内省的な社会（コミュニティ）や、市民社会の自発的形成と管理、市民社会の民主的政治参加（政策討論や公共サービス）、そしてアトム化した市民社会の団結をつくり上げることにある。そうすることによって、政権奪取を第一義とする政党政治、政治と経済との壟断的構造がもつ民主選挙と代議政治の体制から、次第に民間化された政府（civil-societization of government）の方向へと発展が促される。そしてまた、特定の階層や政治と経済との同盟関係の需要を満足させるのではなく、各階層の市民の要求を満足させるものへと変わっていくのである。更には、図4に示すように、上層政治（high politics）と下層政治（low politics）による二元的政府システムにより多くの分権と統一性をもたらすと同時に、多元的な民間社会から政策決定と公共政策への関与を招来し、集合的な多元的共治（共営）政体を形成する。それはまた、

図４　中央、地方及び民間社会によるパブリックガバナンス体制の構築

<table>
<tr><td>上層政治</td><td>中央政府とその政治</td><td rowspan="2">中央政府とその政治
↓
二元的政府とその政治</td><td rowspan="2">地方分権及び
政府や地域を
跨ぐ統合の発展</td></tr>
<tr><td>下層政治</td><td>地方政府とその政治</td></tr>
</table>

⇩

<table>
<tr><td>多元共治政治</td><td>中央及び地方政府と民間団体が政策決定と公共政策に関与する（準政治的組織などを含む）集合的な多元的共治（共営）</td><td>パブリックガバナンス型社会の構築</td></tr>
</table>

パブリックガバナンス型の社会の形成を促進することでもある。

二、日本、韓国及び台湾における「政財代議」体制の再検討

自民党による派閥政治は、実際のところ政、官、財（すなわち自民党、官僚、財界）の三位一体を背景に成立するものであり、自民党、官僚、財界の結びつきは、日本経済が急速な成長を遂げる中で形成されたものであった。また、自民党は行動経済成長期の政治のかたちとして、一種の「高受益性の政治文化モデル」（間場寿一、二〇〇〇）をつくり上げた。政策の制定と利益の分配とが緊密に結びつき、安定した政治と経済の秩序を構成したことが、自民党が自らの政権を強化し、維持し続けてきたことの基礎であった。利益分配と強固な権力基盤に裏付けられた政策の制定を通じて、自民党は一党支配期に派閥間の合従連衡を出現させたが、これは政局を安定的に維持するために重要なものであったと同時に、長期政権にとって避けて通ることのできない現象でもあった。利益分配型の政治体制が運営されることによって、自民党には田中角栄や竹下登のような、いわゆる「首相製造者」の影武者（Schlesinger、一九七七）が出現した。しかしながら、ひとたび派閥間の権力闘争或いは利益分配の不均衡が生じれば、一九九三年以降の変化のように、自民党はいくつもの政党へと分裂したのであった（楊鈞池、二〇〇六、五七）。

一九九四年から、自民党は再び執政権を手にしたが、自民党の基盤となる民意や支持

者たちは、確実に、そして大量に流失してしまっており、そこには日本国民の派閥政治に対する批判的な態度も反映されていた（楊鈞池、二〇〇六、七五）。これに加えて、国会議員達が特定の利益団体との関係をより強固なものにしようとしたために、いわゆる「族議員」の形成が進み、政府の関連部門に対して説得したり、或いは圧力をかけたりして、特定の利益団体にとって有利な政策決定や行政業務の分配を行った。このため、国会議員は長きにわたって特定の利益団体の代弁者となっており、政治体制が行うべき公共の福祉にとって相応しい国会の運営モデルを軽視しがちとなってしまったのである（楊鈞池、二〇〇六、一二四－一二五）。

小泉純一郎首相が率いた自民党は、それまでの自民党に存在してきた二世政治家や各派閥のリーダー達が指名されて当選するという長年の習慣を踏襲しなかった。そのため、こうした戦略が奏功して有権者の支持を取りつけ、それと同時に派閥政治という自民党の既存の体質が変化したのである。けれども、小泉は本当に日本の派閥政治のメカニズムや基礎を変えたのであろうか。過去の日本研究は、総じて派閥政治を日本の政治体制のメカニズムの最も重要な特徴であると見なしており、派閥の歴史や変遷の分析を主としてきた。しかしその一方で、派閥政治の背後にある政治と経済のネットワークを検討したものは非常に少ない。日本の派閥政治の基礎は、官僚の国会への天下り、世襲政治、そして地方の有力者一族の形成であり、これらによって派閥政治の綿密な政治関係のネットワークができあがっている。経済的基礎という点では、地方団体の献金、専門家団体の献金、そして財団からの政治献金、これらによって派閥政治が機能するための動力が提供されている。こうした政治的、経済的要素が根本から取り除かれていない状況にあって、今日の日本の派閥政治を変えようというのは、まったくの見当違いだと言わざるを得ない（蔡増家、二〇〇二、六二）。

大韓民国の民主代議体制は、日本とよく似ている。例えばヒュンダイ、サムスン、ＬＧなどの韓国の財閥は、既に世界的知名度を誇る企業である。財閥の勃興と韓国政府による熱烈な財閥支援には重大な関係がある。政府による財閥支援は、その投資リスクを分担し、市場の寡占・独占による市場コントロールを可能とさせる。一方財閥は、就業機会の提供、外貨の獲得、経済成長の促進をもって政府に応える。こうした明るい面の裏側には、韓国政府と財閥の間にも、やはり非難の対象となる暗い側面がある。政府の役人が財閥からの政治献金やその他のさまざまな「政治手数料」を受け取っているのは、財閥による経済的特別待遇に対する見返りの提供なのである。政治民主化に伴って、政府は次第に強まる国民からの監督を受けるようになり、政府と財閥との間には透明な関係が要求されるようになり、一国に匹敵するほど裕福な財閥は監視を受けるようになった。けれども、経済の自由化によって財閥はますます強大になり、政府の監督と管理を受け付けなくなった。財閥を抑制すれば財閥のコスト上昇を招き、経済にとって不利となり、財閥を放任すれば国民の批判を招く。韓国政府の財閥政策はこうしたジレンマに直面している。一九八〇年代以来、歴代大統領や国会は一様に、いわゆる財閥政策を実施し、金融危機後の産業構造の再調整、経済集中の防止、財務改革による財務の透明化、コーポレート・ガバナンスの改革など、四つの面で改革を行い、韓国財閥への経済集中の度合いを引き下げようとしてきた。しかし、この四大改革も目標を達成することはできず、政府と財閥の相互依存関係は依然として続いている。とはいえ、政府の財閥に対するコーポレート・ガバナンス改革は、非政府組織を小株主という立場で財閥の監督にあたらせており、政府と財閥の間に築かれたファイアウォールとなるかもしれない（林文斌、二〇一〇、六五）。

一九四九年から現在までの台湾における政財関係は、台湾の特殊な歴史的文脈もあって、「財」について語る際に、民間企業だけでなく党営の事業や国営の事業についても含めなければならない。権威主義体制期には追従型の政財関係が出現した。国家と国民党とが一体となって構成された「党国体制」によって、域内の政治と経済の資源は壟断され、企業はただ党国体制の援助にすがってのみ成長することができた。民主化時期になって、政財関係の主軸は党財関係へと変化した。政治民主化と経済自由化の影響を受けて、国民党は党国体制から離脱し、財団化の傾向を見せ始めた。企業集団は独立した資金源を獲得し、政治の支持を得て利益を防衛しようとした。国民党投資事業管理委員会が中心となり、政府と企業の間をまとめあげ、この時期の政府と企業の相互関係を主導した。政権交代後、政財関係は多元化し、発展していった。国民党は、政権を失ったとはいえ、依然として特定の財団との緊密な関係を維持しており、民進党が政権を取った後も、政党規模での優勢を活かして、政財ネットワークの構築に注力した。また、長期にわたるねじ曲がった民営化政策の結果、一連の「官管民営」の金融持株会社と資金援助ネットワークが形成されており、今後台湾が発展するなかでもう一つの潜在的問題となるかもしれない（黄宗昊、二〇〇四、三五）。

別の研究は、最も高次の政財関係、高次の党財関係、政財両面に影響をおよぼす立法委員（国会議員）、行政による政財関係への対策など、各レベルで分析と検討を行っている。悪質な政財関係は、莫大な財力の支え、強固で安定した政権、財団勢力の影響力によって構成される。立法委員は悪質な政財関係の代表的存在である。政財両面に影響をおよぼす悪質な存在で、選挙に莫大な費用を投じて更に大きな見返りを獲得し、兼職が可能で、政府に対する諮問、予算及び立法の大権を掌握して政府をゆすっている。立法院（国会）には、立法委員を取り締まる法律と内規が全く欠如しており、立法委員は一貫して政治権力と商業利益を関連付け、結託させる橋梁であり、更にはこうした結託の主体なのである（瞿海源、二〇〇七、一七九）。

また、台湾都市圏の発展過程において現れた都市の代議体制を例にとれば、多くの農村や先住民部落地区の生産様式と生活形態が都市空間に併呑される危機に直面しているため、将来における都市ガバナンスのキーポイントは、都市の政財関係が支配する構造の下での再構築モデルにあるのではなく、いかにして各地の代議体制における政財関係や都市社会とのパートナーシップを再構築するための適切な措置を講じるか、そしてそれを新たな都市の政体とすることができるか、という点になっている。

台湾がかつて経験した都市化は、深刻な貧富の格差に基づく階層化と都市と農村のアンバランスをもたらした。農村地区の地方自治は、長期にわたって地方派閥と賄賂がとりもつ政財関係に支配され、地方のデモクラシーは屈折した発展を遂げてきた。将来、いかにして地域と都市のパブリックガバナンスを通じて、民主選挙と代議政治による壟断、政財関係、賄賂と派閥の支配する構造の下にある都市政権と農村政治といった既存の問題を再検討するか、いかにして新たな「社会代議」機能を導入し、それまでの政財関係、派閥、世襲の代議政体を、政治と経済の構造、企業と市民社会の新たな関係の構造を統合する多元的都市ガバナンスの政体へとモデルチェンジするかということは、地域ガバナンス型政府を再構成するための重要な課題となるだろう。

ストーン（Stone、一九九三）は、都市政体について一つの概念を提起し、都市の発展プロセスのなかで都市の政財構造がどのようにして市民社会の力を導入し、一つの都市ガバナンスのネットワークを形成して、都市の進歩を促進するのかを観察した。企業組織は往々にして都市発展の重要な推進力である。というのも、企業組織の投資が、都市経済と産業の発展、繁栄を促進し、都市政府の税収と福祉を豊かなものとし、それと同時に政府も、さらなる投資をして企業誘致のための地域開発やインフラ建設をしようとするからである。都市政府が都市開発プロジェクトを進める際には、莫大な資源と資金を注入する企業の支援を頼りにしなければならず、このため、企業組織は都市の発展に非常に大きな影響力をもつことになる。また、各地の都市政府も企業と良好なパートナーシップを築き、その支持と援助を獲得しなければならない。

けれども、都市政体には、都市の成長メカニズムが市民や非政府組織の支持を得られるように、それを自省する力が備わっていなければならない。自省する都市政体は、永続的な市民社会の発展につながらない企業利益を切り捨て、各地域ごとのガバナンスという方法を通じて、各地の政治的・経済的エリートによる当地支配の解消を促し、都市圏内の市民階級の協力を促進する。都市政体というものは、都市における市民の参与と都市創造の責任をしっかりと自省しなければならないのである。

都市と農村、双方の特徴を備えた都市圏においては、新たな都市政府には圏内の農村地区、近隣の県や市の発展を促進しなければならない責任がある。圏内各地のガバナンスを担う様々なレベルの組織を構成し、政府、企業、そして市民社会が三位一体となって、それまで政財関係、賄賂、派閥に引き裂かれ失われていた支配構造のバランスを取り戻し、圏内の競争力を高め、圏内の永続的な発展を促進しなければならない。このため、新たな都市政府は、既存の偏った政治統治構造、社会支配構造、文化差別構造を用いて都市圏内のガバナンスを進めることはできず、圏内全体の永続的発展や圏内の多元的創造力と競争力という観点から、圏内の都市と農村が調和の下に多元的に発展できる戦略を制定しなければならない。密集して混雑した都市圏では、過度な発展は都市内の生命の成長にとって必ずや大きな脅威となる。そのため、都市と農村の調和のとれたパートナーシップをつくり上げ、都市新政府はまず圏内の発展の中心とそこから伸びるラインに対して、広大な環境保護緑地と文化、歴史創造のための空間を、発展の緩衝地帯として事前に画定し、大都市内の生活空間に対しても、健康のためのレクリエーション機能や緑地、歴史施設を確保する必要がある。そうすることによって、不断に拡張と膨張を続ける大都市圏内に、成長速度が調節可能で、破壊をもたらすことのない、有機的なメカニズムを備えることが可能となる。

都市と農村が結合した地域のガバナンス型新政府と都市社会の再構築は、そのメカニズムにおいて、イギリス、アメリカ、ドイツ、そしてカナダなどの国々から学ぶことができる。都市政府の内外に県や市、地域を跨ぐ重層的な協力統治機構、例えば、準自治非政府組織（QUANGOs）、体制外公共組織（non-departmental public body、NDPB）、各種の外部サービス機構（service agent）、独立した管理及び監督委員会（independent agency commissions）、コミュニティの市民委員会などを設立し、それまでの市や県における政財関係、賄賂と派閥に対応するための対話と政策決定の機構とし、新たな都市政体と市民ガバナンスの時代を開くことができる（趙永茂、二〇〇三、五三－七〇）。

特に、都市ガバナンスにおける民主的参加の機能を拡大し、新都市の政体を改造する際には、市民アイデンティティー、帰属意識、政治参加意識を更に強化すべきである。都市政府は、多元的利益を満たすことに関心を注ぎ、様々な利益関係者を内包する政策決定のモデルをもって、地方政府を公共意識に配慮するプラットフォームへと変化させなければならない。また、都市政府の重大な議題の決定においては、利害関係者である市民団体に対して行政プログラムのプロセスの中で諮問を行うことができるようにし、そうすることによって政策があらゆる利害関係者の中で最も影響を受ける社会的弱者の意見をカバーできるようにし、デモクラシーを都市における市民生活の真の一部とし、新たな都市政体の多元的ガバナンスを実現しなければならない。

これまでの議論を総合すると、都市ガバナンスの政治改革という点においては、二つの面から未来のガバナンスの方向性について検討しなければならない。一つめは、「政財代議」から「社会代議」への転換、現有の議会代議の時代から、ポスト代議時代の市民社会の代表が参加及び代議する時代へ、つまり消極的な「政財代議」のデモクラシーから積極的な市民社会のガバナンスのモデルへの転換を思考すること。二つめは、「官僚」を主体とするガバナンスのモデルを再検討し、都市中心の官僚主義的理性への過度の傾斜、依存を矯正し、草の根的、民主的で、個別の、そして遠隔地の「在地の知識」(local knowledge) と資源を尊重すると共に、その作用に注目し、市民社会の多元的思惟にガバナンスの主体としての能力と地位を与えることである。

三、英国と米国における代議体制の再検討とパブリックガバナンスの時代の到来

イギリスは、一九七九年から一九九七年までの約二〇年間、地方政府の構造がゆっくりと二重構造から単一構造へと変化し、中央による統制の度合いが高まった。大量の準政府機関や中央から派遣・任命された機構が地方ガバナン

スの運営に関与し、民主選挙によって選ばれた地方政府の権力を縮小したり、場合によっては再構築したりした。伝統的な地方政府と異なり、中央政府と議会は、スコットランド、ウェールズ、北アイルランドに権限を与えて、多くの非民主的選挙によって成立した地区議会を設立させた。このほかにEUもまた、その監督機能や財政面での制度を通じて、イギリス地方政府の関連分野に対してその機能や発展に影響をおよぼしてきた（Benington and Harvey、一九九九、一九七一－二二一）。特に、一九九七年に「新しい労働党」政府が政権をとった後、「地域のためのニューディール政策」（New Deal for Communities）やその他の関連政策が推進される中、積極的に地方の近隣互助組織やパートナーシップ組織の設立が奨励された。こうして更に多くの近隣、地域、超国家といった各規模の重層的組織が共同で地方のパブリックガバナンスに関与するようになったのである。

様々な制度が交錯し、相互作用を発揮し、変化していく状況の中で、多くの準政府組織、ネットワーク型の組織、重層的な地方の政治組織なども、主体的且つ積極的に中央政府と地方政府とを結び付け、地方ガバナンスの構造をより重層的な特質をもったものとした。また、イギリスやその他多くの西欧先進諸国を重層的なガバナンスの社会へと変えた。しかし、異なる時代背景の下、ガバナンスへの参与者達はどのようにして相互に作用し合うのか、どのようにして組織の枠を越えてコンセンサスをまとめ上げ政策決定を行うのであろうか。こうしたことも新たな検討すべき課題となっている。特に、グローバルなガバナンスという面から見れば、各種地方政治組織は、互いに緊密に関連し合い、ゆっくりと地方の或いは地域的な連合を形成しているが、それだけでなく、国境を越えた利益をも追求している。行政による政策決定と立法の過程においては、公式（公聴、審査及び関与、監督のプログラム）の、そして非公式の提携方法を用いて、非制度化された繋がりや関係を統合すべきであり、非公式の提携方法とは、一種の「市民協力」（civic cooperation）の力によって統合することである。

ジョン・スチュワート（John Stewart）とゲイリー・ストッカー（Gerry Stoker）という二名の学者は、イギリスが新左翼（the New Left）と新右翼（the New Right）による政治（政策）の下に、いかにしてコミュニティ政府を構築するかについて研究し、新しい観念を提起した。中央と地方政府関係を一種の「コミュニティ政府」の関係と見なし、伝統的な視野を超越して問題を処理し、各種の利益、価値、そして衝突に整合性をもたらし、一つのコミュニティ政府をつくり上げようというのである（Stewart & Stoker、一九八九）。

ストーン（Stone）という学者は、アメリカのアトランタ（Atlanta）について研究した後、アメリカの地方政治においては、民主的に選出されたリーダー（市長）や代議員、企業エリートが中心的立場にあり、そのため、その特権的地位がガバナンスの連合の中で保障されていると指摘した。また、都市の中の各種専門家団体のエリート階級は、社会の利益に適合しない企業の利益を排除することで、ある種互恵的な監督の状態を形成している。更に、各社会階層のエリート達は、地方でのガバナンスを通じて地方による資源に対する統制の解消を促進し、国民或いは市民階級の協力も促進している。アトランタにおいて効果を発揮しているガバナンスとは、公式の政府のメカニズムではなく、市政府と地方の社会エリートの間の非公式のパートナーシップであった。このような非公式のパートナーシップの機能によって、新しい都市政体（city's regime）が構成されているのである。それは政府の主権を包囲する公式の活動である。そしてまた、それまでの政財関係からもたらされる制限に対して、高度且つ専門的な機能を備えた組織から、非公式の連合ガバナンス体制を生じさせようという試みでもある（Stone、一九九三）。

今日、アトランタにおいて有効なガバナンスを生み出しているものは、公式の政府のメカニズムではなく、市政府と地方中小企業エリートの間の非公式のパートナーシップである。このような非公式のパートナーシップの機能は、都市政体を構成し、それは政府の主権を包囲する公式の活動であると同時に、これを支援する。つまり、政財同盟のシステムに対する制限なのである。そしてまた、高度且つ専門的な機能を備えた組織から、非公式の連合ガバナンス体制を生じさせようという試みでもある。非公式の提携方法は、一種の「市民協力」の力によって統合を実現する。

政府の権威が比較的弱い地域では、その力は特に重要である。ポリティカル・マシーン（political machine）の概念から政体を見れば、この非公式の力が公式の力を助け、補足するものであるという例が見えてくる。ストーンは、「ガバナンス連合」（governing coalition）という言葉でアトランタのガバナンスの形態を描き出している。というのも、「ガバナンス連合」の内部では、一つの核心的集団が多くの非公式のパートナーシップまとめ上げており、また、核心的なメカニズムが政策を決定し、政治を実行しているからである（Stone、一九九三）。

政体の研究には、更に歴史分析も加えなければならない。歴史分析という観点においては、社会構造というものは社会科学者が想像するような確かなものではなく、確かに社会は実存するとはいえ、流動的で、多元的なものである。社会構造とは、実際のところ一種の関係であり、社会的に（socially）創出されたものであり、その目的に応じて形づくられたものなのである。

アトランタの事例において、最も中心的な議題となるのは人種（race）問題、深刻な人種間の暴力と衝突である。その経験的事例がわたし達に教えてくれるのは、ガバナンス連合は、必ずしも安定した社会を基礎として生じるわけではなく、遠心力と混乱が蔓延するのは極めて自然な社会状態だということである。アトランタの都市政体は、ある種の目的論的な競争と対抗を生じるため、政治的な解決のモデルを追求することが必要なのである（Stone、一九九三）。

アトランタの事例では、政府がもつガバナンスの能力の強弱は、様々な企業や社会的協力関係の活躍の程度によって決まる。しかし、これらの企業や企業エリート達はまた、ガバナンスを提供する資源を掌握してもいる。政体の運営が、多数決の原則と資源配分の不均等の下で進めば、運よく民主制度が存在しなければ、特定の人物にとって都合の良い資源配分を招くことになる。政体の形態を選択するうえで、リスクの低い政体が必ずしもリスクの高い政体に勝るとは限らない。アトランタの事例から見えてくるのは、政体における協議が、政策の創出に貢献し、異なる類型の機会（opportunities）を異なるコミュニティに提供できるかどうかにかかわってくるということなのである。

アトランタにおいては、企業エリートが中心的立場にあり、そのため、その特権的地位がガバナンスの連合の中で保障されている。また、都市の中の中堅エリート階級は、社会の利益に適合しない企業の利益を排除することで、ある種互恵的な監督の状態を形成している。更に、各地でのガバナンスを通じて、各地の政財関係におけるエリート達による各地の資源に対する統制の解消が促進され、国民或いは市民階級の協力も促進されている。

政策の作為と不作為は、多くの重要な議題と広範囲にわたるフィードバックにかかわるため、これを不平等であるか、もしくは効率的であるか、といった論争に完全に限定してしまうことはできない。アトランタでは、企業エリートがガバナンス連合の中で特権的な地位を享受しており、また、企業エリートは選択的誘因（selective incentive）とその他の小さな機会（small opportunities）を分配する力をもつ。しかし、公共の利益は、ガバナンス連合の中のそれまでの特権者の利益を超越しなければならず、市民の生活や非営利団体までも豊かにしなければならないのである（Stone、一九九三）。

アトランタの事例からは、資源配分が不均等になればなるほど、政体が特権を保護する傾向が深刻なものとなることが分かる。市民社会内部の不均衡は政策上の偏りを招くが、こうした問題は選挙を通じたデモクラシーだけでは解決しようがないのである。真に効果的な政体とは、社会内部に分岐があることを理解することが必須であり、社会について学ぶことを通じて社会内部の弱者のグループを支援しなければならない。地方政治の性格は、コミュニティの相互関係のあり方によって決まり、また資源の分配によって決まるのである。社会についての学習が徹底されるまでは、一人一票の選挙という方法では不十分であり、特権やそれまでの「政財代議」体制に対抗することは不可能なのである。

四、ポスト代議政治下における社会代議の融合

近藤誠一とベランド・アバロス（Berando Avalos）は、説明責任を負わない政府から説明責任を負う政府へと移行する過程で、良き統治の政府、公共の対話（傾聴する社会）が構築され、市民の拠り所（citizen base）が打ち立てられるべきだと主張する。そうすることによって、公共部門における民主選挙を通じた行政や代議立法体制の説明責任と透明度を確保できる。ＯＥＣＤ（経済協力開発機構）が使用する「ガバナンス」（governance）の概念には、一．説明責任（Accountability）、二．透明度（Transparency）、三．開放性（Openness）という三つの基準が含まれている（Kondo et al、二〇〇二）。

とりわけ、中央と地方において、効果的且つ共通のパブリックガバナンスに対する関与及び監督のメカニズムを構築し、政策の議事日程について優先順位をつけることを進めなければならない。効果的な民主代議制と官僚監督機能の制度を打ち立てることは、汚職と政財関係による過度の壟断に対抗し、開放性と透明度、そして説明責任の確保をＯＥＣＤ加盟国政府の指導原則のレベルにまで高めることを含んでいる。ＯＥＣＤは、非加盟国のパブリックガバナンスを対話によって達成することで、今後も重要な貢献をし続けるだろう。

ガバナンスの観念からいえば、地方政府は細やかな政策設計を通じて、住民の動員と参加を促さなければならない。このため、地方政府は企画と設計、動員と実行の力を備えていなければならず、社会の様々な専門家や政策の利害関係者の代表を結集できなければならない。ガバナンスの観念においては、大衆が政府に参入し、政策決定と実行のネットワークシステムの中に組み込まれ、相互作用の中でパートナーシップを形成する。ガバナンスの時代が到来し、政府はより多くの大衆のガバナンスへの参入を提唱し、要求しなければならず、議会議員或いは行政首長の代表

性は、試練に曝され政策の圧力を受けている。民主政治は、代議民主（representative democracy）から参加型民主（participatory democracy）へと進化している。政治リーダー（代議制のリーダーを含む）は、財界エリート、社会の多岐にわたる専門家、政策の利害関係者の代表達と協力することを強いられており、一種の協商型の連合主義（associationism）を形成することになる。

先述のように、日本、韓国、そして台湾などの国家を含む伝統的な東アジアの民主代議体制には、政財関係による過度の壟断、実際の政治と行政資本の不一致、中央政府と地方政府の連携と協力の不足が生じており、市民社会における社会資本の投入や民間資源の動員には更に事欠いている。言い換えれば、民主代議体制には、各レベルの市民社会の代表の参加、公共政策の討論、既存の代議体制、政財関係、官僚体制に対する監督（社会代議）、そして公共サービスの実施といったもののどれもが欠けているのである。実際のところ、各レベルの市民社会の専門家エリート、企業エリート達は、莫大な民間資金と組織、技術、信用、知識、人的資源と物資を有しており、公共政策のコンサルティングや公共サービス活動という形でそれらを投入することができる。また、寄付や公私共営などの方法で、公共政策の制定、公共事務の委託経営の受諾、公共サービスシステムへの関与、代議体制及び官僚体制と共同での公共政策と公共サービスのネットワーク構築への投資が可能であり、それを通じて官僚体制及び代議体制の不備を補い、新たなパブリックガバナンス体制を形成する（図5参照）。

国家経済と教育の発展によって、民間の経済力、専門家の能力、知識も次第に国家や政府を越えるようになる。地方自治と発達したパブリックガバナンスは、市民社会を自主的、自己管理的、自己監督的なものへと次第に変えていき、それと同時に負うべき公共の責任を負わなければならないようになる。強い国家であっても強い地方社会或いは強い市民社会を発展させ、連携しなければならないが、まずはより自己制約的で責任を負う市民社会という土壌を、地方社会や市民社会の手で育ませなければならない。市民社会は、市民の自治と公共活動の経験とプロセスを通じ

図５　代議体制と「社会代議」の融合：パブリックガバナンス体制の構築

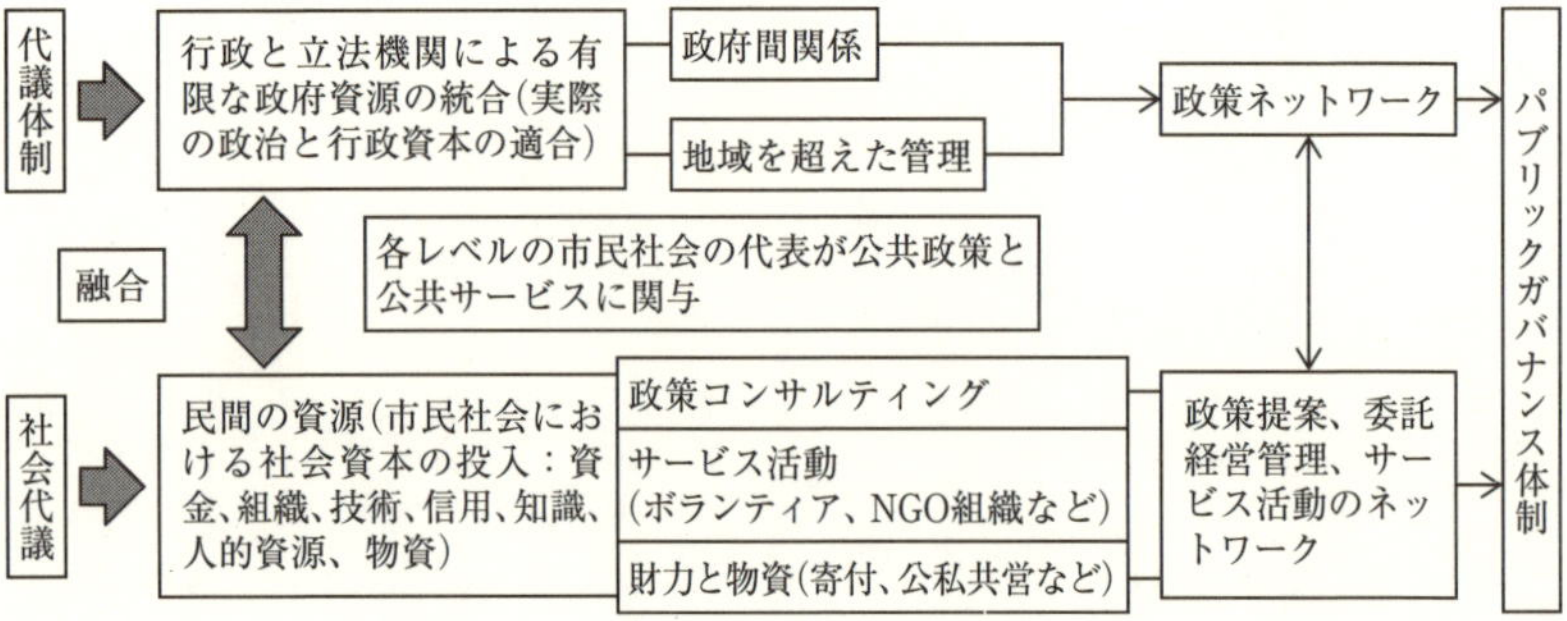

て、社会の節度ある要求と発展の力を育む。民主的ガバナンスの体制は、自らの責任を負う市民社会の上に建てられるのである。

本論では、主として一九八〇年代以降のイギリスとアメリカにおける、中央と地方の民主選挙或いは代議政体についての再検討と、日本、台湾及び韓国という東アジアの民主政体における近年来のパブリックガバナンスや「社会代議」についての議論の中で、かつての国家と地方に存在した「政財代議」政体に対する反省を試みた。同時に、東アジアのデモクラシーと政治構造の苦しい立場や、市民社会における公共的関与をめぐる再考運動と改革の方向性についても若干議論した。それは、「政財代議」、政財関係の利益を主とする国家から、市民社会の利益を主とする国家への発展であり、（政府と財界との関係による）選挙動員国家から市民社会のガバナンスと動員による国家へ、「政財代議」国家から新たな「公共代議」国家への発展であった。実際のところ、民主政治の成熟と深まりは、主として市民社会の成熟した公共的関与という基礎の上に築かれる。言い換えれば、成熟した民主的政体は、健全な民主的市民社会の形成の中で築かれ、民主的社会がなければ、健全な民主政治も存在しないのである。

参考文献

林文斌、二〇一〇、「超越相互依頼和対抗？韓国政府財閥政策変遷的研究」、『問題与研究』、四九（四）、六五－一〇五。
間場寿一、二〇〇〇、『講座社会学（九）政治』、東京大学出版会。
黄宗昊、二〇〇四、「台湾政商関係的演変——歴史制度論分析」、『問題与研究』、四三（四）、三五－七二。
楊鈞池、二〇〇六、『従「派閥均衡」到「官邸主導」——一九九〇年代日本政治体制改革之分析』、翰蘆図書。
——、二〇一二、『従「和平国家」邁向「正常国家」——日本政治転型之研究』、翰蘆図書。
趙永茂、二〇〇三、「台湾府際関係与跨域管理——文献回顧与策略途徑初探」、『政治科学論叢』、一八、五三－七〇。
趙永茂、陳銘顕、王皓平、二〇一一、「建構都会多元中心的治理——反思都市発展不対称与民主赤字問題」、『政治科学論叢』、四九、一－三二。
蔡増家、二〇〇二、「九〇年代日本派閥政治之分析」、『問題与研究』、四一（三）、六一－八一。
瞿海源、二〇〇七、「杜絶不当而悪質的政商関係」、『台湾民主季刊』、四（一）、一七九－一八六。
Benington, J. & J. Harvey, 1999, 〝Networking in Europe〟 In The New Management of British Local Governance, ed. G. Stoker, London: Macmillan, 197-221.
Kondo, Seiichi, et al., 2002, Public Sector Transparency and Accountability: Making it Happen. New York: OECD.
Schlesinger, Jacob M.,1997,Shadow Shoguns. Stanford, California: Stanford University Press.
Stewart, John & Gerry Stoker, 1989, The Future of Local Government. Basingstoke: Macmillan Education.
Stone,C.,1993, Regime Politics: Governing Atlanta. Lawrence Kansas: University Press of Kansas.

台湾民主化の対外的波紋

河辺一郎

はじめに

政治の民主化とは、言葉が語られ、その言葉をめぐって議論が行われ、そのあり方が問われるようになる過程と言うことができる。政治を志す者が自らが考えるあるべき社会の姿を語り、その具体化のための政策を提示し、それに対して投票が行われる。その結果として選ばれた政府の行動は人々により検証され、それを巡ってさらに議論が行われる。

これは対外関係においても変わらない。例えば米国は対外的価値としても自由や民主を重視し、日本は平和を語っていると少なくともその国民が認識することが多く、また中国はかつては社会主義の理念を唱え、今も天安門広場に「世界人民大団結万歳」を「中華人民共和国万歳」とともにスローガンとして掲げている。これらのことは、個々の国がそれぞれ独自のあるべき世界のあり方とその理念を持っていることを示す。そしてそれらは、それぞれの国民に支持されているはずである。これは、二〇世紀の世界が民主制を基本理念とした以上、当然のことだった。

しかしながら台湾や中国においては、これらはあくまでも形式的なスローガンに留まった。一方が、二〇世紀世界において基本的な価値として認められた民国（共和国）を名乗り、他方が「民国」をふまえてさらに民主的であることを誇る「人民共和国」を名乗った以上、表面的には二〇世紀社会に普遍的に通用する理念を表明せざるを得なかったが、その実態は、一方が戒厳令を続けて独裁体制を維持し、他方は権力闘争を続けて大躍進や文革を繰り返す、民主制とはほど遠いものだった。

日本はこれらに比べればすでに民主化は果たされてはいた。しかし、実質的な政権交代を経ることがなく、政策の検証が十分になされ得ない状態が続いたことに加えて、日本の行動は冷戦構造により制約されていると認識され、日本社会自身が日本外交を検証することを重視しない傾向が強かった。このため、特に外交政策においては自ら語った言葉に対する国民の検証が不十分なままで推移してきた。

一九九〇年代、東アジアの各国は民主化を経験した。最も劇的に民主化を遂げたのは台湾と韓国だったが、改革開放をより進めることを確認した中国においても、限定的かつ漸進的ではあっても民主化が進められた。また日本も政権交代を経験した。東欧やロシアの民主化にも比べられる状況を見ることができたわけだが、これは内政のみならず、外交に関する議論のあり方の変化も意味した。

さて、国際関係を議論する学問分野は一九二〇年代の米国で誕生したと言われるが、これは米国がそれまで掲げていたモンロー主義、すなわち、身分制を捨てずに戦争を繰り返すヨーロッパに対してそれまで米国は不干渉主義を唱えていたが、大量虐殺を伴う総力戦となった第一次世界大戦に直面して、これを転換させたことが大きく影響した。一九世紀のヨーロッパなどでは力の均衡を求めて各国が戦略的に行動することが一般的であり、国際関係に関する議論は軍事と経済に大きく重点が置かれていたが、米国がそのような戦略論とは異なる主張をし、しかもそれを変化させる以上、その姿勢を変化させる理由を説明する必要が生じたのである。

そして時期を同じくして生まれた社会主義を掲げるソ連が、それまでとは異なる国際主義を掲げたことが、この事態を加速させた。一九世紀的な、王制の下において国益を目指した戦略論的な議論ではなく、理念の提示とそれを巡る議論のあり方が重要になったのである。特に第二次世界大戦後、イデオロギーの対立が世界を支配したことはまさにこのことを物語る。そしてだからこそ、欧米の民主制を唱える国々は自らが掲げた言葉を検証し続け、またそうせざるを得ない。例えば米国は二〇世紀後半以降も公民権運動などと向き合わざるを得ず、また、特に一九九〇年以降は自らが帝国と化しているのではないかとの問いを繰り返すことになる。

東アジアにおける一九九〇年代の民主化は、このような性格を伴う対外関係に関する議論が本格的に適用されることを意味した。ここで注目するのは、それまでの外交政策を根本的に転換させようとした台湾が日中両国に与えた影響である。その転換が根本的だったがために、日中の姿勢の本質を見事に暴く結果となったように思われる。そこで本稿では、台湾の民主化を契機になされた外交政策の転換を触媒にして日中外交の問題点を検討する。

一、台湾の国連加盟運動と中国

多民族国家である中国は、同様の多民族国家であるソ連、米国、インドなどと同じく、本来的に国を統合する原理を掲げざるを得ない。民族国家であれば、多くの場合それは幻想を伴って形成された認識ではあるにしても、そのことを根拠に国の存在を語ることができる。しかし多民族国家を自認する場合は、なぜその国が形成されるべきなのかを語る必要が生じるわけである。ソ連や中国においては社会主義イデオロギーがその役割を果たしているはずだった。

一九八九年の天安門事件は、七八年に決められた改革開放路線が見直される可能性を生み出したが、一九九二年の鄧小平の南巡講話により中国は一層の経済発展を進むことになった。これにより中国は、それまで建前としてであっても語るべき言葉だったはずの社会主義を失ったが、それは、中国が国を統合する原理を改めて提示し直す必要が生じたことも意味した。この結果、中国の指導者は「中華民族」なる言葉を頻繁に使用するようになり、また一九九四年には愛国主義教育が制度化された。いわゆる民族国家ではなかったはずの中国が民族国家化を始めたのである。それはまさに下部構造が上部構造を規定することを逆説的に物語った。生産構造の実質的変化により新たなイデオロギーが必要とされたのだから。これにより中国の社会主義は、名実共に政府が統治をする上で特に政治面における自由化を統制するための意味しかなくなったが、たとえ経済面に限定的なものであり、時にはそれさえもが制約されるにしても、全体的には民主化を指向したために、中国が対外的にどのような姿勢をとろうとするのか、そしてどのような世界のあり方を目指すのかが、問われざるを得なくなった。

この時期に中国にとっての最大の外交上の問題となったのは、台湾の国連加盟問題だった。中国と台湾は最も多国間で開かれた国連の場においてこの問題を議論せざるを得なくなり、双方とも世界中の国々が理解できる言葉で語ることを迫られることとなったのである。

一九九三年三月六日、李登輝は連戦・新行政院長の下に、国連復帰のための各部横断の作業グループを設置し、銭復外交部長は国連加盟を推進することを表明した。(1) 八月六日には、コスタリカ、エルサルバドル、グアテマラ、ホンジュラス、ニカラグア、パナマが「普遍性の原則及び国連における分断国家の二重代表の確立したモデルに基づく、国際的な文脈における台湾の中華民国の異常な状況の検討」の議題上程と決議案を提出した。その提案理由は特に「二一〇〇万人の住民の基本的人権」が無視されていることに当てられた。そして、「以前の東西ドイツ及び南北朝鮮が国連の加盟国になった前例は、国連の二重代表が、国の統一を妨害するものでも恒久的な分断を国際社会が推進することを意味するものでもないことを、はっきりと示している」として、「台湾の中華民国の異常な状況を現実に見つめる時が来た」としていた[(2)]。

これに対して中国はこれを「内政干渉」として、「我々は、いかなる文脈の下であっても、またはいかなる方法、名称またはいかなる手段によるものも、国連において『二つの中国』、『一つの中国、一つの台湾』または『一つの国、二つの政府』を主導するいかなる国または個人に対して強く反対する」と激しく非難した[(3)]。

その後、二〇一一年の国連総会まで中国は同様の発言を続けている。しかし、例えばギニアを名乗る国が複数あるにもかかわらず、なぜアフリカ全体を超える人口を持つ中国が一つでなければならないのかは語られなかった。中国の主張においてより普遍的な性格を持つ理屈は内政不干渉だが、これは古い論理だった。特にナチスがそのユダヤ弾圧に対する反論としてこの言葉を唱えたことへの反省が国連創設の一つの基礎となっている中では、それを中心的な理屈とすることは、中国の主張が説得力を欠くことを意味した。

中台の争い自体は、一九四九年の中華人民共和国建国から一九七一年に中国代表権問題が決着するまでの間、国連を二分し続けた問題であり、国際社会にとっては見慣れた風景だった。そしてかつての争いにおいては、両者とも自らこそが正当な中国代表であることを主張し、相手の存在を容認しなかったが、統治地域がほとんど台湾に限られる自らを中国の代表とする蔣介石政権の主張の虚構性は、明らかだった。しかし、その決着から二〇年あまり後に再度登場した議論は、台湾側がかつての蔣介石の虚構を捨てて二〇世紀の理念の根幹を成す基本的人権を論理の中心に掲げる一方、中国側が蔣介石政権の非民主性を非難できなくなったことにより、性格を変えたのである。中国は語る言葉を失い、一九世紀的な古い理屈を展開し続けるしかなかった。

ただしこれが中台間の争いに留まる限り、議論の整合性が深刻な問題になる度合いは低い。これが、他の国に対して強圧的に適用される事態が起こることで、状況は根本的に変化した。

一九九七年一月一〇日、中国が、グアテマラに停戦監視団を派遣することを決める際に安保理で拒否権を投じたのである。中国は、「この原因は全面的にグアテマラ政府の誤った行為にある」と、グアテマラが台湾国連加盟運動の中心的な存在だったことを理由に示した、その上で、「グアテマラ当局は、中国の主権と領土的統一を侵害する行動をとっている限り、安保理における中国の協力は期待してはならない」と述べ、常任理事国としての中国に逆らうことを許さない態度を鮮明にした。(4)

国際的な場においては、たとえ建前上であっても何らかの意味で国際的に通用する理屈を表明するのが一般的で、例えば二〇一一年から顕在化しているシリア政府による民主化運動の弾圧問題においても、シリアはイスラエルに言及していわゆるアラブの大義を利用しようとした。特に拒否権を行使する場合にはこのことが重要になり、この際にも米国が中東問題に投じてきた拒否権に触れて批判の回避を試みた。(5)このグアテマラの場合は、他の全ての理事国が支持する問題を中国一ヶ国の反対で葬り去るのだから、それを正当化するための理屈はより必要性を増していた。ところが中国は、真意を隠して行動を正当化するのではなく、単純にグアテマラを脅したのである。中国の露骨な大国主義も当然に問題だが、このような覇権的な態度が国際的に容認されないことを中国が認識していなかったことに、さらに深刻な問題があった。

グアテマラに代わって七月に台湾問題の議題上程を提案したのはニカラグアだったが、中国はここでも「もしニカラグア及びごく少数の国が自ら孤立化を選び、加盟国の圧倒的大多数に反対する立場をとり続けるのならば、彼らは最終的にその代償を支払うことになろう」と述べて、その力を見せつけた。(6)ニカラグアはこれに対して「はっきりとニカラグア及び多くの国連加盟国を脅している」として、「総会の公式文書において公に脅迫がなされたことは、国際の平和及び安全の維持に対して基本的な任務を負う機関である安全保障理事会の常任理事国の一員の責任ある行動に矛盾する」と批判した。(7)

中ソ対立が激しかった頃、多くの中小国は、中国がソ連に対する反発を様々な問題に持ち込むことに閉口していた。しかしそれでも中国が唱えていた反覇権主義はそれなりに他国が理解できる面があり、特に植民地支配を受けた経験を持つ諸国が中国に期待を抱く一因ともなった。しかし、語るべき言葉を持たなくなった中国は、強大になった自らの力を背景に覇権的に振る舞うことに躊躇しなかったのである。語らない大国が力で小国を押さえつける図式が生まれた。中国は、一九七一年に国連議席を回復した最初の演説において、「大国のパワー・ポリティックスと覇権は小国を脅し、または、強国は弱小国を脅す」と述べたが、[8]今や同じ言葉を小国が大国である中国に対して投げつけていた。天安門広場の「世界人民大団結万歳」なるスローガンは、中国を含む人民が国境を越えて団結することではなく、中国のために世界人民が大団結することを求める意味に転換したと言っても良かった。

同様の事態はその後も続く。一九九九年一月に旧ユーゴスラヴィアのマケドニアが台湾と国交を樹立したことに関して、二月、マケドニアへのＰＫＯの派遣延長に拒否権を投じ、七月には太平洋の小国ナウルの国連加盟申請に棄権をし、二〇〇〇年にはやはり太平洋のツバルの加盟にも棄権した。いずれも台湾を支持していた。語る言葉を持たず、急速に経済力を巨大化させる国が示したのは、単純な大国主義だった。

台湾の国連加盟運動は、二〇〇八年三月の台湾総統選で国民党の馬英九が当選することで一段落が着いた。同年八月には国連総会に台湾問題の議題上程が提案されたが、翌二〇〇九年から提案されなくなったのである。一二月には中台間の「三通」が開始された。しかし、国連加盟国の中でも最も人口が少ない小国であるツバルなどはその後も総会の一般討論において台湾に関する言及を続けており、この事態は二〇一一年も変わらなかった。[9]

米国保守派や日本保守派はいわゆる中国脅威論を唱えることがある。ただしそれは、語る言葉を持たない者の間であっても理解できる分野つまり理念に関して以上に、合理性が強く支配する分野すなわち経済と軍事に関して指摘されることが多い。日米などのいわゆる大国は、中国から合理的ではない政治的圧力を受けることが少ないことも背景にある。これに対してツバルなどは合理性が高いこれらの分野における交流が少ないにもかかわらず、というよりも少ないからこそ、中国から強い政治的圧力を受け、同時にツバルなどもそれを問題にすることができていることになる。

同様のことは先に触れたシリア問題などにも当てはまる。二〇一一年一月以来表面化しているシリアの民主化運動への弾圧に対して、国連安保理はアラブ連盟の調停活動を重視してきた。アラブ連盟は一二月一九日にはシリアとの議定書に基づき、連盟史上初となる監視団をシリア全土二〇カ所に展開したが、シリアは議定書の主要条項を履行しなかった。これを受けて、二〇一二年一月二二日、アラブ連盟は臨時外相級会合を開催し、アサド大統領がその権限を副大統領に委譲することなどを求める決議を採択し、国連事務総長に送付、(10)これを受けて安保理に決議案が提出された。(11)提案国となったのはヨルダンで、他に、湾岸六ヶ国、エジプト、リビア、チュニジアの安保理理事国ではないアラブ諸国に加え、安保理理事国のモロッコ、コロンビア、独、ポルトガル、トーゴ、米、英、仏で、強制行動を意味する「第七章の下で行動する」との文言はなく、制裁にも言及しない穏健なものだった。この、アラブ諸国の和平努力に基づく穏健な決議案に対して、二月四日、中国はロシアと共に拒否権を行使した。(12)

もし、米国がこの問題に対して、イラク問題におけるブッシュ・ジュニア政権のように国際的な批判を押し切って強制行動を推進しようとしているのであれば、第三世界の一員である中国が米国の覇権主義の前に立ちはだかったと言うこともできる。しかし、中国が拒否権を投じたのは問題の当事者であるアラブ諸国を中心とする和平努力に対してであり、国際社会の和平努力を踏みにじった覇権主義的な勢力は中国だったことになる。しかもオバマ政権もアラブ諸国の対応を重視しており、増え続ける犠牲者を前に、米国内ではオバマ政権の対応は生ぬるいとの批判も多く挙がっていた。中国の拒否権に国際的な批判が寄せられたのは当然だった。

二、台湾の民主化と日本の歴史認識問題

台湾の民主化は日本の「民主化」の副産物に奇妙な影響を与えた。現在、日本の右派は南京事件の犠牲者の数を問題視し、虐殺はなかった等と主張しているが、台湾民主化の頃からこの主張がそれまで以上に顕在化し始めたのである。

日本の新聞には、かつて「こうした戦闘員・非戦闘員、老幼男女を問わない大量虐殺は二ヵ月に及んだ。犠牲者は三〇万人とも四〇万人ともいわれ、いまだその実数がつかみえないほどである」と報じたものがあった。産経（当時は『サンケイ』）新聞で、一九七四年八月一五日から一九七六年一二月二五日まで紙上で連載された『蔣介石秘録』においてだった。これは書籍化もされ、先の文言は一九七六年六月一一日から七月三一日までの掲載分をまとめたものに収録された。[13] この本は一〇年後の一九八五年に再発行されたが、ここでもこれと同じ文章が再録された。[14]

二〇一二年現在の産経は、南京虐殺の犠牲者数を強く批判し、虐殺の存在そのものを否定する主張を展開しており、一九八〇年代までの姿勢を大きく転換させている。しかし、この記事の連載時や出版時に南京事件の犠牲者数が問題視されていなかったのであれば、その後の姿勢転換との間の矛盾も、まだ小さい。ところが現実は逆で、一九七一年に本多勝一が朝日新聞に「中国の旅」を連載し、日本軍の蛮行を取り上げ、洞富雄早大教授が『南京事件』[15]を刊行するなど、日本を加害者として戦争を語る動きが強まる中で、南京虐殺が取り上げられ始めていた。しかもこうした動きに対して、一九七三年に鈴木明が「『南京大虐殺』のまぼろし」を『文藝春秋』誌に連載し、同年中に同社より刊行して、このような動きに対して反論を展開し、さらに洞が『歴史評論』誌で鈴木を批判し、一九七五年に『南京大虐殺「まぼろし」化工作批判』[16]を刊行するなど、南京事件をめぐる論争が社会的な注目を集めていたの

である。記事の連載が始められたのは、まさにそのような中でのことだった。

同様のことは改訂特装版刊行の一九八五年にも当てはまる。一九八二年に、いわゆる教科書の「侵略」「進出」書き換え問題が起こり、一一月には教科書検定基準に「近隣のアジア諸国との間の近現代史の歴史的事象の取り扱いに国際理解と国際協調の見地から必要な配慮がなされていること」が入れられた一方、一九八一年に発足した「日本を守る国民会議」が『新編日本史』を作り、一九八六年に検定に合格するなど、政治問題として緊張を増していた。南京事件についても、鈴木の著作が文庫化される一方で洞の著作も刊行され、雑誌も特集を組むなど、改めて議論が活発化していた。このように教科書を巡る政治的な緊張が高まり、南京事件の犠牲者数をめぐる動きも激しくなる中で、産経は犠牲者を四〇万人ともする記事を連載、出版、再出版を行っていたのである。少なくとも八〇年代半ばまでは、南京虐殺を否定する動きに抗して犠牲者数を大規模化していたのが産経だった。

ところが一九九〇年代に入り状況は逆転した。一九九六年八月一五日、産経は「教科書が教えない歴史」の連載を始め、東中野修道による「東京裁判で突如として南京虐殺がもちだされました。キーナン主席検事は数万人虐殺とほかし、中華民国はベイツ説を七倍に粉飾して三〇万人虐殺を主張しました」との記述を掲載し、この出版も行うのである。[17] 翌一九九七年一月、「新しい教科書をつくる会」が結成されるが、その「ひとつのきっかけは産経新聞の企画記事だった」とされた。[18] この後、「新しい教科書をつくる会」は産経と教科書発行の覚え書きを交わし、「新聞社が教科書づくりにかかわるのは初めての挑戦であるが、『つくる会』ともども、読者および国民の支援を仰ぎ、また批判も受けたい」と表明した。[19] それまでは極右が重視はするが、広く保守派が共有する問題ではなかった歴史認識問題を、主要なメディアの一つが積極的に支持するようになったのである。そしてこの動きの中で、南京事件の犠牲者数は、日本軍国主義を正当化するための象徴的な数値となり、産経自らも「自虐的歴史観の典型は『南京大虐殺』[20]」と位置づけるに至った。八〇年代に加えて五〇年代にも保守派から特に歴史教科書を問題にする動きがあったが、それらは必ずしも継続的な影響力を持つ動きにはならなかった。これに対して一九九〇年代に顕在化した動きは広い支持を集めることに成功し、それまでとは異なる長期的な影響力を保持している。その背景の一つにはこのようなメディアの状況の変化があった。

産経が南京事件の犠牲者数を多く描いた背景には、長征と称して抗日戦争の前線から外れていた共産党軍に対して、自分こそが前線で戦って日本軍国主義の侵略を退けたと考える蔣介石の自負があったと言えよう。産経は、一九七二年の日中国交正常化、一九七八年の平和条約締結に対して、反共産主義の立場から中国を嫌い、蔣介石を支持していたが、蔣介石を正当化しようとすればするほど、南京事件の様子を激しく描く必要が生じる。東アジアにおいては、抗日戦争への貢献が指導者の正当性に直結するが、このような基本的な歴史認識を産経も議論の前提とせざるを得なかったのである。

ところが、産経が『蔣介石秘録』を再版して間もない一九八八年に蔣経国が死去し、李登輝が初の台湾出身の総統となった。李登輝は民主化を進めるとともに、一九九一年には中国を対等の政治実態と認め、一九九三年には国連加盟推進を正式に表明した。産経から見れば、北京に対抗して一つの中国を争う文脈で台湾を正当化する必要がなくなったこととなり、中華民国か中華人民共和国の争いを越えて、中国そのものを批判できるようになったのである。

そしてこの文脈で日本軍国主義の正当化に務める以上、当然の事ながら、産経の批判は中華人民共和国のみならず中華民国と国民党にも向けられるようになった。前述の『教科書が教えない歴史』においても中華民国に言及していたが、産経自身も同様の指摘を続け、二〇一二年に至っても、「最近の研究で、『南京虐殺』や『南京大虐殺』は当時の中国国民党の一方的な宣伝だったことが分かってきた[21]」と主張し続けることとなる。もちろん、中華民国や国民党を直接に批判するこのような記述は、蔣介石を擁護しようとしていた時期には行い得ないものだった。台湾が自らを台湾と名乗ることが、皮肉にも日本右派を拡大し、しかもより純化させることとなったのである。

一九八〇年代のように、歴史認識を踏まえた反共主義として振る舞うのであれば、日本右派はまだ蔣介石や米国と語る言葉があった。しかし日本軍国主義を背景にした反共主義となることにより、日本右派は二〇世紀を踏まえて広く外の世界に向かって語る言葉を失った。

さらにこれに拍車をかけたのが、一九九三年八月九日に、四〇年近く続いた自民党政権が倒れ、非自民を掲げる細川内閣が成立したことだった。細川は、一〇日、「侵略戦争であった。間違った戦争であったと認識している」と表明した。この直前の八月四日には、自民党宮沢内閣の河野洋平官房長官が、「慰安婦関係調査結果発表に関する官房長官談話」発表し、「いわゆる従軍慰安婦として数多くの苦痛を経験され、心身にわたり癒しがたい傷を負われたすべての方々に対し、心からお詫びと反省を申し上げる」、「われわれは歴史研究、歴史教育を通じて、このような問題を長く記憶にとどめ、同じ過ちを決して繰り返さない決意を表明する」と述べていた。

これらの歴史認識をめぐる動きに危機感を抱いた自民党保守派は、「靖国関係三協議会（が）……八月一一日、緊急役員会議開催し……抗議の申し入れを行」い、八月二三日に「歴史・検討委員会」を設置した(22)。冷戦の終焉を受けて、一九五五年に社会党が合同し、自由民主党が結党して以降、初めてなされた政権交代は、日本軍国主義の亡霊に姿を与えて実体化させる動きも生み出したことになる。偶然ではあるが、こうした動きは、グアテマラなどが八月六日に国連総会の議題に台湾問題を上程する提案を行ったことと並行していた。

三、日米の保守派の間に横たわる歴史認識のずれ

日本国内のこのような動向は、当然に日米間の溝を広げることとなった。一九九〇年八月のイラクによるクウェー

ト侵攻を契機に、日本は米国から軍事行動への参加を求められていたが、この要請は日本に歴史認識の修正も迫っていたのである。例えば、米国の保守派の有力シンクタンクでレーガン政権、ブッシュ政権、ブッシュ・ジュニア政権にも多くの人材を送り込んだヘリテージ財団は、一九九一年九月二〇日、米海軍への日本の支援の拡大やミサイル防衛の研究開発において役割を果たすことなどを日本に求めるよう主張した[23]。前日の九月一九日、ただし時差を考えるとこの報告書が出されたのとほぼ同じ頃に閣議決定されたのが、自衛隊の海外派遣を認めるPKO協力法案だった。

二ヶ月後の一一月三〇日、ヘリテージ財団は日米関係について新たな報告を公表し、次のように述べた。「日本は中国や韓国に様々な形態で非公式に補償してきたが、それは日本が真に心から変わったことを示さない。日本がそのような変化を示し、隣国を完全に対等に見なさない限り、日本が国際社会に全面的に参加する準備ができているのか、米国のような友人であっても疑問に思う」。その上で八〇年代に日本で起きていた教科書問題を批判し、南京虐殺は中国人のでっち上げとする石原慎太郎を「言語道断な主張」と切って捨てていた[24]。

この二つの報告の著者はともにセス・クロップセイだった。彼は、レーガン政権からブッシュ政権にかけて海軍副事務次官を務め、一九八一年には国防長官の補佐を、一九八二–八四年は米国の対外宣伝放送であるヴォイス・オヴ・アメリカの政策部長なども兼ね、ブッシュ・ジュニア政権下の二〇〇二年にも国際放送ビューロー局長に就くなど、歴代共和党政権で役割を担ってきた。また、ブッシュ・ジュニアの政策に大きな影響を与えたとして、イラク戦争への批判が高まる中で注目を集めたシンクタンク、新アメリカ世紀プロジェクト（Project for the New American Century、PNAC）にも関わるなど、新保守派の主要人物の一人だった。

ここで米国の新保守派について簡単にまとめておこう。一九三〇年代の米国では、日本軍国主義のアジア大陸侵略やナチスの周辺諸国侵略に対しても、なお参戦を忌避する声が強い状態が続いていた。当時、「アメリカの外交政策に関する議論において議会でナイほど中心的に活躍し、影響力を持っていた者はいない[25]」とも評され、共和党の大統領候補の一人とも言われた上院議員ジェラルド・ナイは対日・対独参戦に反対するばかりか、対日経済制裁も批判し、日本のメンツをたててやれば日本は中国から撤兵すると主張していた。しかし、日本のような異常な軍国主義に対して話し合いを続けたことは誤っていたことが、一九四一年一二月七日、日本のパールハーバーへの先制攻撃により証明された。この日もナイは米国は戦争をすべきではないと演説をしていたが、その後は「戦争に勝利するために団結を訴える以外には、ほとんど外交政策にふれなくな」り[26]、一九四四年には上院議員選挙に落選した。この結果、「一九二〇年代から三〇年代初頭まで、外交政策における指導的な孤立主義者の大半は、内政においてはリベラルまたは革新派だった。しかし、日本のパールハーバー攻撃時から、不介入主義者は一般に保守主義と連携し、第二次大戦後、その後継者の大半は徹底的な保守主義者となった[27]」と言われる状況が生まれることになる。この文脈の上に、国際主義と保守主義の重なりが生まれ、新保守派へとつながる。

この歴史認識から見れば、中東に新たな侵略者が登場したのであれば、それと戦うのは当然ということになる。そしてそのために志を同じくする人々が団結（unite）することも言を待たない。それこそが一九四二年一月に発せられた連合国宣言の意味だったのだから。

このように見ると、イラクのクウェート侵略に対する戦いに日本が加わるためには、日本が米国と同じ言葉を話すこと、つまり歴史認識を同じくすることが不可欠だったことが分かる。一九九一年に成立した宮澤喜一内閣は、自衛隊の国連平和維持活動への派遣を推進することと並んでいわゆる従軍慰安婦問題について「お詫びと反省」を表明したが[28]、米国から見ればこの両者は当然に組み合わせてなされなければならなかった。

ところが、この後から歴史認識をめぐる日本右派の拡大と純化が始まった。これに対して米国保守派は警戒を強めることになる。二〇〇一年にブッシュ政権が発足し、それを追うように小泉政権が誕生し、訪米が発表されるが、ここでヘリテージ財団が最も重視したのは、小泉が自民党総裁に立候補した際に公約として掲げていた靖国神社への参拝だったのである。

六月七日、ヘリテージ財団が日米関係について報告書を発表した。「日本の改革指向の新指導者－日米関係への影響」と題するこの報告は、ブッシュ政権成立後に書かれた初の日米関係に関する論評だった。ここで「日本の喫緊な外交政策案件」の冒頭に掲げられたのは、「第二次世界大戦に関する日本の歴史教科書の改定と死亡した日本軍人を祀る靖国神社参拝の計画」だった。靖国神社は「その帝国主義的民族主義のおそらく最も悪名高い象徴」であり、小泉の参拝計画に対して「アジアとアメリカ両方の退役軍人は怒っている」とされたのである。この報告書の文末には「ブッシュ大統領と政権は、次のような措置をとることで、日米関係を強化する改革を推進すべきである」として、ブッシュがなすべきことが箇条書きでまとめられたが、その筆頭に掲げられたのは「小泉の靖国参拝が引き起こすだろう問題を償うために、六月の小泉訪米の際に、ブッシュ大統領は小泉がパールハーバーの記念館を訪れ、アーリントンの無名戦士の墓地に花輪を手向けるように促すべきである」、だった。[29]

ただし、九・一一の発生と、小泉がブッシュが進めた対テロ戦争を一貫して支持したことにより、米国民の関心は歴史認識問題から逸れた。しかし、二〇〇六年に小泉が訪米をし、また小泉の後を襲った安倍が一層の歴史修正主義的施策を推進すると、軋轢が表面化する。二〇〇七年に米国連邦議会下院がいわゆる従軍慰安婦非難決議を採択したのはこの一例だった。

四、国益論をめぐるアジアと米国の溝

一九六三年一月、フランスが中華人民共和国を承認した。これに対して蔣介石は対仏断交を主張するが、米国の

ジョンソン政権は断交がベトナム情勢に影響を与えることを懸念し、思いとどまらせようとする。しかし蔣は簡単には同意しない。多数派の本省人の支持を得ていないと同時に国民党内部にも不満を抱える蔣にとっては、フランスの裏切りは政権存立の基本である彼の権威に関わる問題だった。蔣は米国に政権内のモラルの低下を訴え、クーデターが起こる可能性さえ示唆して、フランスに対して台湾側から強い態度を示そうとしたのである。

そこで米国は、蔣をなだめるために三月に大統領親書を発し、四月にはラスク国務長官が台湾を訪問した。ここでラスクは、米台関係の重要性を表明するために次のように述べた。

「状況の急変により生じる可能性のある機会を逃さないようにするために、米国と中華民国の緊密な関係が重要です。考えてみて下さい。もし、一九三一年に中国が必要としていたことを自由世界が行っていたとしたら！その後の歴史は全く違っていたでしょう」。「アメリカ人の本性は世界の他の場所よりも家を好む孤立主義者ですが、三一年の侵略以降、もし監視を怠れば全ての人にとって脅威となることを学んできたと思います。しかし、四八－四九年までは三一年からの教訓を本当に学ぼうとはしなかったのです[30]」。

この四ヶ月後にトンキン湾事件が起き、一〇ヶ月後には米国が北爆を本格化させ、泥沼のヴェトナム戦争に突き進むことになる。民主党のジョンソン政権の国務長官を務めるラスクには、同じ政党の越えがたい先人、ローズヴェルトが三〇年前に直面していた日本軍国主義とナチスへの対応が強く認識されていたが、それをヨーロッパと語る際にはナチスに焦点が当たることになる。しかしアジアにおいて語る際には日本軍国主義に焦点が当たるのが当然だった。しかもその語る相手が、自らこそが「中国」であることを自負する者、蔣介石であれば何よりも一九三一年に言及しなければならないと考えるのが、米国の歴史認識であり、同時に米国が蔣介石と共有する歴史認識だった。フランスが示した中国に対する裏切りへの蔣のいらだちはラスクが共有できるものではなかったにしても、一九三一年の段階で日本軍国主義にしかるべき対応をしていれば悲劇は避けられたかもしれないとする思いは、両者の間で語るこ

表 1-1　日本の国会で「国益」が使われた回数

1989 年	46	1994 年	107	1999 年	161	2004 年	247
1990 年	65	1995 年	77	2000 年	150	2005 年	215
1991 年	87	1996 年	120	2001 年	185	2006 年	208
1992 年	66	1997 年	189	2002 年	254	2007 年	231
1993 年	107	1998 年	169	2003 年	224	2008 年	171

表 1-2　米議会で national interest が使われた回数（大統領の報告を含む）

2002 年	150+67（大統領教書）	2006 年	149
2003 年	140+87	2007 年	181+112
2004 年	180	2008 年	153
2005 年	199		

とができる言葉だったのである。そしてその後悔が米国のヴェトナム情勢に関する認識につながり、ヴェトナム戦争にのめり込むことになる。

しかしながら、その歴史認識を支える理念は米中間で大きく異なる。それを象徴するのが一九世紀的な価値を代表する「国益」であり、一九九〇年代以降の中国の対外姿勢の基本を成す考え方となっている。ただしこの点では中国以上に日本も異質である。さらに言えば、歴史認識が異なるだけにより日米の間の方がより食い違いが大きくなる。ところが、語る言葉がない日中台の間で議論の尺度となり得るように思われがちなのが、計量化も可能なこの言葉である。そこで次にこの言葉について検討する。

まず日本の国会で「国益」が使われた会議の回数を見ると、冷戦の終焉を契機に急増していることが分かる（表1）。一九八九年には八〇年代を通じて最少の四六だったが、一九九三年より一〇〇を超え、九・一一からイラク戦争開始をつなぐ二〇〇二年には、過去三〇年間で最多の二五四に達したのである。

しかもこれを口にする議員は与野党を問わない。二〇〇二年には、自民党議員がこの言葉を使った会議の数が九五だったのに対し、民主党を中心とする会派の議員が使った回数は一〇三回に上り、共産党が

表２：2002 年国会「国益」が使われた回数

	254
自民党所属議員が使った回数	95
公明党所属議員が使った回数	22
民主党を中心とする院内会派の議員が使った回数	103
共産党所属議員が使った回数	25
社民党を中心とする院内会派の議員が使った回数	14

表３：「国益」を使用した社説の数

	2010 年	2008 年
朝日	7	15
読売	27	24
産経	76	45
ニューヨーク・タイムズ	11	3
ワシントン・ポスト	9	5

二五、公明党が二二、社民党を中心とする会派の議員が一四を数えた（表2　なお、一回の会議において複数の議員がこの言葉を使う場合があるため、それぞれの合計と全会議数は一致しない）。特に目を引くのが民主党の数の多さである。当時野党だった民主党は自民党に比べて質問時間が少ない。しかも与党の数値には議員の質問だけではなく閣僚の答弁も含まれることから、野党に比べると多くなる。それにもかかわらず「国益」を使う回数が自民党よりも多く、際だっている。しかも、社民を除く他の政党は「国益」を肯定的に使用している。自民党から共産党まで、与野党を越えて共通の価値として認識されているのが「国益」だと言い得ることになる。しかもこの数値は米国議会を凌駕している。

米国では一般の議論で国益が口にされることは必ずしも多くはない。試みに日米の新聞の社説を比較してみよう（表3）。中間選挙が行われた、つまり政治の年だった二〇一〇年にニューヨーク・タイムズが社説で国益（national interest または Americam interest）を使用したのは、一一の社説で一二回だった。そのうち一回はイスラエルの、一回は中国の発言の引用で、ニューヨーク・タイムズとして使用した言葉ではなかった。さらに二回は「イスラエルの国益を害するものではない」として、イスラエルに向けて使用していた。六つの社説は中間選挙等に関するもので、候補者は選挙区のことだけではなく全米の視点に立つべき等の趣旨で使用していた。二〇〇〇年以降の日本社会でしばしば見られる、国益を守れ等の使用は一回のみだったのである。ワシントン・ポストも同様だった。

大統領選挙が行われ、やはり政治の年だった二〇〇八年では、米国の新聞がこの言葉を使用する回数はさらに少い。議員の選挙を中心とする中間選挙が、選挙区の利害と対比させる形で「国益」を使っていたことを考えれば、この意味も分かる。米国では「国益」は禁忌される言葉と言っても言い過ぎではない扱いなのである。

米国の成り立ちと二〇世紀の理念を考えれば、これも当然のことである。自国の利益のためであれば何をしても許されるのであれば、それは一九世紀以前の植民地主義と変わらないのだから。外交において何よりも語るべきは理念に他ならないのである。そしてそれこそが一九二〇年代に国際関係に関する学問が米国で生まれた背景だった。国益論を重視する議論は、今でも米国の主流派とは言えないのである。

一方、日本では新聞による差が大きい。特に多いのは産経で、社説で外交関係の問題を取り上げる際に「国益」を使用しないことはないと言っても良い。ただし、その他の新聞も、国益を守れ等の文脈でこの言葉を使っていることに関しては、共通している。ニューヨーク・タイムズは一日に四つの社説を掲載することが多く、新聞休刊日がないことをあわせると、社説の本数は日本の新聞の倍にのぼる。それを考えるとこの数字の差はさらに拡大する。

米国の視点から見ると、このような状況は自らとは異質なものと映る。ましてやイラク戦争に際して読売新聞が主張した次のような「国益」の用例は理解できないことになる。「北朝鮮危機が深刻化した時、迅速かつ実効ある対応ができるのは、国連ではない。同盟国である米国しかない。一部に『日本の防衛は安保条約に基づく米国の義務』とし、北朝鮮問題はイラク問題で米国を支持する理由にならないとの声もある。だが、条約が簡単に破棄された例は歴史上、いくらもある。北朝鮮が核、弾道ミサイルを開発、強化しつつある状況の中で、日米同盟を揺るがす対応は決定的に国益を損なう[31]」。

ブッシュ・ジュニアは、サダム・フセインを東条英機やヒトラーのような者と認識して、戦わざるを得ないと主張していた。イラクがナチスや日本軍国主義と同様であるのならば、米国が歴史から学んできた教訓に基づけば、犠牲を出しても戦争を避けてはならないことになる。ところが読売はイラク問題の是非を問わずに、直接関係のない北朝鮮問題で米国に助けてもらわなければならないことを理由に、その米国が望んでいるイラク戦争を支持することが国益だと言う。これでは、イラクに罪がないとしても日本の利益のためであれば戦争をすることも容認することになる。米国の視点から見れば、これは自ら利益のためであれば他を侵略することも辞さない植民地主義戦争と変わらない。

米国のリベラルがブッシュ・ジュニアに対して石油のために戦争をしたとする批判を投げかけたのも、それが米国の論理の中では認められないためだった。しかし、読売のように自分の利益のためならば戦争すらも容認する者に対しては、このような批判は厳しい意味を持たなくなる。イラク戦争当時、読売のような主張は日本社会で公然と繰り返されていたが、このことは日本社会が歴史認識に加えて現代社会に対する認識も米国と共有していないことを示すものだった。

このように見ると、二〇〇五年までホワイトハウスの国家安全保障会議上級アジア部長だったマイケル・グリーンが、二〇〇六年九月に、連邦議会下院外交委員会が開催した公聴会で「なぜ日韓関係が悪化を続けなければならないのか、構造的、地理戦略的（geostrategic）には説明がつかない[32]」と述べたことの意味が理解できる。

この公聴会は、靖国参拝を続けた小泉が訪米することによって連邦議会に批判の声が挙がったことに関して開催されたものだった。最初の参考人として証言したグリーンは、特にイラク戦争を巡って批判が高まっていたブッシュ政権の立場を弱めないためにも、小泉を擁護しようとした。とは言え、靖国参拝そのものは二〇世紀の世界が共有する基本理念に直接に差し障り、肯定はできない。そこで、中国への不信を強調すると同時にテロとの戦いにおける日米同盟の意義を訴えることで結果的にこの問題を小さなものとしようとした。つまり、日本右派の行動は理念として容認し得ず、語り得ないものであることから、理念に関わらず、それ自体が合理性の高い軍事的な問題に論点を移し、さらにその文脈で日本の相手である中国への不信を強調することで、日本への風当たりを相対的に小さくしようとしたのである。

しかし日中関係だけではなく日韓関係も悪化している。しかも日韓はともに民主化を果たし、しかもそれぞれ米国と同盟を結んでいる以上、地政学の下位領域である地理戦略的に見れば深刻な関係悪化は起こりえないことになる。つまり、この公聴会の課題であり、民主社会が共有すべき基本理念である二〇世紀の歴史認識に触れなければ説明自体ができない。そしてそのような理念を語ることこそが、外交の基本理念を変えた米国で第一次大戦後に国際関係に関する学問が生まれる背景にあったはずである。そしてそれは、時を同じくして生まれたソ連との間で、理念をめぐって対立が生じる背景でもあったはずだった。「構造的、地理戦略的には説明がつかない」との先のグリーンの言葉は、九〇年代に起きた日本のナショナリズムがそれだけ擁護しがたいものであり、それが深刻な波紋を呼び起こしていることを逆説的に物語っていた。

結局彼は、靖国参拝自体について、「小泉首相の靖国参拝への主張は、何百万もの日本の戦死者の遺族は、その死に対する首相の敬意を受けるに足るとする彼の個人的信念に基づいていると、私は信じている。しかしおそらく小泉にとってさらに重要なのは、日本がどのように過去を認識するかについて中国に口を挟ませないという彼の決意だろう。これらの靖国参拝の外交的代価を日本が支払っていることに疑問はなく、日本の世論が参拝にその価値があるのか、またはそもそも適切なのか否かについて分裂している」と、歯切れの悪い説明を行うにとどまった。さらに、

「与党自民党内の改憲案においてすら、戦争放棄を謳った第九条第一項は残っている」[33]とも付け加えた。米国は戦争を放棄した日本国憲法第九条の改訂を求めてきたが、政治的立場を越えて米国で広く共有されている認識を否定することなく小泉を擁護するためには、日本保守派の改憲案においても九条が残されていることにまで言及しなければならなかったのである。

さて、最後に中国に戻ろう。以上を踏まえて見ると、キッシンジャーの次のような発言の意味が分かりやすくなるだろう。「中国の指導者達ほど、ニクソン式の外交に対して好意的な姿勢を見せた対話の相手を私は見たことがなかった」。「世界で最も長い間、独立した外交政策をとり、外交政策の基盤を自国の国益におく伝統を持つ中国」[34]。時には理念を越えて力のバランスを追求するキッシンジャーの姿勢は、米国では必ずしも一般的ではなく、彼に対する批判も少なくない。その彼をしてこのように語らしめる中国は、まさに二〇世紀の国際社会のあり方をふまえたものではなかったのである。

おわりに

それぞれにあり方は異なるにせよ、一九九〇年代に広い意味では「民主化」と呼ぶことができる経験を経た日中台は、特に日中が民族主義的な色彩を強めることにより、語り得る言葉を失ってしまった。その後、日中間において政冷経熱と呼ばれる状況が生まれたことは、語らねばならない政治関係と、語る言葉が不十分であっても自ずと合理性が強く支配する経済関係の違いを示していた。この結果、東アジアにおいては、語らずとも必然的に合理性が伴う経済や同様の性格を持つ軍事における関係が突出する一方、歴史認識問題とともに、合理性が低く、語るべき言葉と相互の妥協が求められる領土問題において特に軋轢が増大することとなる。

ここで、両岸関係、日中関係、朝鮮半島などの東アジアの問題に米国が介在すべきか否かが問題として浮上する。東アジアの当事者達が語るべき言葉を持たないが故に、彼らが米国の言葉を自らものとしないままで借用している現状がある一方で、その言葉の意味を必ずしも東アジアが理解をしておらず、米国社会における文脈を無視して単純な戦略的な議論をしがちであるためである。率直な言い方をすれば、東アジアの当事者達は米国に語ってもらった上で、その米国を頼るまたは批判することにより直接に語ることに代えていると言い得よう。

こうしたことは、本来は自らを問い直そうとする傾向を持つはずであるリベラルにもあてはまる。例えば、日本のリベラルを代表する論説誌である『世界』は、この二〇年間に、「アメリカ」や歴史認識を取り上げる特集は毎年のように組んできたが、日本の外交政策がどのようなものであり、それを遂行する官僚体制がどのようなものであるのかは、一度も特集していない。リベラルは一九四五年までの自国の対外行動には強い関心を持つが、それ以降は自らの政府の行動を追求するのではなく、米国に語らせた上で、米国に問題の責任を求めていることになる。それは日本のリベラルが自らの責任を免れていることでもある。

これは一九九〇年代後半に中央省庁の再編が議論された際にも変わらず、この結果、法務省と外務省は名を変えず、組織も大きな変更のないままに二〇一二年に至っている。日中、日台、日韓、日朝などの問題を考える際には、この二つの官庁が重要な役割を果たすにもかかわらず、そもそも大きな議論すらも起きなかった例外的な存在だったのである。それは、日本社会自らが何を語り語ってこなかったのか、そしてそれが実際の行動に則していたのか否かに全く関心を持っていないことを象徴している。

同様のことは台湾や韓国にも当てはまる。この文脈で指摘すれば、例えば台湾の国連加盟運動が台湾支持の国々に与えた影響も無視することはできない。人口や経済規模の小さい国に対する経済援助に支えられてきたその運動は、結果的に汚職を国際的に輸出する構図にもなったためである。二〇〇〇年に民進党の陳水扁が総統に当選した際の中心的な課題は「黒金」に象徴される社会問題の改革、すなわち強権と金で維持されてきた蔣介石政権の負の遺産への対応だった。ところが民主化により対外的に示された国連加盟運動は、国策による「黒金」の対外拡散とも言える面も持っていた。その外交政策の検証は、民主化した台湾社会の責任である。

東アジアにおいて語らない／語れない状況を生み出した責任は、最も早く民主化を遂げたはずで、しかも語る際の共通基盤である歴史認識を揺さぶり続けている日本にあり、次いで一九世紀的な大国主義を示すことに疑問を感じていない中国にある。いずれの国も長い歴史と豊かな文明を誇らしげに語ることが多いが、それらの国が語る言葉を持たないことに、それぞれの社会の構成員は、立場を越えて深刻に向き合うことから始めなければならないだろう。そしてこのような状況がある以上、むしろ東アジアの当事者の方が米国の介在を望まざるを得ないことになる。それは米国の軍事的存在が必要であるためでも、その経済力が欠かせないためでもない。米国の掲げる理念と文化に代わるものを東アジアが持ち得ていないと思われるためである。

【注】

(1) 張讚合『両岸関係変遷史』(周知文化事業股份有限公司、一九九六)、三五一頁
(2) UN Document, A/48/191
(3) Ibid., A/48/306
(4) Ibid., S/PV.3730, p.20
(5) Ibid., S/PV/6711, pp.12 & 14
(6) Ibid., A/52/255
(7) Ibid., A/52/263
(8) Ibid., A/PV.1983

(9) Ibid., A/66/RV.8, p.19
(10) Ibid., S/2012/71
(11) Ibid., S/2012/77
(12) Ibid., S/PV/6711, p.2
(13) 『蔣介石秘録　一二　日中全面戦争』(サンケイ出版、一九七六)、七〇頁
(14) 『改訂特装版　蔣介石秘録　下』(サンケイ出版)、二一九頁
(15) 新人物往来社、一九七二
(16) 現代史出版会、一九七五
(17) 藤岡信勝・自由主義史観研究会『教科書が教えない歴史 二』(産経新聞、一九九六)、七二頁
(18) ウェーブ産経事務局編『産経が変えた風』(産経新聞、二〇〇一)、六九頁
(19) 産経新聞、一九九八年一月九日
(20) 前掲『産経が変えた風』七九頁
(21) 二〇一二年二月二四日社説
(22) 歴史・検討委員会『大東亜戦争の総括』(展転社、一九九五)、あとがき
(23) Seth Cropsey "The Washington-Tokyo Deffence Relationship", Backgrounder No.116, Sep. 20, 1991
(24) Seth Cropsey "On the Pearl Harbor Anniversary, Japan Still Says 'Don't Blame Me'", Heritage Lecture No.353, Nov. 30, 1991
(25) Wayne S. Cole "Senator Gerald P. Nye and American Foreign Relations", University of Minnesota Press, 1962, p.42
(26) Ibid., p.177
(27) Ibid., p.4
(28) 「朝鮮半島出身者のいわゆる従軍慰安婦問題に関する加藤内閣官房長官発表」一九九三年七月六日
(29) Balbina Y. Hwang, "Japan's New Reform-Minded Leader: Implications for U.S.-Japan Relations", Backgrounder #1446, Heritage Foundation, June 7, 2001
(30) "Foreign Relations of the United States, 1964-1968, Vol.XXX", pp.1-60
(31) 二〇一三年三月一四日、読売社説
(32) "Japan's Relationship with its Neighbors: Back to the Future?", Hearing before the Committee on International Relations, House

of Representatives, September 14, 2006, p.30
（33）Ibid., p.27
（34）ヘンリー・キッシンジャー『外交　下』（日本経済新聞社、一九九六）、三九三，五三〇頁

民主化と台湾国会政治

黄秀端（三好祥子 訳）

はじめに

立法機構は民主制度において不可欠の組織であり、民主国家の正統性の基礎である。自分たちの代表を自由平等に選出し、政府を監督できるのは人民だけであり、そうして民主は正常に発展する。過去六〇年の台湾民主発展の過程において、要となる役割を果たしたのは立法院であった。

本文は様々な段階を経てきた台湾国会の過程を時系列に沿って探るもので、それはまた立法院の六〇年にわたる発展および民主化との関わりを示すものでもある。本文では、政党の活動と立法委員の役割に応じ、立法院を五つの時期に分類している。第一期は国民党による一党独裁、行政権も独占されていた権威主義体制下の立法院（一九四八－一九八六）である。当時立法院は行政院の附属機関と化しており、自主性は無きに等しかった。第二期は転換期における立法院（一九八七－一九九二）である。そのとき立法院は民主の推進者であった。第三期は国会の全面改選後、民主化の確立期（一九九三－二〇〇〇）で、立法院の改革と制度化が始まった時期でもある。第四期は、最初の政権交代後、政府の分裂期（二〇〇〇－二〇〇八）で、国会内の政党は激しい対立を繰り返していた。第五期は二度目の政権交代から現在に至る時期（二〇〇八－）である。このうち、第二期は台湾民主政治の発展においてきわめて重要であり、したがって本論では当該時期における立法院の台湾民主化に対する貢献について、比較的多くの紙面を割くことになるだろう。

民主化を図る指標には様々なものがあるが、紙面に限りがあるためここでは多く述べない。本論ではリプセット、ダイアモンド、リンズ（Lipset, Diamond and Linz、一九八八）の民主化の指標を採用する。これは以下三つの点からの観察結果をもとにしている。一、選挙の競争性、二、政治参加の度合い、三、公民権と政治的自由の程度である。本論ではこのような角度から台湾民主化と国会政治の間の関係について検証したい。

一、第一期――一党独裁権威主義体制下の立法院（一九四八－一九八六）

中華民国の第一期立法委員は一九四八年に選出された七六〇人であったが、彼らが職権を行使する機会は全く存在しなかった。というのも一九四九年、国共内戦によって国民党の残党が台湾に撤収したとき、立法院も共に退いたためである。同年五月二〇日、全台湾に戒厳令が敷かれた。戒厳令は蔣経国総統によって一九八七年七月一五日に解除されるまで、三八年と五六日の長きにわたり存続した。

一九五〇年一二月、立法委員は任期満了となったものの、当時の情勢から改選は不可能であった。そのため便宜的措置もやむなしと、行政院会議を経て建議され、立法院と諮った上で総統が認可したのは、第一期立法委員の立法権を一年間継続させることであった。その後二年同じパターンで立法権の継続行使は延長された。一九五四年になり、

表1　立法院における万年委員と増加定員委員の比例（1969-89）

	万年委員		増加定員議員		総　数
	N	%	N	%	N
1947-48	760	100.0			760
1969	468	97.7	11	2.3	479
1972	419	89.1	36 15a	7.7 3.2	470
1975	377	87.8	37 15a	8.6 3.5	429
1980b	309	76.1	70 27a	17.2 6.7	408
1983	270	73.4	71 27a	19.3 7.3	368
1986	224	69.1	73 27a	22.5 8.3	324
1989	150	53.6	101 29a	36.1 10.4	280

備考：a　定員増加委員のうちの海外代表分。台湾人民による選出ではなく、総統の直接任命によるもの。
　　　b　1978年の選挙は1980年に延期された。アメリカが、中華人民共和国こそ唯一の合法政権と承認、台湾との外交関係を断絶したため。

任期六年の監察委員もまた同様の改選問題に直面したため、行政院は大法官の解釈を要請したのであった。一九五四年一月二九日、大法官は釈字第三一号解釈において、重大な災難が発生し、法による選挙を行うことが不可能な場合、あるいは立法・監察両院の職権の行使に停滞が見られ、一任することが不可能である場合、「故に第二回の委員がいまだ法によって集会及び召集が選出なされないうちは、すなわち第一回の立法委員・監察委員が継続してその職権を行使すべきである」（司法院大法院　一九五四）とした。この解釈により、第一回立法委員の四〇年にわたる職権の行使と不改選という現象が成立したのである。

台湾経済社会は順調に発展、人口も増加したため一九六九年に最初の補選が行われた。人口増加に対応するための措置で、これにより一一名の委員が選出されたが、彼らもまた万年委員同様改選されることはなかった。一九七二年にははじめて増加定員選挙が行われ、党外人士に政治の舞台が提供された。とはいえ当時万年立法委員はまだ総数の八九・一パーセントを占

表２　行政院に提出した立法院の予算削減比例

年度	平均毎年予算刪減比例
1961-1980	0.08%
1981-1983	0.22%
1984-1986	0.12%
1987-1989	1.32%
1990-1992	2.05%
1993-1995（第二期）	2.48%
1996-1998（第三期）	2.10%
1999-2001（第四期）	1.48%
2002-2004（第五期）	1.13%
2005-2007（第六期）	1.88%
2008-2011（第七期）	1.05%

李允傑、1999、国会和予算、台北：商鼎、頁 109-110
行政院主計総処、2012　http://www.dgbas.gov.tw/np.asp?ctNode=4　より引用

めていたため、反対勢力が全員団結したとしても立法院の構成を変化させることは不可能であった（表１参照）。その後一九七五年、一九八〇年、一九八三年、一九八六年、一九八九年と五回にわたって増加定員選挙が行われて万年委員と改選委員との比率は変化していったが、万年委員の数は依然として大勢を占めていた。一九七五年の万年委員は三七七名で全体の八七・八パーセントを占めており、一九八〇年にいたっても七六・一パーセントと、万年委員の数は国民党を絶対多数にさせており、一貫して国会席次を圧倒的に掌握していた。万年委員を主とした立法院は、改選が行われないために停滞感が強く、行政院の「立法局」や「ゴム印」などと揶揄された。

国会が全面改選に踏み切る前、万年委員は長期にその座を守り、政党の組織化は禁止されていた。増加定員選挙が行われたとはいえ、その競争性は不完全で、公開・有効・有意義な選挙活動という目標の達成にはほど遠かった。また戒厳令下にあって、人々の集会・結社および報道の自由はそれぞれ厳しい制限が設けられており、人民の参与権や様々な政治的自由は民主的指標に合致するものではなかったのである。

当時の立法院の役割はあいまいであった。予算の削減力は弱

く、表2に明らかなように、一九六一－一九八〇間の平均予算削減率はわずか〇・〇八パーセント、なかでも一九七三－一九七八年はほぼゼロに近い状況であった。立法院の行政院に対する詰問は追従を主として民意を反映しておらず、監督としての役割に至っては言を俟たない所であった。

二、第二段階——立法院の民主推進者としての役割（一九八七－一九九二）

一九八六年九月二八日、民主進歩党（民進党）は台北の円山大飯店においてその成立を宣言した。中央民意代表（立法委員）の定数増員への推薦業務はすでに終了しており、当日の円山大飯店には立法委員候補者一九名及び国民大会候補者二五名の姿もあった。その年の末に行われた立法委員選挙は、野党が正式に候補者を指名し参戦する台湾で最初の選挙となった。結果は候補者一九名中一二名が当選、得票率は二四・七八パーセントであった。万年委員費希平を加え、民進党は立法院で一三議席を獲得したが、それは全三二四議席のうちわずか四パーセントに過ぎなかった。しかしこの一三議席は立法院に化学変化をもたらす。立法院では二つの力が暗躍したという鄭牧心（一九八七）の指摘通り、この年選出された議員の集う第七九会期立法院はメディアの注目の的となったのである。(1) 二つの力とは三年に一度の改選がある増加定員委員の受ける社会と民意からの圧力、そして民進党と対立する国民党の一党独裁権威主義体制を指す。

一九八七年二月二三日、この日就任したばかりの民進党の立法委員一三名が立法院に足を踏み入れ、立法院の構成及び政府の正統性などについて一連の質疑が始まった。宣誓時には民意の洗礼を受けない事について正統性の有無を倪文亜院長に問い、引き続き市政報告を進めようとした行政院院長兪国華に抗議、新たに選出された立法委員に対し憲法に基づいて行政院院長に対する同意権を行使するよう求めた（鄭牧心、一九八七）。

一九八七年二月、朱高正がおこした立法院最初の乱闘から一九九一年末までの期間は、国会が全面改選に踏みきる前であったが、乱闘騒ぎのピークであり、実に三一回の多きに及んだ。当時の民進党立法院党団（非公式の議院運営委員会委員。法案上呈の是非を検討する─訳註）幹事長張俊雄は、「第七九会期のあいだに民進党がおこした争議の背後には、全て改革の議題が隠されている」と語っている（鄭牧心、一九八七、二六七）。宣誓時の騒ぎから、選抜された二重国籍の海外代表と万年議員倪文亜は主席になるべきではないとの提起や、立法委員改選後、委員による同意権の行使が行われていない事が違憲か否かという行政院院長への質疑、代理投票問題に揺れる中での立法院内規の正統性に対する質疑、他にも、国会構造の不合理などが衝突の引火点になった。廖達琪（一九九七、一一）の研究によれば、この時期の立法院における衝突は偶発的なものではなく、政策への反対、国会構成の不合理に対する抗議、また現場状況の刺激によるものである。当時、民進党は激しい言葉で万年委員への不満を表明しており、両者に意思疎通の基盤はなかった。抗議のたび、民進党の耐えがたい言葉を受けた万年委員がステッキでの殴打に及ぶなど、両者は大きな衝突を繰り返したのである。

しかし、立法院でのこのようなボイコットと乱闘は、台湾の民主化と別問題である。過去の権威主義体制のもと、言論の自由は大きな制限を受けており、民進党立法委員は言論の免責権を使って問題を掘り起こし、民衆の注目を浴びたのであった。

スティーブン（Stephen、一九八六、六四－八四）は、権威主義体制の統治者は、以下の点に直面しない限り、既にある権力と利益を自ら放棄することはないとする。以下の点とは、一、人民の経済・社会及び政治の需求と参与感が日々増加すること、二、権威主義的統合の正統性が民衆の懐疑を引き起こし、挑発と衝突を誘うことである。

一九七〇年代以降、台湾ではいわゆる経済の奇跡が起きて生活・教育水準は向上、人々はより多くの参与を望み、社会上の様々な自力救済の活動が増加しはじめた。立法院における民進党の行動は、民意代表が長期にわたり改選されないこと、立法院院長が万年委員によって担当されていること、また新たな立法委員が就任しても行政院院長は辞職せず、立法院が同意権を行使する事などの点で、人々に権威主義体制の正統性に疑惑を抱かせることになった。国会議事軌範の不合理は明らかで、ことに代収票事件は世間を驚かせた。立法院では数人の立法委員が自身で票をとりまとめ、投票用紙を投票箱に投入していたのである。堂々たる国会の殿堂において、投票の不正行為の疑いがあったと全国が騒然となったため、国民党主席の名において選挙の無効が宣誓され、改めて再選の日が決められることになった。全ての過程はメディアで公開され、国民党政権の道徳性は大いに傷つき、蔣経国まで困惑させるにいたったのである（鄭牧心、一九八七、二六七）。蔣経国は国民党立法院党務要員を緊急召集し、国民党籍の立法委員は新しさや変化を探求し、党と国家の利益を優先して個の利益に捕らわれないよう求めている。

国会の全面改選の必要性や立法院の正・副院長及び召集委員の椅子を万年委員が握っている事に対しては、国民党の増加定員委員からも不満の声が上がっていた。また、立法院が政府官員に一問一答の質問を行う術がない事への不満もあった。増加定員委員は三年に一回の改選という圧力だけでなく、猛烈な勢いで迫ってくる民進党員からも大いにプレッシャーを背負わされていた。やっとの思いで当選を果たしても、様々なリソースはみな万年委員のコントロールの下にある。いかなる影響力をも振るう術がなかった。

立法院における一連の激しい演出にメディアの大々的な報道が加わり、国会の全面改選を求める声はますます大きくなっていった。しかし国民党は当初からいわゆる漸進改革を主としていた。特に万年委員が依然として国会の多数派であった頃は、自身の失職を是とせず、一九八九年一月二六日に「第一回国民大会代表出欠補充条例」および「第一回古参中央民意代表自願退職条例」を通過させた。効果の程は不明である（黄建隆、一九九八）。改革は野党及び社会の欲求からまだ遠くにあった。一九九〇年三月一六日から二二日にかけ、いわゆる学運（野百合学運ともいう）が起こった。台湾各地から集まった教員や学生が中正記念堂広場に集結、座り込みの抗議を行ったのである。彼らは「国会の解散」「臨時条款の排除」「国是懐疑の召集」及び「政経改革時間表」という四つの要求を行った。最終的には李登輝総統の接見を果たし、三月学運は幕を閉じたのであった。

一九九〇年四月三日、立法院では陳水扁をはじめとする二六名の立法委員が改選されない万年民意代表に対し、大法官の憲法解釈を具申した。(2) 大法官は六月二一日に釈字第二六一号解釈を提出、その中には現状に適応すべしと示され、「第一期未定期改選の中央民意代表は事実上職権を既に行使することができない、あるいは通常職権を行使できない場合を除き、すなわち査明して解職に応ずるか、中華民国八〇年一二月三一日以前に職権の行使を終止し、中央政府の憲法に依するの精神・本解釈の意図及び関連法規に基づき、適時全国的な中央民意代表選挙を執り行い、憲政体制の展開を確保すべきである」（司法院大法官、一九九〇）とされた。

この解釈によって、万年委員は一九九一年末での全員辞職を迫られ、また政府はこの変革に伴う憲法改正の必要に迫られた。一九九一年四月二〇日、国民大会は改憲の第一段階を完成させ、増修条文一〇条が取り決められた。これには国民大会及び立法委員の選挙方式の改訂が含まれている。また五月一日には国民大会によって動員戡乱臨時条款が廃止された。こうして一九九一年に第二回国民大会代表選挙が、引き続き翌年一二月には第二回立法委員改選がおこなわれ、台湾の民主化は新たな段階に突入したのである。

国会議事規範の不合理・閉鎖的な権力構造・「法統」に対する強い疑問などの点はあれど、一個の国会として、立法院は行政部門を監督し、人々の懐を見守り、良質な法律を制定する責任を担うべき存在である。予算権は立法院の重大な職権の一つであるが、過去に於いて、行政院の提出した予算案は立法院がほとんど丸呑みしており、形式上の削減程度しか行われていなかった。表2（五二頁）では各回で立法院に削減された予算の程度を示したが、一九六一－一九八〇年間の予算削減度合いは〇・〇八パーセントにすぎない。民進党ははじめて立法院に登庁した一九八七年

表３　第一期から第三期までの立法委員平均質疑数

当選年度	任　期	期	会期	口頭質疑	書面質疑	質疑総数	立委平均質詢数	立委平均質詢数
							(A) a	(B) b
1980	1981-1984	1	67-72	732	4,596	5,328	14.02	54.93
1983	1984-1987	1	73-78	910	5,645	6,555	19.51	66.89
1986	1987-1990	1	79-84	1,153	11,681	12,834	43.95	128.34
1989	1990-1993	1	85-90	1,260	23,820	25,080	128.62	192.92
1992	1993-1996	2	1-6	1,459	28,215	29,674	--	190.22
1995	1996-1999	3	1-6	804	27,047	27,851	--	172.99

A は万年委員及び増加定員委員の合計
B は万年委員を除いたもの
盛杏湲、2000「政党或選区？立法委員的代表取向与行為」『選挙研究』第７巻第２期　37-7 より

から予算の審査を進めており、党団会議のなかで、黄煌雄・康寧祥・邱連輝という三人の予算グループが共同責任のもと予算審議の対策法案を検討、決議成立させている（鄭牧心、一九八七、二九四）。五月一二日、民進党立法院党団は記者会見を開き、行政院が一九八八年に提出した中央政府総予算に対して、党としての主張を行った。与党と政府が不可分のものについては全て削除、過去に執行された予算のうち好ましくない単位については過去の使用状況に則り削減の事実を確かめるとした。また民進党は民衆の利益に適応した予算構成比率を提出した。そこには国民皆保険の計画や教育投資の強化、環境保護経費の拡大計画などが盛り込まれている。この期の予算審査に関する会議数は最多で、超過時間も最長、削減された予算もまた最大であった。

予算審査だけでなく、立法委員の質疑時間とその回数も大幅に増加した。質疑を通じて政府の欠点を指摘、行為を監督する。廖達琪（二〇〇五）の研究によれば、民進党が初登庁した一九八七年、主な議題は国会の全面改選で、次が自由権の問題だったという。また盛杏湲の統計によれば、立法院の第七九－八四会期（一九八七－一九九〇）での立法委員の平均質疑数は七三－七八会期の六六・八九回から一二八・三四回に激増している。八五－九〇会期では更に増えて一九二・九二回となった（表３参照）。全面改選前の立法院は最も積極的な質疑が行われた時期だった

のである。

最早ゴム印の名に甘んじてはいなかった。行政院の提出法案に対し修正を提出、立法委員からの提案も大幅に増加した。この時期、いくつかの重要法案が通過あるいは修正されている。主なものは集会デモ法（一九八八・〇一・二〇）・中央民意代表退職条例（一九八九・〇二・〇三）・国安法（一九八七・〇六・二三）・台湾地区戒厳案（一九八七・〇七・〇七）・社会秩序維護法（一九九一・〇六・二九）の制定、公職人員選罷法・人民団体法・刑法一百条予備反乱罪の修正（一九九二・〇五・一五）などで、これらの法案は台湾の民主化構築に大きな影響を与えている。

この時期にはまた戒厳時期の多くの悪法も廃止された。戡乱時期検粛匪諜条例（一九九一・〇五）や動員戡乱時期臨時条款、また刑法一百条予備反乱罪の修正及び懲治叛乱条例（一九九一・〇五）の廃止は立法委員側からの提案によるものである。人民団体法の修正は、人民が政党と政治団体を組織する権利である。（李篠峰・林呈蓉、二〇〇三、三九二）

集会デモ法は人々が集会とデモをする権利であるが、行政院のテキストでは管理者側の立場から考えられており、立法委員の抗議と修正を経て、禁止の範囲と地点の縮小、申請期日の短縮など若干の歩み寄りを見せている。違警罰法は、多くの条文が大法官によって違憲と解釈されたため、一九八七年三月行政院に提出された社会秩序維護法に取って代わられた。しかしその内容は居留問題・停廃業の強制執行など人々の権益に大きな影響をおよぼすものであったため、立法委員から行政院の裁量権は過大であるとの認識が出され、民進党委員は国民党委員の一部と協力して行政裁量権の限定をはかり、権利の保障を図っている。(3) また、第一次修憲を立法委員・国民大会代表などの全面改選の本源とするため、立法院は公職人員罷免法を修正して国会の全面改選の体制を構築した。

総じて、この時期は民主化の構築に対する立法院の相当な影響がうかがえ、ゴム印が民主改革の牽引車となって国家の戒厳令解除・国会の全面改選、また各種政治権利保障の向上などを促した段階だといえよう。

三、第三段階――国会全面改選後の民主化強化の時代（一九九三―二〇〇〇）

国会の全面改選後、立法院は新たな段階に入った。国会争議の重要な案件となっていた万年委員は既に退場し、立法委員は一民主国家の国会が当然行うべき役割を果たすようになった。ここからは、国会が制度化に向かう道のりをたどることができる。

ポルスビー（Polsby）はアメリカ下院を観察して、本来非専従者によって短い会期で行われていたものが、徐々に専従者・専門家による制度化（institutionalization）に転じたとしている。制度化とは、自主性のために外部との境界線を形成し、内部の複雑化を高め、普遍的な規則の形成を強化する事を指す。ヒビング（Hibbing、一九八八）はイギリスの下院を研究し、異なる体制下における制度化の測定には、異なる指標が適当であると述べている。自主性についていえば、国会の制度化が進むほど、国会への敷居はより高くなり、構成員もより固定化する。国民党による他政党の政治活動禁止が解除された後立法委員選挙は激化、国民党の一党独裁体制時に比べ、第三期に国民党の獲得した議席は一六四議席中八五議席（五一・八パーセント）、半数を僅か三議席上回っただけであった。第五期に至っては、第二党へと陥落している（表4参照）。

様々な需要に適応するため、制度化は複雑の一途をたどる。初期の万年委員時代は立法機能があいまいだったため、行政院に対抗する案件もなく、助理の協力も必要としなかった。しかし増加定員議員が三年ごとの選挙というプレッシャーに直面すると、助理の協力が求められるようになった。一九九一年に最初の公費助理が登場し、一九九二年には二人、一九九八年には六から一〇人にまで増加、二〇〇八年には一〇から一四人になった。一九九九年に立法院が推し進めた第一次国会改革の後、立法院には予算センター、国会図書館、法制局などが成立して更に多くのス

表４　立法院における政党の議席数とその比例（1973-2012）

期	与党	国民党	民進党	新党	新民党	台連	その他＊	総計
１＊ (1973)	国民党	477 (96.2%)					18 (3.8%)	477 (100%)
1 (1982)	国民党	371 (93.5%)					26 (6.5%)	397 (100%)
1 (1984)	国民党	342 (94.5%)					20 (5.5%)	362 (100%)
1 (1987)	国民党	297 (92.8%)	12 (3.7%)				11 (3.4%)	320 (100%)
1 (1990)	国民党	230 (85.8%)	21 (7.8%)				17 (6.3%)	268 (100%)
2 (1993)	国民党	95 (59.0%)	51 (31.6%)				15 (9.4%)	161 (100%)
(1996)	国民党	85 (51.8%)	54 (32.9%)	21 (12.8%)			4 (2.4%)	164 (100%)
4 (1999) (第１会期)	国民党	123 (54.6%)	70 (31.1%)	11 (4.8%)			21 (9.5%)	225 (100%)
4 (2000) (第３会期)	民進党	115 (52.0%)	68 (30.8%)	9 (4.1%)	18 (8.1%)		11 (5.0%)	225 (100%)
5 (2002)	民進党	68 (30.2%)	87 (38.6%)	1 (0.4%)	46 (20.4%)	13 (5.7%)	10 (4.7%)	225 (100%)
6 (2005)	民進党	79 (35.1%)	89 (39.6%)	1 (0.4%)	34 (15.1%)	12 (5.33%)	10 (4.44%)	225 (100%)
7 (2008)	国民党	81 (71.7%)	27 (23.9%)	0	1 (0.88%)	0	4 (2.7%)	113 (100%)
8 (2012)	国民党	64 (56.6%)	40 (35.4%)	0	3 (2.7%)	3 (2.7%)	3 (2.7%)	113 (100%)

歴届立法委員選挙実録・第一届立法委員名鑑（1973　1982　1984　1987　1990）・中央選挙委員会網站・立法委員国会図書館網站より
＊第一期立法委員は万年委員を含む

タッフが与えられ、立法委員の予算と法案に対する監督能力は更に向上したのである。

　一九九九年の第一次国会改革では、立法院組織法、立法院各委員会組織法および立法院議事規則の大幅な修正のほか、立法院職権行使法と立法委員行為法という二つの法案が追加された。この改革では強化委員会の組織と運営、その専業性の向上、立法院行政及び専業支援系統組織の増強、党団地位の合法化及び立法委員の行為規範など重要な点がいくつか見受けられる（黄秀端、二〇〇〇）。立法院職権行使法において、党団は正式な役割が与えられ、スタッフと場所も与えられた。党団協商の対象と機宜、代表成員とその比率、協商（公式に法案上呈の是非を決定すること—訳註）の手順やもたらされる結論の効力などが明確に規定され、これにより政党協商体制は徐々に制度化されていった。

また、立法院の質疑を形式的にさせないよう議事規則を改め、第二期第四会期から一問一答式に変更している。

これ以前の段階においても、民主化と自由化に対応する関連法案が多く制定あるいは修正されていたが、それで民主化が一気に達成されるわけもなく、この段階でも多くの法案の整備が進められた。国内の放送に関わる言語は国語を以て主とするという広播電視法第二〇条は一九九四年七月一四日に削除され、多言語の受け入れが始まった。有線電視法については、一九九三年七月一六日の制定後にテレビ局の数が増加、多くのメディアが競う時代となった。一九九五年三月二三日に通過した二二八事件処理及び補償条例は、一九四七年に起こった同事件の慰撫を目的として制定されている。

性と平等に関わる法律は、婦人団体推進のもと、民法親族篇の継承・夫婦間の財産・子女の監護に関わるものが、一九八五年から一九九九年にかけて相継いで成立した。一九九七年には性侵害犯罪防治法、一九九八年には家庭暴力防治法が通過した。憲法の改正に伴い、立法院も歩みを同じくして総統・副総統の選挙罷免法を制定、そして一九九六年には有史以来最初の総統直接選挙が行われた。一九九七年の台湾はフリーダムハウス（Freedom House）にいわせれば完全自由国家となったのである。この過程で、立法院は欠かすことのできない役割を演じている。

四、第四段階――分立政府時期の国会（二〇〇〇―二〇〇八）

二〇〇〇年代、民進党の陳水扁が総統に当選、五〇年以上にわたって政権を担ってきた国民党に取って代わり、最初の政権交代となった。民進党は与党ではあったが、立法院での構成は国民党一一五議席（五二・〇パーセント）・新民党一八議席（八・一パーセント）・新党九議席（四・一パーセント）・無党派一一議席（五・〇パーセント）で、そのうち民進党の議席は僅か六八議席（三〇・二パーセント）に過ぎなかった（表4参照）。与党民進党は議席の三分の一を獲得できず、国民党が過半数を掌握するという新たな状況が出現した。与党が国会多数を掌握できない場合、内閣制度のある国家では少数党政府（minority government）、総統制度のある国家では分割政府（divided government）といわれる。しかし半総統制国家では少数政府といわれることもあり、また分立政府とも称されることもある（Elgie、二〇〇一）。

第五期国会選挙で民進党の議席は八七に増え（三八・六パーセント）、ようやく国会の第一党となり、国民党は六八議席に減らして（三〇・二パーセント）第二党に陥落した。新民党は四六議席（二〇・四パーセント）、新党は僅か一議席で、新たに成立した台湾団結連盟（以下台連）は一三議席（五・七パーセント）を獲得した。民進党は未だ過半数を獲得できず、立法上台連と連繋したものの、それでもまだ不足であった（表4参照）。第六期の立法委員選挙では国民党の議席が増加、新民党は議席を減らし、民進党と台連はほぼ現状維持で、「藍緑」（国民党と民進党）の席次は接近している。

二〇〇〇年一〇月二七日、行政院院長張俊雄は脱原発社会（原文：非核家園）建設のためとして、台湾第四原子力発電所の工事中止を表明した。この予想外の出来事は、陳水扁総統と国民党連戦党首との会談が行われた後とあって国民党の不満を引き起こした。国民党は選挙敗北後、負け犬の如く意気消沈といった有様だったが、この表明により闘

表５　政党統一スコア（Party Unity Scores）

期	政府類型	民進党	国民党	新党	新民党	台連
第二期立法院＊	一致政府	75.54%	63.23%	---	---	---
第四期立法院	一致政府	88.54%	70.90%	74.98%	---	---
第四期立法院	分立政府	94.81%	71.44%	69.87%	78.71%	---
第五期立法院	分立政府	94.41%	80.09%	82.54%	91.31%	86.51%
第六期立法院	分立政府	93.52%	91.39%	NA	85.78%	93.45%
第七期立法院	一致政府	85.1%	72.6%	NA	NA	NA

＊第二期の資料は黄麗香（1999）、その他は立法院広報資料より整理

志再燃、その団結が促されたのであった。そしてこの衝突は、与野党激闘の発端ともなった。

過半数割れしていた頃、与党民進党は野党により大いに苦汁を飲まされた。民進党が計画していた一連の改革により、与野党の対立状況は深刻化している。特に、第六期立法院与党連盟（泛緑）と反対連盟（泛藍）の議席数が最も接近したとき、両者の衝突もまた最も激しかった。与党は「立法結盟」の方式を通じて法案通過の可能性を高めることを望んでおり、また政策の近い政党や、反対党員が特定の議題についてのみ与党に協力することを期待したものの、これらは却って野党の結束を促し、与党や与党連盟との対決を激化させた。このように政党が激しく対立すると、政党の構成員に動員がかかり、対立する党の主張に一致して反対することがある（Jones、二〇〇二）。表5からは、分立政府時期の政党統一スコアが、政府が一致していた時期のそれより遙かに高いという、この種の動員の過程を見ることができる。(4) 与党と野党双方の実力が接近していた時期、貴重な一票を確保すべく党団は政府の指示に従わない投票を行った立法委員に党紀処罰を科した。それにより政党の団結率は上昇したものの、与野党の対決はより深刻なものとなっていった。

この時期、与野党の対立は絶えなかった。国家通訊伝播委員会組

織法・三一九槍撃事件真相調査特別委員会条例・両岸人民関係条例・軍公教人員一八パーセント預金利率・中央選挙委員会組織法についての対立は特に激しく、乱闘騒ぎも起こった。与党である民進党は敗退を重ね、国家通訊伝播委員会組織法、三一九槍撃事件真相調査特別委員会条例・公民投票法における公民投票審議委員会の発生方式と中央選挙委員会組織法草案などにおいて、行政権は大きな浸食をこうむるに至った。そのため、行政院が、立法院を通過した法案が政治責任及び権力分立の原則に違反していないか、また立法機関の行政院人事に対する決定権牽制の限界を超えていないか、大法官にその解釈を求める事態となった。こうして釈字五八五号真調会特別委員会の解釈・釈字六一三号国家通訊伝播委員会人事決定権に対する解釈・釈六四五号の公民投票法に対する公投審議委員の任命の解釈が下された。

藍緑両陣営の国会における実力は伯仲しており、両者共に言論で優位に立とうとした結果、相手方の言論への攻撃が頻発したのである。またSNGのラインも加わり、立法委員達が記者会見を通じ話すという状況が増加した。党団名義での記者会見は特に多く、一方が記者会見を開催すると、もう一方がそれに応じてすぐ別の記者会見を開くという具合で、このような状況は政策の理性的弁論や公共政策品質の上昇について何の助けにもならず、いたずらに人々の反感を買うだけであった。乱闘騒ぎもまた立法院への不満を募らせた。台湾選挙と民主化に関する二〇〇八年の世論調査では、立法院の過去三年間の乱闘騒ぎについて、〇から一〇のポイントで示された。〇は「非常に良くない」一〇は「非常に良い」を示しているが、立法院に対する平均的数字は三・四八ポイントにすぎず、合格点にはほど遠かった（朱雲漢、二〇〇八）。

これらの状況に対し懸念する学者も少なくない。林水波（二〇〇四）は当時の立法院について、形態主導の意識・立法議事の遅延・政院の監督に対し無力であるという理由で民衆の代議制度への信頼を失墜させ、民主制についても悪い影響があると述べている。盛杏湲・黄士豪（二〇〇六）は、立法委員への民衆の期待の落差、国会内部の衝突、与野党間の過度の対立は立法院への不満を引き起こしており、メディアの接触や情報量及び政治知識の豊富な者は不満もより深刻であるとしている。人々が立法院への信頼を失った時、立法院はその役割を失い、民主の正統性も大きく揺らぐことになるだろう。

しかし王宏恩（二〇一二）の研究は、立法院に対し僅かな希望を持たせてくれる。王によれば、人々の立法院に対する評価は立法委員の実情に対してのものではなく、メディアに導かれたものだという。人々は様々なメディアを利用してニュースを選んでいる。たとえば立法委員会における委員の質疑と官僚の答弁を四時間見て立法院に対する信頼感が向上したとするのは七七パーセントおり、また、メディアの公正性に対し否定的な評価をくだした者が六割近くいた。ここから見えてくるのは、立法院に対する人々の評価はメディアの断片的な報道の影響を常に受けているということで、たとえば国会番組の議事中継があって、立法院の運営を直接観察することができるなど立法院の質疑に透明度がより増せば、委員が朝から晩までケンカしているという印象は改善され、信頼感も増すことだろう。

激しい対立があるとはいえ、この時期にも成果はあり、二〇〇三年一一月一七日には公民投票法が、二〇〇四年三月には政治献金法、二〇〇七年七月には遊説法が通過した。中でも政治献金法と遊説法は衆目を集めたいわゆる情報公開法である。また、両性工作平等法（後に性別工作平等法に修正）などの男女平等に関わる法律は二〇〇一年に、性別平等教育法は二〇〇四年に、性騒擾防治法は二〇〇五年一月一四日に制定された。こうして、人民の権利や情報公開に関わる法案が徐々に整えられていった。

五、第五段階——第二次政党交替から今に至るまで（二〇〇八－現在）

第七期立法委員会選挙は台湾における最初の単一選区両票制（小選挙区比例代表並立制—訳注）選挙であった。これは小政党にとって非常に不利なものとなり、結果小政党は全滅、国会の最大政党であった民進党の議席も僅か二七議席、二三・九パーセントにまで減少した。逆に国民党は一挙に八一議席を獲得し、七一・七パーセントの議席を占めるに至った。無党団結連盟は三議席、新民党は原住民枠に於いて一議席を獲得、金門県の陳福海は無党派となった。第二期の国会全面改選後、国民党の得た最大議席であり、立法院は事実上国民党による一党独裁の様相を呈した。しかしこの状況は次の第八期で改善され、国民党は六四議席（五六・六パーセント）・民進党四〇議席（三五・四パーセント）・台連及び新民党はそれぞれ三議席（二・七パーセント）となっている（表4参照）。国民党が五六・六パーセントの議席を占めているとはいえ、反対する党の議席も第七期に比べ増加しており、監督効果も増強された。

五、六期の分立政府時期の対立を経て、第七期に国民党が完全与党という状況を呈したことで、立法院が今まで以上に存在感を増すのではと期待するものも少なくなかった。しかし第七期の状況を見ると効率向上どころか脱線の多い「八百長立法院」という状況となった。反対党が提出した法案は、国民党が多勢を頼む状況から、手順委員会（原文：程序委員会）では一読会討論の機会すらなかった。江陳会（台湾・中国の窓口機関トップ会談——訳註）後の両岸協議はみな「自動的に効力」となり、積極的な審査は行われなかった。委員会とは、理論上国会のために専門的な法案審査をする場所だが、重要法案はいきなり二読会にゆだねるか政治協商に引き渡しており、委員会が毎日昼には終業し、選挙区に戻って別の仕事を行うことができるのも道理である。第七期第八会期立法院は解厳後、中央政府総予算の〇・〇〇七パーセントという最低削減率記録を更新し、検査責任を全く果たさなかった。第五会期最初の臨時会では、最重要法案であるＥＣＦＡ（Economic Cooperation Framework Agreement 両岸経済協力枠組み協定）及び関連法案の修正があるとみられていたが、一部の押し合いと反対党の異議があるなか、わずか六分の間に全て二読会へゆだねられたことは、民主の手順に違反するのはもちろん、法律の制定においても大いに問題である。

立法院のこのようなやり方は当然ながら人々の支持を得られず、遠見民調による二〇一一年三月の世論調査によれば、国会の七割の議席を占める国民党に対し、民衆の満足度は僅かに二一・九パーセント、不満足度は六割近くであった（徐仁全、二〇一一）。

第八期立法院は国民党の独壇場とはならず、「八百長立法院」が成立することはなかった。民進党・台連・新民党など野党は強力な企てを打ち出していった。アメリカ産牛肉の痩肉精（塩酸クレンブテロール、ラクトパミン等の薬剤。肉の赤みを増やす—訳注）案・証所税案等はその一例である。両法案は最終的に通過したものの、与党は相応の代償を支払うことになった。この時期の行政部門と立法院はより深い意思疎通を図っており、手順委員会が本来の役割である専門審査をすすめ、委員はより真剣に法案審査を行うようになった。

おわりに

台湾は二度の政党交替と七回の立法委員選挙を経て安定した民主国家への道を邁進してきた。民主国家として、国会の役割はきわめて重要である。台湾の民主化において立法院は波乱の役割を演じてきた。

第一段階での権威主義体制のもと行政は独裁となり、立法院は行政院の「立法局」と揶揄されるなか多くの万年委員は改選されないままその地位に居座り、民意は反映されなかった。第二段階では対立する民進党がはじめて国会に入って時の権威に立ち向かい、立法院は民主の推進者となった。第三段階で国会は全面改選され、立法院は改革と制度化の段階に向かった。第四段階は最初の政党交替後の分立政権時期で、与野党の対立は激しく、民衆の不満が募った。第五段階は二度目の政党交替を経て、選挙制度が単一選区両票制に切り替わった。またこの時期は国民党が再び総統の椅子と立法院を掌握した一致型の政府となり、単独で七割の議席を獲得したため行政院に対する監督業務が形骸化、国家のためにならないと人々が気付いた時代でもあった。第八期に立法院は正常な状態に戻り、より積極的にその役割を果たしている。

立法院は長年にわたり多くの憲政上の困難に直面してきた。半総統制のもと、国会はどのような役割を果たすべきか。内閣制国家の国会は組閣責任を負う。与党議員は政府政策を守り、野党議員は監督と質疑の任を負う。総統制国家の国会は権力分立の枠組みのもと、充分な材料をもって総統に対抗し、総統の権力濫用を防ぐ。しかし半総統制の国会は、内閣制国会、総統制国会、どちらのように動くべきなのであろうか？

参考書目

王宏恩、二〇一一、「資訊提供与立法院政治信任」『台湾民主季刊』八・三、一六一―一九七
司法院大法官、一九五四、「大法院解釈釈字第三一号」
http://www.judicial.gov.tw/constitutionalcourt/p03_01.asp?expno=31　二〇一二・四・三〇
司法官大法官、一九九〇、「大法官解釈釈字第二六一号」
http://www.judicial.gov.tw/constitutionalcourt/p03_01.asp?expno=261　二〇一二・四・三〇
朱雲漢、二〇〇八、「二〇〇五至二〇〇八年『選挙与民主化調査』四年期研究規劃（Ⅲ）——二〇〇八年立法委員会選挙面訪案」国家会計画編号 NSC 96-2420-H-002-025
李筱峰・林呈蓉、二〇〇三、『台湾史』、華立図書
林水波、二〇〇四、「台湾代議政治的信任門檻」『台湾民主季刊』一・一、一一九―一四一

徐仁全、二〇一一、「国民党籍立委満意度大跌」『遠見雑誌』二九八
http://www.gvm.com.tw/Boardcontent_17659.html 二〇一一・五・〇八
盛杏湲、二〇〇〇、「政党或選区？：立法委員的代表取向与行為」『選挙研究』七・二、三七－七三
盛杏湲・黄士豪、二〇〇六、「台湾民衆為何麼討厭立法院？：」『台湾民主季刊』三・三、八五－一二八
黄秀端、二〇〇〇、「立法院之改革与未来発展」両岸立法制度学術研討会、政大政治学系与中山人文社会科学研究所
黄建隆、一九九八、「立法院在台湾民主化過程中的角色之研究」中正大学政研所修士論文廖達琪、一九九七、『立法院衝突現象論衡』、復文出版社
廖達琪、二〇〇五、「立法院在台湾民主化過程中角色転変之研究」『人文及会科学週刊』一七、二、三四三－三九一
鄭牧心、一九八七、『台湾議会政治四十年』、自立晩報
Elgie, Robert. 2001. 〝What is Divided Government?〟 In Robert Elgie, ed. Divided Government in Comparative Perspective:1-20. Oxford: Oxford University Press.
Hibbing. John R. 1988. 〝Legislative Institutionalization with Illustrations from the British House of Commons.〟 American Journal of Political Science 32, 3 (August) : 681-712.
Jones, David R. 2001. 〝Party Polarization and Legislative Gridlock.〟 Political Research Quarterly 54, 1 (March) :125-141.
Lipset, Seymour Martin , Larry Diamond and Juan J. Linz , 1988. 〝Introduction: Comparing Experiences with Democracy.〟 In Larry Diamond, Juan J. Linz and Seymour Martin Lipset , eds. Democracy in Developing Countries: Latin America, Volume One : 9-21. Boulder, CO: Lynne Rienner and London: Adamantine Press .
Polsby, Nelson W. 1968. 〝The Institutionalization of the U.S. House of Representatives.〟 American Political Science Review 62, 1 (March) : 144-68.
Stephen. Alfred. 1986. 〝Path toward Redemocratization: Theoretical and Comparative C onsiderations.〟 In Guillermo O. Donnell, Philippe C. Schmitter and Laurence W hitehead eds. Transitions from Authoritarian Rule:64-84. Baltimore: the Johns Hopkins University Press.

【注】

（1）一九八六年末選出の立法委員は翌年の二月に正式就業する。

（2）二六名の立法委員の中には民進党以外に国民党と無党籍の委員もいた。

（3）この法律は一九九一年六月二九日になってようやく立法院を正式通過した。

（4）政党統一スコア（party unity score）が示すのは政党内部の団結度である。該当する政党構成員の個人的統一スコアの平均値から政党全体のスコアを得る。立法委員個人の政党統一度は、政党投票における所属政党と投票結果の一致の度合いを指す。

「アジア太平洋主義」から「東アジア主義」へ
――日本の「東アジア論」の分析

楊鈞池（加藤紀子訳）

はじめに

地域主義（Regionalism）はかねてより学術界と実務界の激しい討論の議題の一つであり、関連する著作と論文はかなり多い。理論段階から分析すると、それぞれ機能主義、連邦主義、新機能主義の論争及び新地域主義理論の出現がある。実務段階から観察すると、ヨーロッパ連合、アジア太平洋或いは東アジア、北米等の地域は如何にして再編成を進めたか、再編成過程の論争等があり、各種議題の討論は、甚だしきに至ってはグローバル化は地域主義と民族主義の連結と結合していたりして、種々の討論は古い問題のようであり、また、一つの新しい問題でもある。

そもそも「地域主義」はなぜ関連を指摘するのか。一般的な理解では、ある一部の国家は元々、地理的な位置の近さによって交流をし始めるに過ぎず、経済、貿易等の交流活動の拡大と緊密に伴って、これらの国家は互いの間の協力関係を強化し始め、一つの地域の共同の事務に対する共通認識の確立及び共同の制度をうまく処理する方法について追究するのである。地域主義はある価値観と明確な目標の同一を強調し、これにかこつけて一つの地域の安全、繁栄、平和と発展の規範を創造し、維持する。

日本の著名な学者、原洋之介[1]はかつて『新東亜論』の中で、「アメリカ主導のグローバル化はまさに高速で発展しており、これと対抗する反グローバル化も日に日に顕著になっており……グローバル化と地域化が同時に並行する現実において、思想方面のグローバル化と地域主義も複雑に錯綜して、同じ場所で織り成し……グローバル化は民族国家の構造と権力を弱めたため、これも一部の、グローバル化に対して不安を感じている人々が更に地域共同体を追究したいということを引き起こし、一種の均衡的なものであり、生存意義を提供した地域主義共同体は次第に復活し、日本もアジアの間で「静かな融合」を進行したい」、と言及している。言い換えれば、経済のグローバル化と地域一体化の同時発展は目前の国際関係の一つの重要な趨勢であり、東アジア地域主義の発展はヨーロッパ連合と北米自由貿易区の刺激を受けたが、地域協力の実質的な進展はかえってかなり緩やかになり、その中で日本が果たした役目は相当重要なものであった。

二〇〇二年一月一四日、当時の日本の首相小泉純一郎はシンガポールで演説を行い、日本の「東アジア共同体」構想に対する考えを初めて示した。小泉は日本とASEANの関係を「共同前進」の仲間と位置づけ、東アジア共同体構築のための実践において努力する、と指し示している。小泉はまた、具体的に「日本―ASEAN経済広範連携構想」を提出し、並びに、反テロリズム、エネルギー開発等の非伝統的な安全保障の議題において協力を進めた。これは日本が最初に提出した「東アジア共同体」の概念である。過去に日本政府が絶えず強調した「アジア太平洋主義」と比べると、これはかなり異なる変化である。小泉首相は依然として、東アジア共同体を開放性ある地域主義(open regionalism)として強調したが、地域外のメンバー、例えばオーストラリアとニュージーランドもその中の中心メンバーであるため、「安全保障と経済の相互依存上において、アメリカの役割は欠くことができない」と考え、小泉首相は再度、日米の同盟関係の強化を強調した。しかし、日本に詳しい専門家は次から次へと文章を書いて、「東アジア共同体」を分析し、甚だしきに至っては日本が「失われた十年（lost decade）」から脱却した時点をきっかけとして、東アジア共同体の形成と発展はしっかりと結合され、日本の外交政策の重点の一つである「アジアの一員として頑張り続ける」[2]は、すでに「アジア太平洋主義」から「東アジア主義」へと変化した。

本文の執筆の動機は主に、日本がどういうわけで積極的に東アジア共同体の考えを示す必要があるのか、についてである。「東アジア主義」の主張が、過去に日本が主張したところの「アジア太平洋主義」の東アジア政策とどのような違いがあるのか。日本と東アジア国家の間の外交関係について、重要な影響がどのようにあるのか。日本の「東アジア共同体」は実践することができるかどうか。キーポイントとなる要素は何であるのか。その他の国家は日本の主張を受け入れるのかどうか。

以下の本文の記述は四つの部分に分かれており、第一部分は日本がこれまでに提起してきた東アジア政策の整理と分析、並びに日本の東アジア政策がアジア太平洋主義から東アジア主義に変化した脈絡を整理する。第二部分は日本国内の東アジア共同体に対する異なる論争の分析である。第三部分は東アジア全体の情勢から日本の東アジア共同体の発展の可能性と内憂を観察している。第四部分は結論である。

一、日本の東アジア論の提起と変化

第二次世界大戦後から一九九七年のアジア金融危機に至るまでを区切りとして、日本の東アジア論は概ね二つの段階に分けることができ、一九五二年から一九七七年までの吉田ドクトリン及び一九七七年から一九九七年までの福田ドクトリンに区別される。しかし、日本のこの二つの段階における東アジア論はいずれも実際のところ「アジア太平洋主義」を基礎としており、また、日米外交関係を基礎とすることが強調され、かつ、異なる東アジア論を生みだした。一九九七年のアジア金融危機が発生した後に至ると、日本の東アジア論に変化があらわれ、日本は東アジア地域の主体性から「東アジア共同体」を提唱し始めた。

（二）一九五二年から一九七七年までの「吉田ドクトリン」

一九五〇年の朝鮮戦争の勃発と一九五二年のサンフランシスコ平和条約締結後、日本は主権国家の身分を回復し、かつ、国際社会へ再び戻った。この時、日本の外交政策の最初の設計は、吉田茂首相が示した、経済建設を優先し、軍事力はアメリカの核武装保護に頼るという吉田ドクトリンであった。

吉田茂首相は冷戦時期における日本の外交政策は政治の安定、経済の復興と建設を優先すべきであると考え、このため、経済上において日本はアメリカの膨大な援助、技術と市場に頼らなければならず、即ち日米安保体制、駐日アメリカ軍及び核武装保護に頼らなければならなかった（北岡伸一、一九九四、五百旗頭真、一九九九 a、七五～七九）。

一九五七年、初めて「外交青書」を公布し、はっきりと日本の外交政策の三原則、連合国を中心として、自由主義国家と協力協調し、アジアの一員となる、と明示した。「アジアの一員となる」という基本原則を強調したため、日本の外交資源は積極的に東南アジア地域で運用しなければならなかった。その中で、日本はサンフランシスコ平和条約での討論と調印を利用し、更に東南アジア国家と戦争賠償条約と経済協力協定を結び、東南アジア地域の日本に対する見方を転換することを希望した。日本はまた、戦争賠償を東南アジアの国家に提供し、東南アジアの国家が日本の工場や商店から受けた投資と設備を交換し、双方の友好関係の促進と緊密な経済交流の基礎としたかった。

簡単に言えば、この時期の日本の東アジア政策はまさに岸信介首相が一九五七年にアメリカを訪問した際に示した

「東南アジア開発基金構想」であり、アメリカの資金、日本の技術（know-how）、及び東南アジア地域の労働力と資源を結合し、日本と東南アジアの国家が補完性を備え持つ産業的分業モデルを打ち立てることであった（五百旗頭真、一九九九a、九二）。

更に重要なのは、日本はアジアの一員であることを強調し、ある方面ではアジアその他の国家の共鳴と信頼を得、別の方面では、日本はアジアを代表して国際社会へ公正な発言をする責任を引き受け、アジアの地位の上昇と発言権の確保のために努力することを望む、ということである。このため、日本のアジアの一員としての戦略の意味は、即ち日本がアジア地域のリーダーとなることを望んでいることを反映している。

吉田ドクトリンが計略を巡らすところの東アジア政策によって、現実ではかなり緩慢な成果が現れた。例えば、日本政府はかなり多くの経済援助を東南アジアの国家に提供し、これらの国家は、出現し得る共産政権を阻止するのに効果的であった。その上、日本の企業は東南アジアの国家に投資を速め、これらの国家にかなり多くの就業機会を与え、東南アジアの国家の経済市場にもまた日本の商品が氾濫したが、これらの経済利益が東南アジア地域に普遍的に存在する反日感情を隠すことはできなかった（井草邦雄、一九九一、鈴木静夫、一九九二）。一九七四年、田中角栄首相がタイとインドネシアを訪問した際に反日暴動活動を目の当たりにし、日本政府と民間にかなり大きな衝撃を出現させた。加えて一九六七年にＡＳＥＡＮが成立した後、外国に対して「地域外国家の干渉を排除する」という企図を積極的に展示したことが、日本政府に新しい東南アジア外交政策を考えさせ始め、それが一九七七年八月に福田赳夫首相が示した「心の接触、融合を打ちたて、かつ、互いに頼りにする」という「福田ドクトリン」である。

（二）一九七七年から一九九七年までの「福田ドクトリン」

いわゆる「福田ドクトリン」には主に三つの原則があり、第一に、日本は平和を堅持することを決意し、軍事大国とならず、かつ、このような立場を以って東南アジアの平和と繁栄を作り出すことに貢献する。第二に、日本は東南アジア国家の真の友人として、東南アジア国家と政治、経済、社会、文化等の広範な領域において、相互の信頼関係を打ち立てる。第三に、日本はASEAN諸国の対等な協力パートナーとしてASEAN諸国と積極的に協力し、インドネシア半島の国家が相互理解を基礎とする関係を探し求め、東南アジア地域全体の平和と繁栄を実現する（五百旗頭真、一九九九a：一七三）。

福田ドクトリンは日本とASEANの対等な協力関係を強調するが、日本企業の東南アジア地域における豊富な実力及び日本政府が一歩先んじて推し進める政府の開発援助（Official Development Assistance: ODA）倍増計画は、福田ドクトリンが、日本が推し進めるアジア太平洋地域の「雁行型」の発展モデルの重要な基礎となることを導いた。

日本の雁行型理論は、日本からまずアジアの四小龍の経済の成熟発展を先導し、再び四小龍が連合して東南アジア国家と中共の経済成長を推し進めることを望むものであり、故に「直接投資を以って貿易を先導する構造転換」の段階理論とも呼ばれる（Kwan、一九九四：八六～九三、大野健一、二〇〇二：七五）。事実上、雁行型理論は日本が推し進める経済国際化の戦略の一環であり、また、日本の国家利益に合致する外交手段の一つでもある。[3]その目的は本国に多すぎる商品と資金を輸出し、アジア太平洋の各国に与えることにある。一つに、日本は国内の生産過剰と通貨の膨張など経済発展の負の効果を緩やかに減らすことが出来る。第二に、日本は産業プロジェクトと生産技術の上昇任務に従事することが出来る。その上、日本は資金をアジア太平洋の開発中の国家に輸出することを通じて、一定の数量まで累積した時、日本はアジア太平洋の各国の経済の命脈を掌握し、間接的に日本のアジア太平洋の指導者の地位を定めることが出来る。更に重要な利益は、原価効率が合致しない生産技術を輸出した時に、それは「雁行型」の国家区分を経由し、自動的に技術的分業の個別輸出を進行することができ、甚だしきに至っては、本国企業の国際競争力を保持するために、日本は残しておいた最も重要な生産技術を本国企業に与えることができる、というものである。

しかし、アジア太平洋の開発中の国家は経済発展を必要とするため、日本が提供するところの「日本の利益第一」の投資計画、資金貸借と技術協力を受けざるを得ない。特に、一九七〇年代以来より、アジアの四小龍の工業の発展は日に日に速くなり、かつ、次から次へと輸出へ導くことを主とする貿易策略を改めた。四小龍は自身が直面する豊かさに欠ける資金と高度な技術要求の制限下で、この貿易輸出政策の最適な成果を保障するために、四小龍は「外に探し求める」ほかなく、かつ、最も良いのは歩調を合わせることである。日本の資金と技術の輸入、東南アジア国家と中共の生産原料と労働力の利用、及びアメリカと日本の製品市場の消化、更には互いの経済体系の補完と分業を構成する。言い換えれば、日本が示した雁行型の発展モデルもまさにこのアジア太平洋の情勢を利用したものであり、資金と技術をアジア太平洋の開発中の国家に提供する外交政策を企図し、自身をアジア太平洋の経済共同体のリーダーとなるように促し、同時にまた、日本自身の先進国首脳会議（G７）に対するその他の会員国の談判と資金を増加した。

日本について言えば、雁行型の産業的分業は、日本が自身の多すぎる資金を国外に輸出することを反映し、そしてまた、機会に乗じて本国の産業を研究し技術を開発する「科学技術立国」へ昇格したため、日本は生産技術の優勢な条件を維持することができ、産業空洞化の発生を心配する必要がなかった。同時に、資金輸出の利潤回収を確保するために、日本がアジア太平洋に資金を輸出する方式は、産業投資分業の他に、政府を通じての開発援助（ＯＤＡ）基金があり、貸付条件に付帯する国際協力方式を以って、アジア開発銀行或いは国際通貨基金を経由してアジア太平洋地域の開発中の国家を助けることにもなった。

日本はアジア太平洋地域を雁行型の発展モデルとして描き出すことを企図し、一九八五年のプラザ合意後の日本円切り上げに伴い、アジア太平洋地域の「伝動式」経済成長構造の出現を手本に示し、更に成熟と実行を明らかにした。このため、日本はついに一九八八年に通産省を通じて「アジア太平洋自由貿易区構想」を明確に示し(4)、日本、アメリカ、カナダ、オーストラリア、ニュージーランドがアジア太平洋の四小龍を中心とする自由貿易区域と結合することを主張した。一九八九年、通産省の協力の下で構成された「アジア太平洋協力推進懇談会」はアジア太平洋地域協力の四つの原則─多角・漸進・相互尊重と平等参与、民間能力の重視および市場機能の利用を提案した。

福田ドクトリンの外交政策は日本の十分な政治経済の実力に雁行型の産業的分業を確実なものとさせ、かつ、日本の外交三原則の一つである「アジアの一員として」を実践した。しかし、日本はアジアの一員となることを以ってASEAN諸国との実質的な関係を強化し、常にアメリカ等の先進民主国家とASEAN諸国の仲介役を演じているにもかかわらず、往々にして日本はアメリカに制約を受けた政治経済の圧力を招き、ついには「先進民主国家の一員」或いは「アジアの一員」としての役割が混乱した立場に陥り、日本とASEANの安定した発展の中において、異なった意見を含む可能性が隠れている。

また、言い換えれば、日本は一九七〇、八〇年代に「アジア太平洋主義」の地域主義を主張し、アジア太平洋地域からアメリカを巻き込んで再編成することを希望し、日本はアメリカとアジアの間の架け橋の役割を担当し、日本の戦略的地位を上昇し、別の方面でも東アジア各国の区域内における経済貿易関係を深め、その中で、一九八九年に動き始めたアジア太平洋協力会議(APEC)では区域を再編成するリーダーを演じ、開放性ある地域主義(Open regionalism)を採用し、グローバル化経済貿易体制を打ち立てることを優先目標とする方向に傾いた。

(三) 一九九七年の金融危機後の日本の東亜共同体の提案

アジア金融危機の発生とその後の展開は、東南アジア国家(ASEAN)と日本等の国との数少ない共同の歴史的経験であったと言うことができ、皆がほとんど同一時間に金融危機後の政治、経済、社会等の多くの後遺症を内部処理し、かつ、皆が意志を伝え合い、積極的に地域的な協力構造を通じて直面する問題を共同で素早く解決した。ASEAN諸国はまず一九九七年一二月、ASEAN成立三〇周年を祝う機会を利用して、日本、韓国、中国等の国家元首を招いて共に首脳会議へ出席し、「東協加三」(ASEAN+3)の対話機能を打ち立てた。その次に、一九九八年一〇月、日本は「新宮沢ドクトリン」を発表し、日本から三〇〇億米ドルの資金援助を東南アジア国家に提供し、金融危機後の短期的な経済改革問題を解決し、日本は歩調を合わせて「アジア通貨基金構想」と「中小企業政策支援」等の政策を示した。日本は二国間関係を基礎として考えた援助政策を変更し、次第に地域的な援助計画の重要性を強調した。最も明確なデータは、一九九九年度の日本の海外への援助金額の三七・三パーセントがASEAN一〇国に与えられ、その他の地域或いは単一国家を超えている。[5] 二〇〇五年五月、第二回「ASEAN+3」財務省会議がタイで協議を達成し、既に存在する二国間の貨幣交換(swap)のネットワーク関係から、次第に地域的な貨幣交換構造へ踏み出し、また、「アジア通貨基金」の運営へと踏み出した。

二〇〇二年一月一三日、日本の首相小泉純一郎とシンガポールの総理呉作棟が「日本―シンガポール新時代経済連携協定」(JSEPA)を締結した。この協定には四つの主な内容があり、商品貿易自由化の促進、人員交流の拡大、貿易自由化サービスの推進と投資自由化の促進に分かれる。JSEPAは日本が最初に締結した自由貿易協定(FTA)であり、東アジア経済体の間の最初の二国間自由貿易協定でもあり、日本はこの協定が東アジア自由貿易区と東アジア共同体の重要な基礎となることを希望した。まさに前文ですでに言及したように、小泉首相は翌日に「東アジア共同体」の主張を発表した。

小泉は東アジア共同体の主張を示したが、東南アジア国家の重視を受けたことがなく（吉野文雄、二〇〇六：七）、当時ＡＳＥＡＮ諸国はまさに中国とＦＴＡの協商を進めることに努力しており、小泉の主張はＡＳＥＡＮと中国のＦＴＡ締結を牽制或いは対抗する意図が存在するようである。加えて、小泉も東アジア地区は区域外の国家と結合して再編成をはかるべきであると考えており、このため、ＡＳＥＡＮ国家は比較的、「ＡＳＥＡＮ＋３」を東アジア区域再編の主要構造とする傾向にある。しかし、二〇〇五年東アジア首脳会議の召集は、「ＡＳＥＡＮ＋３」等一三の国家が出席した他に、インド、オーストラリアとニュージーランドも会議に出席し、ＡＳＥＡＮ国家は完全に「ＡＳＥＡＮ＋６」を排斥していないことを明らかに示した(6)。

日本が推進する東アジア共同体の努力は二〇〇六年以後に異なる展開があった。いわゆる価値外交である。当時の外相麻生太郎は二〇〇六年一一月三〇日に演説を行い、日本の外交政策は日米同盟、国際協力、アジア近隣国家等の三大支柱の重視のほかに、「価値外交」と自由の繁栄を加えると指し示した。

最も早く価値外交政策を示したのは実際のところ、産官学が結合した「東アジア共同体評議会」であり、二〇〇五年に提出したところの「東アジア共同体構想の現状、背景と日本の国家戦略」の報告書で、日本の国家利益について言えば、日本と日本人の安全、繁栄及び日本人が重要と考える各種価値観の維持と促進であり、これらの価値観は東アジア共同体内において実現されなければならないとしている。言い換えると、日本は東アジア共同体が更に「自由、民主主義、市場経済、法制及び人権等世の中の価値観を重視する」べきであると推進する。二〇〇七年八月、日本政府は更に価値外交と地縁戦略を結合し、正式にいわゆる「ＡＳＥＡＮ＋６」を提出し、東アジア共同体はＡＳＥＡＮ、中国、韓国と日本、及びオーストラリア、ニュージーランドとインドが含まれるべきであると示した。かつ、日本、オーストラリア、インドはアメリカ等の海洋国家と結合し、軍事同盟となった。

(四) 日本民主党が示した「東アジア共同体」構想

日本政府は否定したが、日本政府は「ASEAN＋6」を東アジア共同体とする主張を提出し、中国に対して示したようである。二〇〇九年八月、日本民主党が自民党に取って代わり与党になった後、鳩山由紀夫首相及び民主党の「東アジア共同体」に対する主張は更に顕著な東アジア主義の傾向にあり、特に日本と中国の関係の強化を希望していた。

鳩山首相は自身で文字を選んで指摘し、「友愛」の精神で東アジア共同体を建設することを希望した。鳩山は「友愛」は政策の判断標準を決定する、政治方面の指針とは別であると考え、友愛は鳩山の政治哲学であり、また、「自立と共生時代」の精神の支柱でもあるとした。鳩山は「友愛」は個人の自由の尊重と個人の人格の尊厳であると考えると当時に、他人の自由と他人の人格の尊厳も尊重するべきであると考え、これがいわゆる「自立と共生」である。

このため、鳩山は日本は「友愛」を通じて、「自由」がもたらし得る弱肉強食と、「平等」が創り出し得る平均主義を防がなければならないと強調する。この他に、友愛はまさに、アメリカモデルのグローバル化が主導する資本主義の弊害を導くこともでき、国民生活の保護と安全かつ市場至上主義の傷害を受けないですむ等の方向へ政策を転換し、共生共存の経済社会を建設することもできるとする。

鳩山首相が友愛を通じて示した東アジア共同体構想は、主にヨーロッパ連合モデルを模倣したものであり、地域の一体化と集団安全は、日本国憲法が実践し主張する平和主義と国際多角の原則方面が従うべき道であると強調する。

鳩山首相は東アジア共同体は日本と韓国、中国の協力を強化しなければならないと考え、過去に小泉内閣とその他の内閣が採用したところのアメリカに頼り、ASEANとオーストラリア、インドを丸め込みかつ中国を排除或いは牽制する政策とは異なり、甚だしきに至っては東アジア地域の主導権を争奪する。このため、鳩山は就任後、まず中国、韓国との協力を強化した。

その次に、鳩山はまた、日本は日本がアジア国家として備えるところの国家的位置を忘れてはならず、東アジアを生存の基本空間とみなし、不断なる努力で本地域の緩やかな経済協力と安全保障構造を建造しなければならないと指摘している。

第三に、鳩山内閣は東アジア共同体の未来のメンバーに関して弾力性のある態度をとっており、日本外務省は二〇〇九年一〇月に発表した「日本の経済連携関係協定（EPA）談判—現状と課題」の報告書中で、アジア太平洋地域における経済連携協定の関係図は主に三つあり、一つ目は、「東アジア自由貿易圏」（EAFTA）構想であり、メンバーはASEAN＋3とし、二つ目は、「東アジア包括的経済連携関係」（CEPEA）構想であり、メンバーはASEAN＋6とし、三つ目は「アジア太平洋自由貿易圏」（FTAAP）構想であり、APECよりメンバーを構成する、と指摘した。

鳩山首相は二〇〇九年一一月一五日、APEC会議に出席した期間にシンガポールで演説を行い、東アジア共同体に対する考えとして四つの具体的な協力方向を示した。一つ目はヨーロッパ連合を例とし、協力方式を通じて東アジア地域の共同繁栄を追及する。二つ目は世界の気候変遷に対し、日本はその他の国家と協力して緑色の東アジア地域を実践することを希望し、CO2の排出量を減少することを含む、省エネルギー技術、再生エネルギー、水浄化技術等を推進し、東アジアの永続的な成長を実践する。三つ目は、協力して人類の安全議題を解釈し、防備と大規模な自然災害或いは病気感染の処理を含む、東アジア地域の医療活動と文化交流活動等を支援する。四つ目は協力して、東アジア地域を「友愛の海」として打ち立てる。東アジア地域は多くの海洋が連結したところから出来ており、大多数の東アジア国家の間の交易も海洋を通じて進行し、東アジア地域を「友愛の海」にさせるのは、この地域の平和と繁栄に欠かすことのできない条件であり、日本は東アジア国家と共同で協力して友愛の海を推進したく、共同で協力して海賊問題を処理し、或いは協力して海上事故の発生を防止することを含み、もしも海難事故が発生したならば、東アジア地域は共同で捜索救助を進行する。鳩山はなお、共同の理想と夢がありさえすれば、皆、東アジア共同体のメンバーであると指摘している。

二、日本国内の東アジア共同体に対する論争

日本国内の各界の東アジア共同体に対する論争は、経済共同体（谷口誠、二〇〇四、浦田秀次郎、深川由起子、二〇〇七、吉野文雄、二〇〇六）、政治・安全共同体（進藤栄一、二〇〇七）、永続発展共同体（進藤栄一、二〇〇七）、文化共同体（進藤栄一、二〇〇七、小原雅博、二〇〇五、亜洲奈みづほ、二〇〇四）に区分することが出来る。

経済の角度から分析すると、東アジア共同体は普遍的な見方であり、主な理論背景は以下のようである。一、東アジア共同体の高速発展。東アジア経済はアジア金融危機後、迅速に回復し、もしも東アジア地域に一定の活力を維持させる経済発展を持続することを希望するならば、自由化政策を用いた、豊かな地域内貿易と投資活動は東アジア共同体の基礎となる。加えて、過去に日本は、東アジア地域において雁行型産業的分業モデルを推進し、また、東アジア共同体のためにかなり豊富な基礎を打ちたてており、今は環境保全、気候変遷、エネルギー、農業等のテーマについての協力を強化すべきである。その次は東アジア各国がアメリカ主導の経済グローバル化がもたらす万一の危険に応対することであり、必要な地域的な協力構造を進行することである。特に、アジア金融危機が発生した時、アメリカ政府はすぐには、経済危機に陥った東アジア各国に対して援助を行わず、かえって、これらの国家の経済社会体制を過度に評価し、東アジア各国がある種の協力意識を生み出し、東アジア地域が単独の危機処理構造を創立すること

を望んだ。三つ目は中国経済の発展を中心とする東アジア経済の拡張に対するものであり、東アジア各国の中国に対する輸出が高速に増加すると同時に、中国の科学技術製品を中心とする輸出も大幅に増加した。そして、中国の沿海地区は大都市を中心として消費能力が不断に増加し、中国はもはや生産拠点であり、また、一つの巨大な消費市場でもあり、東アジア経済共同体の建設は東アジア地域が自身の経済圏を打ち立てたということが出来る。

相対的に東アジア共同体は市場を導くものであり、地域の共通利益を強調する。政治安全共同体は即ち共通の脅威を導き、新しい安全保障の転換を強調し、東アジア地域の「安全協力」体制を打ち立てるものである（進藤栄一、二〇〇七、一四七）。進藤栄一教授は、東アジア地区が打ち立てる政治安全共同体は過去の軍事同盟体系を主軸とする古典的な安全保障政策を排除し、次第に非軍事色へと向かい、協調主義の新安全観を備え持たなければならないと考える。例えば、一九九四年七月に設立し、運営するＡＳＥＡＮ地域論壇（ASEAN Regional Forum: ARF）はこの種の新安全保障観の新しい試みである。朝鮮半島の六者会談も類似した性質を備え持つ。今後、東アジア地域はこの種の多角的な関係を主軸とする多角的外交協商構造を強化しなければならない。

ますます多くの、かつ、ますます複雑な非伝統的安全議題―例えば海賊、気候変遷及び広がる食糧危機、エネルギー開発等―に直面した場合、今後東アジア地域は多角的対話構造に頼る他に、特定の議題に対して「知識共同体」を成立させ、関連している学者専門家から、専門性かつ実務性を有する政策を採用して、協商を進行し、自ら（共同政策を）造りあげ、関連する議題に対する予防と処理構造（共同構造）を打ち立てる努力をすることができる。

言い換えれば、現段階の東アジア地域には政治安全共同体の構想が存在しないが、事実上、東アジア各国の行為規範は次第に一致へ向かい、特にこれらの多国性ある協力議題については一定の管理技能と技術が必要であり、また、一定の行為規則を遵守し、関連する利害関係の調整を行っている。このため、東アジアの各国はこのような思考を通じて、ゆっくりと注意力を相互に対立する政治議題へ集中させ、解決の道を探し求め、たとえ非伝統的な安全議題が発生したとしても、東アジア各国はゆっくりと伝統的な安全保障等、高度な政治性のある議題に入り、多面的な共同協力を進行し得る。

文化共同体方面においては、東アジア各国は確かに言語、民族、宗教の多様性のために、この地域はほとんど文化共同体を打ち立てることが出来ないということに直面する。ある学者は東アジア地域に次第に興っている都市中産階級及びその文化の類似性に注意を払っており、観察力が非常に鋭い女性作家の亜洲奈みづほ氏は、東アジア都市及び中産階級が興っているところの東アジア大衆消費時代は未来の東アジア現代文化圏の基礎であり、かつ、高度科学技術の発展と運用にともない、音楽、映画、演劇が流行し、職業運動の生産と消費はみな、国の境界を越えた流動へ向かう、と注意を払っている。言い換えれば、東アジア地域の多様化は東アジア文化共同圏の形成を妨げないだけでなく、東アジア文化共同圏の推進力となり、かつ、東アジア地域の多段階の協力ネットワークの基礎となり得り、点、線、面から立体性ある東アジア現代文化圏を打ち立てることができる。このため、現段階では更にこの種の政治体系と経済差異を越えた東アジア文化交流を大いに促進すべきである。

三、日本の東アジア共同体の発展の可能性と憂い

最も早くに積極的に「東アジア一体化」を提唱した地域再編主張者は、実際にはマレーシアの前総理マハティールであり、彼は相次いで「東アジア経済グループ」と「東アジア経済会議」の構想を示したが、アメリカの強烈な反対のため実現することが出来なかった。一九九七年一二月、マレーシアで行われた第一回非公式「ＡＳＥＡＮ＋３」元首級首脳会議は、「ＡＳＥＡＮ＋３」を東アジア地域第一の東アジア地域の国家が組織するところの機構とし、古

参の役人、部長級会議と元首級首脳会議等多段階の地域再編機構を含む。一九九八年一二月、ベトナムで開かれた「ＡＳＥＡＮ＋３」元首級首脳会議で、韓国前大統領金大中は東アジア各国の学者専門家から形成した「第二軌道」の「東アジア展望グループ」（ＥＡＶＧ）、かつ、二〇〇一年に提出した「東アジア共同体の建設について」の報告は東アジア地域の未来の発展のために基本となる予想図を示した、と提議した。この報告書は「東アジア共同体の建設」のために実現すべきいくつかの目標を示しており、以下のものを含む。

1：東アジア各国間の衝突を予防し、平和を促進する
2：貿易、投資、金融と経済発展等の領域において更に緊密した協力を進行する
3：人間の安全（human security）を促進し、特に環境保護を強化する
4：教育の促進と人的資源の発展等の協力をする
5：東アジア共同体に対する同一感を促進する

ＥＡＶＧの建議下で、「ＡＳＥＡＮ＋３」元首級首脳会議は、政府の性質を有する東アジア研究グループがＥＡＶＧが提出した各種建議を継続して評価することを決議した。ＥＡＳＧはすなわち二〇〇二年十月に最終報告を提出し、「ＡＳＥＡＮ＋３」が東アジア共同体の未来の発展を討論した基本認識を建議した。二〇〇三年一二月一二日、日本とＡＳＥＡＮ一〇カ国は「東京宣言」を締結し、双方の声明は「東アジア共同体」を打ち立てる努力をし、かつ、二〇一二年より前に日本とＡＳＥＡＮの自由貿易区を成立することを追及するものであった。

二〇〇二年一月一三日、日本の首相小泉純一郎とシンガポールの総理呉作棟は「日本―シンガポール新時代経済連携関係協定」（ＪＳＥＰＡ）を締結し、この協定には四つの主な内容があり、商品貿易自由化の促進、人員交流の拡大、サービス貿易自由化の推進と投資自由化の促進に分かれる。ＪＳＥＰＡは日本で最初に締結された自由貿易協定（ＦＴＡ）であり、また、東アジア経済体間の最初の双方自由貿易協定でもあり、日本はこの協定を通じて東アジア自

由貿易区と東アジア共同体の重要な基礎となることを希望した。このため、日本政府と学者専門家は最近数年において東アジア共同体の建設を強調する。

問題は、東アジア共同体の形成であり、経済、政治と文化等を含まなければならず、目前の東アジア地域の最大の特徴は以下の点にある。ひとつには東アジアの複雑性。例えば、東アジア地域の宗教信仰は仏教、天主教、回教等を含む。東アジア地域の政治体制は民主政治、権力政体、共産党一党統治、軍事執政団等がある。東アジア地域には依然として多くの、軍事衝突が勃発し得るレベルの地域が存在する。東アジア地域の経済発展は驚嘆させられるが、これらの国家は次第に環境保護問題を重視し、東アジア地域その他の国家が可能である発展に影響し得る。これらの問題は、東アジア地域は複雑性を有するだけでなく、東アジア各国の東アジアの未来の発展に対しても異なる展望と期待を有することを明らかに示している。東アジア共同体の雛形は反対に別の一種の理論上の思考——柔軟性ある国力(soft power)を経なければならない。

東南アジア国家について言えば、ASEAN諸国の民主化の推進、及び一九九七年のアジア金融危機の影響にともない、ASEAN地域主義はますます所謂「参与式地域主義」(participatory regionalism)(Acharya、二〇〇三)を強調し、ASEAN各国は政府レベルの地域再編について比較的弾力性のある措置を採用し、非政府組織のメンバーにも地域再編に参与する機会を与え、ASEAN各国は更に完成した対話と討論の構造を提供し、このようにして、ASEANは元来強調している「国家主権に基づく不干渉原則」は次第に形を変え、ASEAN各国も更に広範な対話と討論を進めることが出来るようになり、ASEAN各国が推進する民主改革或いはその他の議題(例えば人権議題など)の改革計画は、この種の政府筋或いは非政府筋レベルが結合する対話構造中において討論を進行する。

日本について言えば、過去、日本と東南アジア国家間の関係は経済貿易投資或いは政府開発援助(ODA)等の方式を通じて双方の経済貿易関係を打ち立てたが、日本は従来、柔軟性のある国力の行為を考えたことがなく、このため、日本とASEAN国家の双方国家は往々にして経済貿易階層において制限し、ASEAN国家は、日本は販路を推し広める人員と同じようであり、ただビジネスがしたいだけであり、ビジネスが終わった後はASEAN国家のその他の要求に注意を払わないと考える。日本とASEAN国家の双方の関係は実際には非常に脆弱なものである。特に、一九九〇年代は、日本経済がバブル崩壊後の経済停滞に陥った時であり、日本の少ない経済力はASEAN国家に吸収され、このためASEAN国家は転換して東南アジアその他の国家と追究し、例えば、中国には更に緊密な協力関係を求めた。

日本の東南アジア研究で非常に有名な青木保教授も、国際政治或いは国際関係の一国の他国に対する影響力を研究する時において、往々にして軍事、経済、政治は最も有効的な手段であると考え、九一一事件及びアメリカが推進する反テロ戦争は最も良い例であると言う事ができるが、武力の行使は依然として一定の制限があり、所謂「最後の手段」とみなされ、一つの文化、政治体制等に柔軟性のある国力が現れるところの対外印象は反対にますます重視される、と指摘している。

青木保教授及び日本の若い作家亜洲奈みづほは、アジア太平洋地域が元々有している多元化の世界によって日本文化はもたらされ、特に文化の流行、例えばテレビ、映画、流行歌等はアジア太平洋地域の流行の象徴となった。この種の流行の象徴も日本と東南アジア国家が文化交流を進行するのに重要な道具となった。

ナイ（Nye）は日本は実際には非常に豊富な柔軟性のある国力を有していると考え、例えば宮崎駿の映画、一世を風靡したピカチュウ、村上春樹の小説、日本のクラシックオーケストラの演奏力等、日本伝統文化の禅修業と空手道もある。この他に、日本人の平均寿命は世界第一位であり、インターネットの普及化、研究開発の経費が国内総生産額（GDP）に占める比率は世界第四位であり、全世界の販売量の上位二七の大型企業中、七社が日本企業であり、その中で、トヨタ、ホンダ、ソニーは日本の多国籍企業の代表者である。このため、日本について言えば、いかに柔軟性のある国力を通して、ＡＳＥＡＮ諸国に更に日本を理解させるかが、日本経済が経験したバブル崩壊後の重要外交政策の思考となる。具体的には、観光と国家ブランド戦略、日本を形作るイメージ、人材交流と教育協力、文化交流などを包括するため、日本外務省は特別に文化事務局を設立し、専門的に文化事業に従事させた。しかし、日本が直面する障害、例えば日本語は普遍性のある言語或いは橋渡しをする道具とは言えず、日本の伝統上の外国移民者に対する排他性等である。

おわりに

東アジア一体化の有利な条件は、各国の地理的位置の接近、交通の便利、貿易の往来、情報の交換と意思の疎通、人員交流などが十分に便利であることである。次に、中国、韓国、ベトナム等の国は普遍的に「儒家文化圏」と称される接近した伝統文化と価値観があり、この地域には大きな境目がないことが明らかである。その他の東南アジア国家では、華人が各地に分布しているため、伝統的儒家思想もある一定の影響力を有している。第三に、東アジア各国の経済構造レベルによる補完性であり、東アジア金融危機の勃発にともない更にこの地域の経済の相互依頼が深まった。地域内の貿易量はすでに五〇パーセントを越えている。

東アジア地域再編はすでに、現実の国家利益を重視し、次第に一種の社会建設の進行モデルとして強調され、「地域多角主義規範の共同認識」及び「地域全体性の同一視」は東アジア地域の再編のあり方を変えさせ、たとえ過去にずっとリーダーの役割を演じていた日本であっても、今はＡＳＥＡＮ諸国の協力と共同認識を追求し、互いに共通の規則と規範を形成することになる。東アジア各国は、東アジア共同体を形成する過程において相互の信用を増強することが出来るようにするために、各種の文化、教育、観光等の交流及びそれを重視することによって増強の趨勢を作ることができる。

しかし、日本の歴史に対する処理と態度は急速に正常な国家となることを追求したため、日本にアジア国家との間の孤立を引き起こした。韓国前大統領盧武炫は二〇〇五年、アジア太平洋経済合同会議釜山年度会議で小泉純一郎首相と面会した時、小泉首相に対し靖国神社参拝に対する強烈な不満を示し、その行動を「韓国に対する挑戦」であるとの認識を示した。日本と中国は教科書、釣魚島、韓国と日本の竹島（独島）論争など更に激しい対立が出現した。東南アジア国家も日本の新保守主義が大東亜共栄圏の復活に変わることを懸念している。これらの議題は、日本が推進する東アジア共同体の未来の進展に悪い影響を与える。

参考文献

ジョセフ・ナイ（Joseph S.Nye,Jr）、二〇〇四、「日本のソフト・パワーその線界と可能性」、『外交フォーラム』、二〇〇四年六月、一二一―一五頁。

山影進、二〇〇四、「グローバリズムとナショナリズムの狭間で」、『外交フォーラム』、二〇〇四年一月、二三―二九頁。

木村福成、二〇〇四、「日本のＦＴＡ戦略―その課題と展望」、『東亜』、第四四二号、二〇〇四年四月、一二一―二五頁。

朱炎、二〇〇四、「『東アジア共同体』ＶＳ『東亜自由貿易区』」、『東亜』、第四四二号、二〇〇四年四月、三四―四三頁。

青木保、二〇〇四、「ソフト・パワーのグローバル化時代―重層的な「文化力」を育む戦略を」、『外交フォーラム』、二〇〇四年六月、一六―二二頁。

青木保、二〇〇五、「東アジア共同体の文化的基礎」、『国際問題』、第五三八号、二〇〇五年一月、五六―六四頁。

原洋之介、二〇〇四、「東アジアにおける経済統合を考える」、『東亜』、第四四二号、二〇〇四年四月、二六―三三頁。

菊池努、二〇〇五、「『地域』模索するアジア―東アジア共同体論の背景と展望」、『国際問題』、第五三八号、二〇〇五年一月、四二―五五頁。

波多野澄雄、佐藤晋、二〇〇七、『現代日本の東南アジア政策』、早稲田大学出版部

田中明彦、二〇〇七、『アジアの中の日本』、NTT出版
山影進編、二〇〇三、『東アジア地域主義と日本外交』、日本国際問題研究所
国分良成編、二〇〇六、『世界のなかの東アジア』、慶応義塾大学出版会
吉野文雄、二〇〇六、『東アジア共同体は本当に必要なのか』、北星堂
中逵啓示編、二〇〇六、『東アジア共同体という幻想』ナカニシヤ出版
馬田啓一、木村福成編、二〇〇八、『検証・東アジアの地域主義と日本』、文真堂
浦田秀次郎、深川由起子編、二〇〇七、『経済共同体への展望』、岩波書店
小原雅博、二〇〇五、『東アジア共同体――強大化する中国と日本の戦略』、日本経済新聞社
進藤栄一、二〇〇七、『東アジア共同体をどうつくるか』、筑摩書房
谷口誠、二〇〇四、『東アジア共同体――経済統合のゆくえと日本』岩波書店
Acharya, Amitav. "Democratisation and the Prospects for Participatory Regionalism in Southeast Asia." Third World Quarterly, 24, 2 : pp. 375-390.
Beeson,Mark.2003. "Sovereignty under Siege:globalization and the state in Southeast Asia." Third World Quarterly, 24, 2: pp. 357-374.
Revenhill,John.2003. "The New Bilateralism in the Asia Pacific." Third World Quarterly, 24, 2: pp. 299-317.
Cheow,Eric Teo Chu.2004. "China、s Rising Role、soft power、and Influence in Asia." Politique etrangere,4 – 2004: pp. 1-14.

【注】

（1）原洋之介、二〇〇二、『新東亞論』NTT出版。

（2）日本の第二次世界大戦後における外交政策には三つの重点があり、それぞれは、連合国中心主義、自由主義国家と緊密に協調関係を進行する、及びアジアの一員として頑張り続ける」である。

（3）日本の学者、赤松要は一九三〇年代に雁行型開発論を示し、開発中の国家の経済発展は、すでに開発された国家の政策内容と形態を踏襲さえすれば次第に技術水準は発展し、雁が隊を組んで飛行するのに類似した経済発展モデルを生み出すことが出来ると主張している。

（4）日本は早くも一九六五年にかつて太平洋自由貿易区（Pacific Free Trade Area）の考えを示しており、日本、アメリカ、カナダ、

オーストラリア、ニュージーランド等の国を包括し、共同で自由貿易区を構成した。かつ、日本とその他の国家は一九七〇年代と八〇年代に類似した主張或いは理念の基本モデルを示した（Korhonen, 一九九四、一〜二）。

（5）詳しくは日本外務省のホームページを見よ。http://www.mofa.go.jp/mofaj/area/ASEAN/kankei.html

（6）「ＡＳＥＡＮ＋３」はＡＳＥＡＮに日本、韓国、中国を加えたものを指し、「ＡＳＥＡＮ＋６」は「ＡＳＥＡＮ＋３」及びオーストラリア、ニュージーランドとインドである。

第二部　東アジア地域の安全と地政学政治

中国勃興後の東アジアへの外交行為

趙建民（佃隆一郎 訳）

はじめに

二〇一二年三月に北京で開かれた第一一回全国人民代表大会第五次会議で、温家宝首相が提出した「政府工作報告」では、同年のＧＤＰ〈国内総生産〉の成長率を七・五パーセントと定めた。これはここ八年来中国が、ＧＤＰの伸長目標の設定を八パーセント以下に抑えた最初のものであったが、国家安全や戦略問題を研究している学者が関心を寄せているのは、むしろほかの二項目の予算である。すなわち、国防予算の成長率が一一・二パーセントに達し、総経費は一一〇〇億米ドルを超えるとともに、公安面の支出（俗にいう〝治安維持費〟）は再び国防費を上回り、成長率は一一・五パーセントになり、七〇〇〇億人民元を超えているのである。今年〈二〇一二年〉末に開かれる第一八回大会で、現職〈当時〉の習近平国家副主席への政権引き継ぎが完了する見込みであり、そのもとで政治が行われる今後の一〇年間が、まさに将来の鍵を握る一〇年となる。経済発展の速さはもはや強調するまでもなく、「中国大陸」（訳注）がすでに発展の構造を調整する準備にとりかかっている一方、社会の安定はひどく危険な時期に入っているのであり、最近発生した広東省烏崁村での村民の抗議事件やチベット民族の絶え間ない焼身自殺は、氷山の一角に過ぎない。しかし対外関係の上で中国は、最も手際よく物を運ぶことができる、防衛的な「韜光養晦〈才を隠して実を挙げること〉」政策をとる傾向をしだいに下げ、〝積極的にある一定の成果を出す〟方向に発展していくと予想されるのであり、東アジア地域の国際政治は新たな様相を見せるであろう。たとえ鄧小平が中国の改革開放政策実施以来、新たな対外関係を構築してきた人物であったとしても、江沢民はそのつど新政策を展開し結果を出してきたのであり、胡錦濤は大国としての影響力をすぐに及ぼすべく調整に極力努めたのであって、習近平は新時期の中国の対外関係に、今後の創造の規範となるような強固な型を作ろうとしているのである。

（訳注）本論説の原文では随所で中華人民共和国のことを（カギ括弧なしで）「中国大陸」と呼称しているが、以下、国家としての意で用いられている場合は、「中共」「北京」ともども訳文では原則「中国」に統一することにした。また、ほかの箇所での訳者の注記は文中に〈〉で示す。

成語や談話などを原文のままで表示する場合は「」で、訳した場合は〝〟でくくる。

一、対外戦略の調整

ソ連と東欧共産主義国家の激変による社会主義陣営の瓦解という事態に直面し、鄧小平は一九八九年九月より一九九二年四月までの間、いわゆる「韜光養晦」政策を続々と提示した。ただし、この広く宣伝された政策は、鄧小平が最初の講話から完全に提示したものでは決してなく、のちに鄧の何度かの講話の中から集めて作られたものである。[(1)]一九八九年九月四日に鄧は中央の責任者らと国際情勢について語り合った際、〝冷静に観察し、足元を安定させ〈穏住陣脚―原文、以下同―〉、沈着に対処し〈沈著応付〉、急ぐべからず、せいては事をし損じる〈不要急、也急不得〉。冷静、冷静、さらに冷静であれ、仕事は没頭して着実にやり〈埋頭実幹〉、一つのことをやり遂げ〈做好一件事〉、我々自らのこととして行なう〈我們自己的事〉との姿勢を提示した。一九九〇年一二月二四日にも鄧小平は、中央の責任者数人と談じた際に〝第三世界には中国がトップとなるのを希望している国もあるが、我々はいっさいトップになる必要はなく、いいところは何もなく、あまたのイニシアチブをすべて失うことになるのであり、これは一つの根本的国策なのである。国際関係上やはり、何らかの成果を出すこと〈有所作為〉は必要であり、それを積極的に推進して国際政治経済の新秩序を打ち立てなければならないと私は見ている〟と述べた。一九九二年四月二八日には、鄧小平は身近な職員と中国の発展問題を話題にした時に、初めて「韜光養晦」の語を使い、〝我々が再び「韜光養晦」を何年も行えば、確実に一つのより大きな政治力量となる〟と指し示した。一九九五年には外相に任じられた銭其琛が、鄧小平の外交思想を総括した時に指摘したのが、鄧小平が先に提示した「冷静観察・沈著応付・穏住陣脚・韜光養晦・有所作為」という一連の戦略方針および、人によって追加される「善於守拙〈よく分を守ること〉・絶不当頭〈決して出しゃばらないこと〉」という、計二八字からなる方針であった。「韜光養晦」政策の内容については、普通は次にあげる七項目が認識されている[2]。

①領土・国境問題の積極解決。
②貿易経済への協力を拡大し、経済の相互依存関係の深化を推進して、契約の際には適度に利益を譲る方法をとる。
③国際制度への広範な参加。
④世界各国との関係を全面的に改善し、善隣外交の政策を実行。
⑤国際体系での主導的な大国に挑まないことで、米国の主要な打倒目標になることを避け、同時にさまざまな領

域で米国の協力を求める。

⑥ 相手国が中国に難癖をつけた際は、〝目には目を、歯には歯を〟のような真っ向から対立する策に出ず、大なり小なり耐え忍ぶ姿勢をとるに尽きる。

⑦ 安全保障上周辺国に多大な圧力をかけず、強制的な方法を避けて問題の解決にあたる。

「韜光養晦」政策は、中国が一九八九年の天安門事件後に西側諸国が実施した経済制裁を浴び、国際面でかなり危うい情勢に立たされた上、古代の蘇東坡のような手厳しい試練を受けたことで、取り入れられた一種の消極的な自己防衛の外交政策なのであり、ある程度の時間を稼ぐことに意義があって、今後の発展のためにゆっくり計画しなおすことでもある。この政策理念のもとで、中国の外交路線は一定の友好協力の方針がとられた。二〇〇五年九月に米国のロバート＝ゼリック（Robert Zoellick）国務副長官が提示した、中国が責任ある大国（responsible stakeholder）になることを望んだ意見は、当面の二年間で、中国が採るべき戦略を再確認させる政策（policy of reassurance）であって、国際問題の処理ではとりわけ北朝鮮問題の際に、かつてない協力体制がとられたほか、国連がスーダン問題を処理した際にも、政策に相応の調整がなされた。

隣国に対し、唐家璇国務委員は二〇〇三年九月に雲南で開いた「大メコン川流域経済協力」についての部長級会議の席上、真っ先に「富隣〈豊かな隣国〉・安隣〈平和な隣国〉」の概念を提示した。一〇月には、温家宝首相はＡＳＥＡＮ〈東南アジア諸国連合〉での商業と投資のサミットで、正式に「睦隣〈仲の良い隣国〉・安隣・富隣」の「『三隣』政策」を提示したが、この時期には、中国は数多くの自国に有利な外交政策を出して、徹底的に周辺国家との関係を変えてきて、相当な成果を得ているのであり、関連の施策を以下の表1に、簡単に列挙してみたい。

しかし、中国の国力がしだいに強大になっていくにつれて現れてきた変化で、最も明らかなのは、周辺国家への態度なのであって、どこにでも同じ顔をするようなことはもはやしなくなり、協調と強硬の両面を使った策略を見せは

表1 「三隣」政策下の中国と周辺国家との協力関係

期間	代表的成果	主要戦術	地位
2002-2005	東南アジア友好協力条約加入	責任ある大国像の確立	地域型の大国
	東アジア同盟国との枠組協議署名	同盟国で主導しての、東アジア地域の協同を声明	
	香港・マカオとの経済緊密化協定署名（Closer Economic Partnership Agreement, CEPA）	反テロ活動への参加と、伝統に囚われない安全領域での協同	
	6ヵ国協議参加	中国国防白書を頒布	
	EAS〈東アジアサミット〉参加	東アジアでの新型戦略パートナーシップ関係の推進を宣言	
2006-2008	世界との調和と「三隣政策」を提示	東アジアでのモンロー主義を主導し、米国の勢力を排除	地域型の大国から全世界の大国へ
	経済連携協定を推進（Economic Partnership Agreement, EPA）	“10に6を足し、10に3を足す”協同モデルの推進	
	“東アジアエネルギー源安全「宿霧〈未解決の意か〉」宣言”に続き、区域の細分化による辺境との合同戦略を推進	FTAへの署名や、辺境との貿易とそこへの投資を協議	
	“平和の鳩戦略”を提示	軍事戦略提携関係の推進と合同演習	
	中台会談の再開	“調和のとれた社会”樹立の国際観を披瀝	
	先進20ヵ国（G20）に積極参加	EASおよび日韓共同商業区域での業務の徹底	
		北京五輪での中国文化との融合とソフトパワー意識の向上	
		西北部湾経済区と東南アジア国家との協同モデルの推進	
		G20会議で中国の“責任ある大国像”を高めること	

〔出典〕高長・呉瑟致「中国崛起対東亜区域主義的影響」、『遠景季刊』2009年9月、20頁。

じめている。ことに二〇〇八年の世界的な金融暴落以来、それまで温和な協力関係を強調していた「三隣政策」は、しだいに強硬的な新たな面が出はじめていて、このことは最近の中国とフィリピンとの南シナ海黄岩島での主権をめぐる衝突によっても、その一端がうかがえる。学術界では「韜光養晦」政策についての論争が始まっていて、そこで多くの学者が、中国は「韜光養晦」の外交戦略を堅持しつづけるべきと依然主張しているにもかかわらず、政策の変化はすでに「一葉知秋」〈一葉落ちて秋《とき》を知る。小さな事象から事態の発展の大勢を予測しうること〉に至っている。中国国務院委員の戴秉国が二〇一〇年末に文章で指摘したところによれば、鄧小平が一九八〇年代末から一九九〇年代初めにかけて指示した「韜光養晦」「有所作為」は、主に〝謙虚に慎むことを保ち、出しゃばらず、旗を振らず、拡張せず、覇を唱えず、考えを平和の発展への道と一致させる〟ことを指しているというが[3]、ただここで注意すべきことは、戴秉国が「有所作為」と「韜光養晦」とを同等の位置に置いていることである。中国の外交政策はしだいに「韜光養晦」のような受動的な要素を薄めさせて強圧的な方向へ向かうのだろうか。〝積極的な「有所作為」〟へという方針は発展していくのだろうか。〝平和的勃興〟という論法は変えられたのだろうか。周囲は固唾をのんで見つめている。中国の外交姿勢が日ましに強圧的になってきていることに対応して、ある人は国際政治の現実から、中国は世界的な金融暴落後に自信を上昇させ、相対的にアメリカの国力はしだいに下降していくようだと認識したり、またある人は中国の内部事情から、民族主義の高まりを見て、社会が不安定な兆しにあることは明らかとして、民意の反応はきわめて大きくなり、政治統治のエリートらの不安感はますます高まるとの、心配した意見を述べている[4]。また、最近発生した薄熙来と陳光誠の事件から、中国の為政者の威光や人望が弱くなりはじめていると認識し、その分対外的な勢いはいっそう強さを増すに違いないと見ている人もいる[5]。

本文では歴史制度論の観点から、中国の外交姿勢についてはある種の重大な転換点にあり、国際社会の現実構造に対して妥協を強いられるであろうと認識しているが、国力が日に日に強くなってきてから、過去に中国が歴史の記憶や文化の面で強権的な態度を示したことが、中国が国際事務を処理してきた経験からもいって、外交上必ずや一定の影響をもたらすであろう。最近中国大陸の学界では中国の対外関係を論じる際、このような歴史的文化的要素から説明している傾向がすでにある。(6)

「韜光養晦」の戦略は東洋の文化を背景とした独特のものであって、〝中国は当然儒教文化のリーダーであり、この偉大な文化は心中に耐え忍ぶべきもので、壁につまずいて立ち上がれないような落とし穴にはまってはならない〟としたものであることから、長い目で見て言えば、「韜光養晦」の戦略は一種の歴史的必然なのかもしれない。

このことは歴史の脈絡からいって、探求されてきた民族主義の動きは、より深くにある戦略的な思惟を疑いなく反映しているのであり、「韜光養晦」政策は中国の外交文化を解き明かす一例なのである。(7)

中国と西洋の、政治制度や文化の価値観などでの競争は長期性を帯びていて、〝我々は西洋の文化に対して覇権を握ることで反応を示し、優秀な民族文化を発揚しなければならない〟としているが、ソフトパワーを通じてこそ国際的な影響力は引き上げられるのであり、中国は西洋に学ぶ必要がある。

二、「三隣政策」への修正出現か

「三隣政策」に修正が見られてきていることの証拠として、二〇〇八年の世界的な金融暴落以来、中国政府の国際面での行動にいっそう激しい変化が現れてきたことがあげられる。

〔二〇〇九年〕中国人民解放軍の海軍が中国外海の国際水域で、米国の非武装偵察艦「Impeccable」号を妨害。

〔二〇一〇年七月〕東アジア同盟地域討論会で、中国の楊潔篪外交部長が東南アジア諸国に、外国勢力と結んで領土問題を処理しないことを警告。

〔二〇一〇年末〕中国が日本政府に、尖閣諸島沖での中国漁船勾留への遺憾の意を要求するとともに、希土類の対日禁輸を実施。

〔二〇一〇年〕北朝鮮が韓国の天安（Cheonan）艦を撃沈し永平（Yeonpyeong）島を砲撃したのち、米韓が共同演習を行い、北京政府に二度警告。

〔二〇一二年四月〕中国とフィリピンが南シナ海の黄岩島で対峙。ここで最も明らかになった変化は、北朝鮮問題で保守政策を再び翻し、北朝鮮との貿易投資を支持するようになったことである。

〔二〇一〇年五月〕韓国の天安艦撃沈。一一月の永平島砲撃ともども、北京の政府は意を示さず。

〔二〇一二年四月二九日〕三隻の中国軍艦が屋久島西方四三〇海里を航行したが、これはここ九年来、中国海軍が日本の大隅海峡を航行した最初のものであり、同海峡はアメリカ第七艦隊の主要航路でもある。情報によれば尖閣の主権を誇示するため、福建省北部に短距離ミサイル基地を増強し、日本の海上保安庁の船を威嚇するという。(8)

〔二〇一一年〕中国海軍機の領空接近による、日本の自衛隊戦闘機の緊急スクランブルが一五六回を数え、日本側が二〇一一年〈原文ママ〉に資料の公開を始めて以来の最高記録となった。(9)

〔二〇一二年三月三日〕新華社通信は、中国国家海洋局が尖閣諸島の七十の島々に命名をすることを告知。(10)

〔二〇一二年三月〕中国と韓国が蘇岩礁の主権をめぐり論争。〈いずれも順序は原文ママ〉

これらの事例は、近年来の中国の近隣諸国への外交政策の変化の始まりと説明されているようであるが、どのような要素から成っているのであろうか。

三、歴史の記憶が中国の対外関係にもたらす影響

今後中国が東アジア地域でとる行動の規範は、必ずや二つの要素からなる影響を受けるであろう。すなわち、過去の歴代王朝が行なってきた「藩属朝貢」体系とともに、文化を親しさの遠近や同一性の基準とする指標がそれである。中国が特殊たるゆえんは、土地面積の広大さや人口の多さが中国を一般的な国家から超越させ、一つの巨大な格好の大陸とのイメージをいっそうさせていることのほかにも、なおさら独特なものがあり、それは近代ヨーロッパの発展から形成された民族国家の概念と同じではないのであって、中国は決して民族国家でなく、文化立国としての文明国（civilization-state）であると認識する人もいる。[11]

中国では文化を重んじ国家を軽視してきたとする説は、学界ではもはや定説になっている。英国の著名な学者であるラッセル（B.Russell）は一〇〇年近く前からすでに、中国の実体は文化であって国家ではないと提唱している。[12] 日本人学者の長谷川〈姓のみ記〉は二千年来の中国を、単なる一つのゆるい政治形態の大文化区に過ぎないとしている。この種の文化中心論と中華帝国の強大さとは関連していて、中国人を態度の面で重い天下意識と欠陥ある国家観へと導いている。このことを最も顕著に示しているのが、顧炎武の『日之録』〈日知録の誤りか〉での〝夷狄〈周りの少数民族〉と中国は、すなわち中国。中国と夷狄は、すなわち夷狄〟であり、これは文化中心論として最もすぐれた写実である。『春秋』の「微言大義〈精妙な言葉に含まれている深い道理〉」では、「公羊伝」とは天下の情勢を標準的な安定と混乱を根拠に三等分しようとすることで、「拠乱世」とは〝内にその国、外に中華諸国〟ということで、「升平世」とは〝中華を内に、夷狄を外に〟ということである。〝太平の世〟に至り、〝天下の遠近や大小は一つのようになり、夷狄は進んで爵位を授かる〟ようになったのである。天下観は国家観にとって替わり、ただ天下の太平を

望み、国家の富強を談じなかったが、これは西洋の民族国家のやり方ではなく、一つの民族が他民族を指導して共に治める〝天下の国〟なのであり、これは一種の天下性と国家性を兼ね備えた国家論である。(13)

一つの文化国として見れば、中国人はとりわけ歴史を重視しているのであり、中国人は今なお相当に歴史から活力を見出している。中華民族は歴史との連繋において、他の民族を超越するものがあって、このごろ起こっているそれぞれの事件は、すべて歴史の中からすぐに答えや合理的な解釈が見つけられるのである。(14) また、中国の政治や文化での最も明らかな伝統は、すなわち国家権力が広大無辺であり、とりわけ〝統一〟の観念を重視していることであり、〝西洋文化は個別性が強調され、分かれていることが常態化しているが、中国では和合性が強調され、合わさることが常態化している〟と見なす人もいる。(15) 王賡武は、中国がほかの国家や地域と区別されるのはその長期的連続性であり、それこそがまさに中国文化のエッセンスであるとしているが、確かに、中国の歴史上国家が統一されていた時期は計一〇七四年、部分的に統一されていた時期は六七三年に対し、分裂していた時期はわずか四七〇年に過ぎない。(16)

重ねて歴史的特質を見てみれば、中国の現代化の過程には、ほかの多くの国家で発展の過程で現れてきた危機や劣等感（inferiority）のようなものが、いまだ出現していないのがわかるのであり、中国が漢民族を等しく中国文化と見なす心理構造は、一種の特別なエスニックグループ観を生み出している。

歴史上中国の国際観は藩属朝貢制度であり、この制度は文化を同一視し、武力による威嚇で藩属国に、経済上の利益を与えるという三つの基礎から打ち立てられている。中華帝国とその周辺との藩属は構造上、階級による抑制型の国際体系（hierarchical system）としてあらわれている。その体系の中核は、中華帝国の覇権（hegemon）であり、周辺国家と覇権国との関係は、関係の遠近や親疎による不一致の階級関係を現出させている。一般的に言えば、中国と東・東南アジアとの藩属関係は比較的密であり、北方との関係は緊張している。むろん韓国・日本・ベトナム・ミャンマーとは文化・政治上けっこう近く、関係は比較的密であるが、東南アジアのマレーシアやタイのような一部の国とはそうでなく、日本は島国であることから、朝鮮半島と比べて自主権を多く持っている。藩属国が覇権国と取り引きを行なう際には、必ず遵守既定の煩雑な決まり事を守らなければならなかったが、もし中国文化と定期的朝貢とを同じものと見れば、通常は藩属国の内政には干渉しなかったことから、中華の覇権国がその周辺国に対して統治した原理は、基本的には文化と道徳であり、なおかつ経済と行政ではない統治であって、覇権国中央があまり暴力を用いず、ただ象徴的な主従関係を維持さえしていれば、なぜかこの体系は強靭性と歴史的な不滅さを有しているのであって、この制度をウイリアム＝A＝カラハン（William.A.Callahan）は、「一つの文化、多種の体制」と呼んでいる。[17]

中国古代の朝貢制度は、近代西洋が最近の世紀に発展させてきた民族国家主体の国際体系（ウエストファリア体制―Westphalia system―ともいう）とは全く相異なるものであると、一般には認識されていて、朝貢制度は一種の階層体系であり、強調的な階層関係（hierarchical relationship）は、構成員の間に全くの不平等を生じさせ、中心と辺境との体系はクモの巣のように機能し、構成員の間の縦の交わりが、一つの国際体系となり、主権が平等な民族国家同士の間は、基本的に横の交わりとなっている。実際上、ウエストファリア体制内の成員たる「民族国家」も、完全に平等というわけではなく、第二次世界大戦後に独立した新興国家が、欧米の伝統的な覇権的地位を享有することは不可能である。ただし形式の上では、現代の国際体系での構成員は法律上一律に平等なのであるが、国際政治での現実の関係では、平等は不可能なことなのである。

一つの文化主体の国家として見れば、中国の朝貢制度と文化とはきわめて密接な関連があると認められていて、政治の面で周辺国家が中心国と同じと認められるのはむしろ二の次である。重要なことは同じ文化と認めるということは、一つの文化を同じと認めるという概念なのであり、中国の興起が確実になった今、改めてその意義を探求すべきである。

こんにちにおける中国の主権と国家との相互関係への見方は、歴史上中国が周辺国家との関係を処理してきた制度からの経験的な影響を受けることは免れえないが、一つの現代国家として見れば、当面の国際社会での若干の準則と現実に直面し、ひいてはそれを受け入れることもしなければならず、したがって一種の特殊な二重性格が現出されているのである。

例えば中国が今までした主権争いについての説明は、多くが歴史的な根拠から出ているのであって、使われている言葉は、歴史的な〝古くから中国に属している〟というようなものが多く、中国が公言している〝南シナ海のU字形線〟がすなわちそうであり、これは明らかに西洋の国際法の規範とは同じでなく、目下の米国と中国との南シナ海の議題での最大の論争点でもある。二〇〇七年に海南省は三沙市を新設したが、その中にはベトナムがすでに領有を宣言していた島も三つ含まれているのであり、鄧小平が一九八四年に決定していた、主権争いを棚上げして共同開発をするという原則は、中国がしだいに強大になっていくにつれて、ただただ変化を見せはじめている。

次に、西洋の近代国際体系は、法律上不可分である大小の主権国家は一律に平等であることを前提としたものであり、この階級を抑制した国際体系と、国家の格差や序列の地位関係は決して同じでない。しかし、文化が中国の伝統的対外関係に相当な決定的位置を占めている以上、表現の面で、勢い多元体制の精神は出てくるのであって、この一意義としての主権から見て、もともと固定性にとらわれていなかった〝国家間の関係〟に、やや弾力性が現れるようになり、一九九七年の香港返還後出現した〝一国二制度〟はすなわち、文化国の概念として許されている〝地域ごとの差異〟によるものであって、〝一つの文化に多くの体制〟と言えるものである。この概念は、儒家の「和而不同〈人と交わる際打ちとけるが盲従はしないこと〉」と相通じるものがあり、名義上の従属関係の維持を求めることで成立するものである。

また、階級体系の構造としては、構成する者の間の平等は不完全なものとなり、中国を中心としたもの（Sino centric）として形成され、その他の地域はすべて端に置かれる優越観に支配される[18]、近隣の民族は東夷・西戎・南蛮・北狄などの「化外之民」とされ、清朝は英国までも「英夷」と呼び、海外との交渉事務を「夷務」と称した。この種の古くから形成されてきた「定於一尊〈皇帝のみが決定すること〉」のような優越的世界観は、秦の始皇帝の「一匡天下〈混乱した全国の情勢を安定させること〉」という観念をモデルとして制度化されてから変遷をとげ、もはや堅固で破りようのない〝統一〟の概念に転化している。外向きには、「天下定於一尊」という概念は当然、天下を運用する規律は中国が取り決めることを示している。内向きには、「大統一」の理念を追求していくことで、統一は常態化し、分裂はそうではなくなる。今では中国が〝天下の中央〟に位置しているという観念はもはや存在していないとしても、この文化的優越感や、統一を追求する歴史精神は根深いものがあるようであり、必ずや今後の中国の対外行為に影響を及ぼすであろうし、台湾との「両岸事務」の処理にも、さらに変化をもたらすであろうことは疑いない。

中国の対外関係は歴史上の藩属制度と文化的要素の影響を受けているのであって、周辺の国家への態度には、中国中心の意識はしだいに現れてきており、南海・西沙群島や尖閣諸島での争いなどの主権問題で、やや強硬的な行為が見られてきていることは明らかであって、将来両岸〈中台〉問題を処理する際、北京政府が同じモデルに従うかどうか、さらに見てみる必要がある。中国は南シナ海問題で何度も武力を使っていて、たとえばベトナムとの三度の衝突、なかでも一九七九年のものを「懲越」戦争と称しているような用語の過激さは、階級体系での覇権主義の影が見られるようである。一九九五年および最近のフィリピンとの衝突は、中国の国際観が歴史的軌跡によるものかどうかということを連想させるに充分であった。中比両国が二〇一二年四月以来南シナ海での問題で論争を続けているのに対応して、人民解放軍の少将でもある中国軍事科学院の羅援は、中国の反応について言及した時に、中国にとっての〝最上の方策はフィリピンに挑発させて、この問題を紛争解決の手段と思わせ、周辺諸国への一つの手本を作り上げて、中国を挑発する最低条件にはどれも代償がつくと思わせることだ〟[19]と述べていて、「懲越」戦争で使われた口ぶりと通じるものがある。最近中国が世界各地に広く設置している孔子学院も、こうした文化面での国際的行為を体現しているようである。

四、新形態の東アジア秩序の出現

新たな形態の東アジア地域秩序が現在あらわれてきているようであり、この新秩序は中国を中心とした階級体系によるものであるかどうか、当然、人々の関心を呼ぶ問題である。歴史的な角度から見てみれば、このような秩序に対しては、中国には興味深い特色がある。中国を中心とした階級体系では、その中核はむろん中国であり、周辺諸国には関係の親しさによって階級に差異や序列があって、一番上は東南アジア諸国や韓国のような、伝統的に関係が密接である国々で、二番目はそれに次いで関係が密な日本で、三番目はいろいろと移り変わっている。ただ当然、二一世紀の国際体系では、過去の中華帝国時代と全く同じことになるということは絶対にありえない。

この角度から見てみれば、アジア太平洋地域が米中の覇権争いの中心の場となってくるのは、実際必然の成り行きであるが、歴史や戦略的な面から言って、中国が譲歩することは全くありえないのであって、中国は歴史的な面から南シナ海の主権を宣言し、勢い元来の覇権国である米国及びその地域内の各国との紛争は深まっていくであろう。最近米国はアジアへの立ち返りを表明し、アジアを政策の主軸としようとしていて（pivot to Asia）、新たなバランス政策（rebalance policy）とともに、二〇二〇年までにアジアと欧州の軍事力の比重を六対四に再調整することを宣言したのであり[20]、さらにオーストラリアへの駐留軍を増強し、ベトナム・ミャンマー・シンガポールなどの国々との戦略的安全保障関係の強化は、この新しい権力バランスの事前準備に対応したもののようである。

図1　中国軍事予算の成長図

（単位…縦：1億US $、横：西暦年）

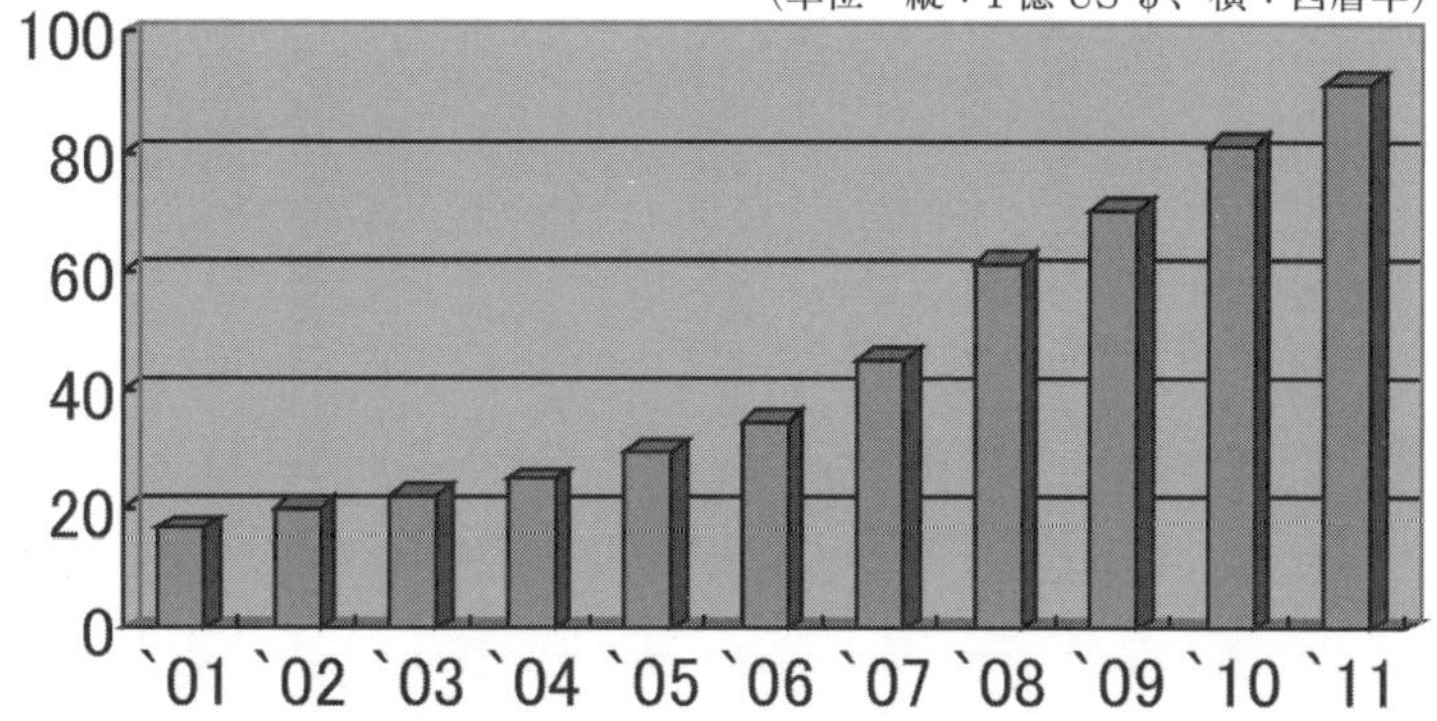

2011年は12.7%の増加を見せている

出典：『聯合報』2011年3月5日、A 21版

歴史での強権という角度から解釈すれば、人民解放軍の軍事支出が年々飛躍的に増加していることが理解できる（図1参照）。中国軍はすでにアジアで最強の軍事力があり、「IHS Global Insight」の推測によれば、二〇一五年の中国の軍事予算は二三二五億ドルに達する見込みで、これは日本の軍事〈防衛〉費の四倍にあたり、ほかの一二か国の軍事予算の総計を上回るものである。なおかつ中国の実際の軍事予算は、政府が公表しているものよりもはるかに多いことは言うまでもなく、一部の経済学者の大胆な予測では、二〇五〇年までに中国のGDPは、まさに米国の二倍に達するはずであり（二〇〇九年の為替レートを基準）、その時には東アジア地域の安全保障秩序は、必ずやまた新たな局面を現出させるであろう。

中国のGDPは軍事費の飛躍とともに成長していて、中国と米国との間の権力の均衡はすでに中国に有利な方向に進みつつあると、多くの人に認めさせるものがあり、中国が米国の東アジアでの地位に挑むのは、もう時間の問題である。戦略上、中国は今後ますます積極的に、最初の島々〈金門・馬祖島のことか〉を突破して外へ影響力を広げていくであろうし、台湾の海軍力がバランス的にしだいに低下していくとも予想される中、インド洋から台湾海峡まで、東アジア地域の不安要素はまさに上昇のさなかにある。中国軍の拡張は、必然的にアジアでの軍備競争を引き起こしているのであって、インドが自ら研究開発、製造した「烈火五型」中距離弾道ミサイルは、二〇一二年四月に試射に成功し、射程は五〇〇〇キロを超え、多段式核弾頭を搭載できるものである。ベトナムは近年大幅に軍事費を増加させ、六隻のロシア製キロー級（kilo）潜水艦を購入し、台湾は常に米国からの新式装備購入を進めていて、日韓両国はことあるごとにF35ステルス戦闘機などを購入しているのであり、東アジアはもはや全世界で軍備競争が最も激烈な地域になっている。

新たな覇権国家が作られていくことによって、中国は経済面での役割を疎かにすることはできなくなり、目下中国は、東アジア地域の経済を推進し整理統合している一番積極的な国家である。二〇一〇年のチェンマイ協議での調印により、中日韓と東南アジア一〇か国で設立された一二〇〇億ドルの基金によって、不時の必要に応じてすでに、中国とその一〇か国との自由貿易協定の効力が出ている一方、韓国に対しては自由貿易協定の談合を進められていて、中日韓三国の自由貿易協定の調印を行うことも布告された。中国は東アジア経済を整理統合する過程で積極的に、米国にAPEC〈アジア太平洋経済協力会議〉のもとでの、環太平洋パートナーシップ協定（TPP）の推進を始めるよう迫っているのであり、二つの勢力が形づくられて競争している。

短い期間のうちに目まぐるしく変化する全世界的な風潮に直面するなか、中国共産党の五代目にあたる指導者は、前の四代目よりもさらに巨大な実力と影響力を持っている。今後一〇年ほどで、中国のGDPは米国に非常に近づくことになり、場合によっては初めて上回るであろうし、世界最大の経済体となろう。事実として、一般民衆についてのみ言えば、近年の国際世論調査では、それぞれ異なる国々の人民がすでに中国を、国際政治での主軸国であると認識していることが表れているのであり、この権力を認知する観念の変化は、中国での民族主義のいっそうの高まりを助長させるであろう。事実、米国ウォール街での金融暴落が全世界を席捲してから、米国は中国が自らの最大の債権国となった立場に日ごと不安を感じはじめているのであって、中国の勃興は第二次大戦後米国が一手に動かしてきた世界体系に対し、必ずや変化を与えるであろうし、国際金融秩序はいっそう、この再編の優先項目となるであろう。

五、中国の新たな役割の位置

中国が国際構造を変化させうる主な推進力としては、具体的に言えば、その役割変化を以下の数項目に帰結させることができる。

(一) 政策面で中国はますます強硬になり、過去には規則に適応する役を演じていたのが、将来は規則を制定する役を演じるように変わるであろう

江沢民時代には中国に西洋主導の国際制度と規範への敵意が依然あったが、胡錦濤はこれら西洋が作った「遊戯規則」への適応の仕方を徐々に熟知するようになった。世界貿易機構(WTO)を例にとれば、二〇一一年〈〇二年の誤りか〉末に正式に会員になったのちの七年間に、中国政府からは申し立てが三件出されたに過ぎず、多くの時間が被告の学習に割かれたが、二〇〇九年の一年間には、中国は一五件の申し立てを提出し、その数はほかのどの国家をも超越した。学習と模索を経験してから、習近平時代の中国の外交は、まさに調整や適合からしだいに脱け出していくものであって、現行規則の改変と新規則の制定を主導的に要求していき、国際通貨基金(IMF)や世界銀行など国際組織での中国の発言権と影響力は、いっそう顕著になるであろう。東アジア地域では、中国政府は〝アジアはアジア人のもの〟という主張をいまだ提示していなくて、これは米国に北朝鮮の核武装と日本の再軍事化を牽制するこ

とを望むことと関連しているが、今後一〇年ほどで中国の実質的軍事支出は、米国を凌駕することもありえるのであり、政府の安全保障政策は依然〝阻止政策〟(access-denial)にとどまるものであるかどうか、疑問がないわけではない。

(二) 利益はいっそう多方面に及ぶであろう

習近平は訪米時再度米国側に「核心利益」(core interests)を尊重することを要求したが、この「核心利益」のような提起の仕方は、概念としては主権と関係があるものであり、範囲としては、台湾やチベットのような地縁上政治に敏感な地域であり、対象としては、米国と対面した時だからこそ初めて言及したようである。楊潔篪外交部長は二〇一二年三月五日に、人民代表大会を開く前に記者クラブでこの立場を重ねて述べている。将来には中国の「核心利益」の範囲は大幅に拡大し、政治と戦略面の安全に関する領域も含まれるであろう。歴史・経済資源の面からにせよ戦略的角度からにせよ、南シナ海は完成できない不完全な一つのジグソーパズルになっているのであり、現在は米軍の航空機や艦船が定期的に中国の領海外からの偵察を行なっている。二〇二〇年までには、中国海軍は三隻の航空母艦からなる戦隊を擁することができるようになり、その時には、兵力が米国の近海までには及ばないといっても、近隣海域での活動は日増しに強くなり、南シナ海や日本、グアム島は直接衝撃を受けることとなろう。

(三) 文化主導のソフトパワーへと全力で発展し、経済構造の変化は他国の伝統産業や高度科学技術産業に衝撃を与えるであろう

現在中国の中産階級の人数はおよそ三億人に達しているが、人数は多いとはいえ一つの階級としてはまだ発足期である。しかし二〇二〇年頃までには、中国の中産階級は心理面でますます成熟するであろうし、大量の出国人口と合

わさって、中国のイメージが改善される望みはある。

しかしながら、全世界に第二の大経済共同体を作り上げた、中国の経済が頼ってきたのは海外からの膨大な投資による加工・代行生産への従事であって、ブランドと付加価値が欠けていた。近年中国の毎年の海外投資はすでに六〇〇億ドルに達し、M&A〈合併買収〉方式を通して（「Levono」〈Lonovo の誤りか〉とIBM、「四川重機」と「騂馬」、「北京汽車」とGMの「Saar」、「吉林汽車」と「Volvo」といった例を連想されたい）、国際有名ブランドの所有権取得を進めている。過去二年連続で中国の自動車市場での販売は、米国をすべてで上回っていて、今後一〇年ほどで中国製自動車の輸出は、韓国や日本を追い抜く可能性がある。最近習近平がロサンゼルスを訪問した際、ドリーム・ワークス社との協議に署名し、三億ドルの投資で大陸に設立されたオリエンタル・ドリーム・ワークス社のアニメーションやコミックの発展は、ソフトパワーの上昇を示すよい例である。

ほかにも、中国は積極的に全世界で、英語のテレビニュース網や孔子学院の展開を進めているのであり、ソフトパワーを極力引き上げることが、中国の五代目指導者の重要な務めになるのは一目瞭然である。

(四) エネルギー源や資源へのニーズがいっそう高まり、圧力ができるであろう

中国でのエネルギー源の使用総量はすでに米国を超えていて、今後一〇年ほどで、中国が全世界各地でエネルギー源を略奪していく趨勢はいっそう明らかになろう。過去に中国海洋石油公司（CNOOC）が米国の「Unocal」〈ユノカル〉や豪州の油田を買収しようとして、現地政府からはっきりと干渉を受けたような事例は、いっそう枚挙にいとまがなくなるであろう。中国のUNFCCC〈気候変動枠組条約〉での、先進国家との争いが収まるのはやはり容易ではない。

六、「挑戦」と問題

今後中国は、ある種有利な新形態としての東アジア国際体系を構築する過程で、順風満帆に行くことは不可能である。中国の総合的国力の上昇により、すでに「中国モデル」が「ワシントンの共通認識」より優れているかどうかの論争が起こっていて、今後一〇年ほどで中国の指導者の外交空間は、ある程度は前任者より広くなろうが、内外の環境面での動向的発展は全く有利なものではなくなり、新指導者は空前の難題に臨むことになろう。

まず、グローバル化のもとでの国際交流の秩序は極めて複雑なものになり、国と国の間にはいっそう相互依頼（interdependence）が増えているのであり、単一方面での依頼関係のみで、中国が東アジア地域での超強大国になることはできなくなるのであって、二一世紀が多数の強国が並立する状況になるのであれば、中国の世紀にはならないであろう。(21) 日増しに外部の環境が複雑化しているのに対し、中国は〝制度が足踏み〟の状況にあるようである。学者の裴敏欣は、グローバル化という局面に対し中国は、制度や法規に関わりなく、競争力のある私営企業や、人材などの方面で、いずれも不足しているきらいがあると認識している。中国は対外経済支援を重要な外交の道具と見なし、アフリカへの貸付けがすでに世界銀行からのを上回っているが、対外援助や貸借に責任を負う機関はいまだに設立していない。国家資本主義の主導のもと、中国ではあまたの超大型企業（例えば「中石化」や「中国移動」）が出現しているが、これら巨大国営企業の成功は、多くは政策面に役立つものであって、市場競争力の欠陥については、少数の場合（例えば「華衛」や「聯想」）を除き、私営企業はその多くが成果をあげていない。

人材の面に至っては、中国の大学は四千を数えるものの、高等教育の体系的な競争力も相対的に足踏み状態になっている。

次に、中国の経済援助や貸付はもとよりいささかの付帯条件があるのであって、受入れ国からは、現地資源の略奪やその特殊な経営形態（例えば本国からの労働者の多数雇用）により、新植民主義（neo-colonialism）との批判がすでに起こっている。一例をあげれば、中国が東アジアでの主要同盟国のミャンマーに投資を約束した金額は、すでに二〇〇億ドルに達していたが、現地の民衆の圧力により、二〇一一年九月には中国の資本援助で三六億ドルを費やした巨大「ミッソン」ダムの建造を中止せざるをえなくなり、中国政府のミャンマーでの最大の戦略投資―中国西部への二本のパイプライン―も現地住民の反対を受けていて、このような背景のもとで、米国が二〇一一年末よりミャンマーとの関係を強化していることは当然の勢いである。

内面から見て、中国は現在人類有史以来最大の厳しい社会変化を経験しているのであり、今後一〇年ほどで、この依然高度集権的な一党専制体制は必ずや、いっそう大きな再調整や適合に迫られよう。さまざまな社会階層を使って、利益としては適度な成果を獲得できたとしても、最近発生した広東省烏坎村での「群体性事件」や、重慶市委員会書記の薄熙来が退陣したことのように、国家と社会の矛盾がすでに相当現れているのであって、中産階級の相次ぐ壮大な要求はさらに多元化していき、必ずや国家に対しより多くの空間を緩和するよう迫っていくであろうし、社会の変化もいっそう多元化していくであろう。このような構造的矛盾が内在していることにより、中国が国際社会で演じる役割に対しては、それを牽制する効果が現れるであろう。

七、台湾への影響

中国の勃興のスピードは驚くべきものであり、発展の速さは必ずや重大な体制や構造の改変をもたらすであろうし、伝統と現代との矛盾などといった、調整や適合ができない情勢が生じることは免れえない。この旧体制の一新に当たり、文化の競争や、中国・西洋モデルの競合という状況によって、中国の相手国が完全なロジックによる対策で応じることが確かに難しくなってきている。相手国から言えば、中国に依然あまたの不確定な要素が満ちていることから、友と敵とを分ける論は台湾の「発酵」を続けさせるのみならず、米国でこの論争が今なお終息に至らぬ事態を呼んでいる。米国の学界では比較的公平な言い方で、中国がすでに強大化して封じ込めのしようがなくなったと認識していて、かつてクリントン米大統領が提示した〝交流政策〟(engagement)は、自らの価値から根本的に中国を変えようとする目標を期したもので、現在の事態を予期していなかったようであり、新たな「共同演展」(co-evolution)戦略がまさに実施されようとしている。

台湾について言えば、強大でかつ複雑でもある中国がもたらしてくる干渉は、いっそう他国を上回るものになる。習近平の訪米期間中、台湾海峡関連の議事日程はさらっと消化され、双方の儀礼は型通りに行なわれたが、過去三年余以来の馬政権の両岸政策が充分に説明され、台湾にとっての最大の国家利益を保障するものであった。米国側は三国合同声明による〝一つの中国政策〟を重ねて説明したが、最初に提示した〝いかなる台湾独立の主張をも拒絶する〟という述べ方は、従来の〝台湾独立の不支持〟という一貫した立場とは異なるものである。

主要友好国は〝一つの中国政策〟を表明する方式と内容に関係があり、台湾の利益を多大なものにするために、当然密接に関心を寄せるべきである。しかし、新たなグローバル化の発展や中国の強勢の勃興に対し、台湾は視野を広げる必要があるのであり、今まで通りに行かなくなると、両岸がなすべきことが唯一の焦点となる。これから言えば、国内では今でも依然「九二共識」の討論が存在していたかどうかという問題によって、台湾がグローバル化の動向を充分に把握した上で、正確な戦略を考えて制定できるかどうかに関して、疑わしく思われかねないことは免れえない。

まず、この巨大かつ強大な相手との関係に対して、台湾は中国との有効な政府交流の仕方(modus operandi)を作り出し、さらに台湾海峡の平和を制度化するような決定の仕方（modus vivendi）を探り当てる必要がある。現在のところ両方を互いに進める方法と効能が、もはや日ましに充分にはなくなってきている両岸交流の、打開と期待に応えることになる。

次に、米国の全世界随一だった絶対的優勢な強国としての地位がしだいに失われ、台湾海峡を含む内部地域の安全を処理する事務能力が、すでに以前のようには機能しなくなってきている実情がある。中国大陸の沿岸部から発射されるミサイルは、その射程が台湾海域をはるかに超え、日本・韓国・グアム島に駐留する米軍への直接の脅威となっているが、中・米両国の意義ある戦略対話が制度化まではされていなくて、将来は必ずやより多くの実質対話ルートが作られることになろうが、どのように台湾の戦略的地位を強化し、外交を優位に突破していくかが、依然各界の最大の試練になっている。

さらに、中国の国力の上昇に加え、ＥＵの金融危機や米日の経済の長期低迷もともなって、中国の国際社会での発言量は日ごとに増していて、すでにみなぎってしまっている中国民族主義は、必ずさらに膨張を加えていくであろう。この両岸関係の意義は何ゆえのものか。中国が過去三年来のソフトパワーを変えることになるかどうか。両岸協議に影響を及ぼすかどうか。これらの問題は、台湾について厳密に観察してみることにこそ解明の価値がある。

【注】

（1）郭兵雲、卓旭春「中国仍需堅持『韜光養晦』外交戦略」『宝雞文理学院学報（社会科学版）』（二〇一一年八月）、二一－二六頁参照。

（2）周方銀『韜光養晦与両面下注——中国崛起過程中的中美戦略互動』『当代亜太』二〇一一年第五期、六－二六頁。

（3）戴秉国「堅持走和平発展道路」、http://big5.cri.cn/gate/big5/gb.cri.cn/27824/2010/12/07/5187s3081282.htm

（4）Thomas F. Christensen, "The Advantages of an Assertive China," Foreign Affairs (March/April 2011), pp. 54-67; Richard Bush, The Perils of Proximity (Washington, D.C.: Brookings Institution, 2012).

(5) Sushil Seth, "US, China Play Risky Power Game," Taipei Times, May 17, 2012, p. 8.
(6) 陳文良「対韜光養晦的哲学審視」『中国発展』地〈第の誤りか〉一二巻第一期（二〇一二年二月）、八三頁。
(7) 李暁郛「論当今中国的国家定位」『華中師範大学学報（人文社科版）』、二〇一一年四月、九頁。
(8)『中国時報』二〇一二年五月二七日。
(9) Taipei Times, May 10, 2012, p. 1.
(10) Taipei Times, March 4, 2012, p. 3.
(11) Martin Jacques, When China Rules the World: The Rise of the Middle Kingdom and the End of the Western World (London:Penguin Books, 2009), pp. 196, 296.
(12) Bertrand Russell, The Problem of China, first edition published in 1922 and second impression in 1966 (George Allen & Unwin Ltd., 1966).
(13) 梁漱溟『中国文化要義』（学林出版社、一九八七年）、一八、一六六～一六七頁。
(14) Jacques, When China Rules the World,〈出版年、出版社不明記〉pp. 197.
(15) 銭穆「従中国歴史来看中国民族性及中国文化」（『経』、一九七九年）、二一～二五頁。
(16) Diana Lary, "Regions and Nation: The Present Situation in China in Historical Context," Pacific Affairs, 70:2 (Summer1997), p. 182.
(17) William A. Callahan, Contingent States (Minneapolis: University of Minnesota Press, 2004), pp. 88-89.
(18) 殷海光「天朝型模的世界観」、『中国文化的展望（無）』〈出版年不明記〉、一～二六頁。
(19)『中国時報』、二〇一二年五月一五日、A一三版。
(20)『聯合報』二〇一二年六月三日、一版。
(21) Rudyard Griffiths and Patrick Luciani, eds., Does the 21th Century Belong to China? (Toronto, ON: House of Anansi Press, 2011).

地政学の理論から東アジア情勢を見る
——戦争がなくとも平和ではない世界

呉志中（大野太幹 訳）

はじめに——二一世紀のアジア地政学の情勢

「地政学」とは何か。パリ第八大学フランス地政学研究所（Institut français de géopolitique）創設者のベアトリス・ギブリン（Béatrice Giblin）は次のように地政学を定義している。「地政学とは、互いに競合する政治勢力が、ある領土及びそこで生活する人々に対する支配権を得るため、いかに影響力を発揮するかを研究するものである」（Giblin、二〇一〇、一〇）。ギブリン所長はさらに続けて、ひとつの地政学的情勢（une situation géopolituqe）の発生は、その地域に内包される領土（territory）が、その大小に関わらず、競合する政治勢力が争って影響を及ぼそうとするか、あるいは支配しようとする目標となることを示している、と説明する。さらに、フランス現代地政学の父イヴェス・ラコステ（Yves Lacoste）の言に拠れば、地政学とは「人類が生活している、ある特定の領土において、利益が互いに衝突する政治勢力が競合する過程の中で、各種の政治的発言や様々な手法を通して、自らの勢力範囲を維持し拡張することの正当性を証明し、同時に相手の主張の誤謬を論証することによって敵対する勢力を攻撃する」ことである(Lacoste、一九九五、三)。フランスのもう一人の地政学の先駆者であり、パリ政治学院およびパリ大学教授のジャン・バプティスト・ドゥロセーユ(Jean-Baptiste Duroselle)は、ひとつの国家が存在し始めた後には、その国家の領土の大小や人口の多寡、国力の強弱に関わらず、その国家は必然的に強権(Power)となる(Duroselle、一九九二、二九〇)。また、その国家は存在する以上、必然的に一定の基本的な力を備えて、他の国家がその国家を消滅させないよう威嚇する、とも言えるだろう。そうした威嚇する力の存在は、一定の政治勢力の基本要件にほかならない。

二一世紀において、アジアの力は興隆し、すでに北米、欧州とともに三つの政治・経済の中心を形成する世紀となっている。この状況は二〇世紀初頭において、すでに生じていた。アメリカは二〇世紀初頭には、世界最大の経済強国となりつつあり、日本もまたアジアにおいて台頭していた。しかし、第一次および第二次世界大戦を経たのち、日本が一九六八年以降、世界第二位の経済大国になっていたとは言え、世界の政治と権力の中心は依然として北米と欧州にあった。中国の興隆により、二一世紀の世界は真に多極的権力構造となった。この新たな多極的世界という地政学体系において、アメリカは依然として世界第一位の強国であり、欧州連合も世界最大の経済実体ではあるが、しかしBRICSの概念もまた広く世界に受け入れられている。アジアにおいては、中国の台頭のみならず、ASEANも豊かになり始めており、インドはより急速に発展しており、韓国も二〇一二年六月には「二〇-五〇クラブ」の七番目のメンバーとなり、一人当たり国民所得が二万米ドル以上、人口五〇〇〇万以上の強国となった。そして、台湾は華人世界の政治、経済発展の模範である。そのため、世界第一位の強国であるアメリカもアジア太平洋地域の経営により多くの力を費やさざるを得ず、アメリカ海軍陸戦隊の三分の二をこの地域に配置しているだけでなく、アメリカ合衆国国防長官のレオン・パネッタ(Leon Panetta)は二〇一二年六月二日にシンガポールにおいて挙行された第一一期「アジア安全保障会議」の中で、引き続き国防資源をアジアに移し、アジアに六つの航空母艦戦隊を配置し、且つ二〇二〇年の前半には六〇パーセントのアメリカ海軍の艦艇および軍事力をすべてアジア地域に置くと宣言した[1]。

同時に、東北アジア地域での政治的な衝突や経済発展は、アジアの核心部分である。東北アジア地域には、世界第一位の経済強国であるアメリカ（アジアのグアム島はアメリカに属するため）、世界第二位の経済強国の中国、第三位の経済強国の日本、第一五位の経済強国の韓国および第二四位の台湾があり、世界の経済発展の重要な中心のひとつである。それ以外に、北朝鮮は核の危機を増長させ、日本と中国は釣魚台列嶼（台湾での尖閣諸島の呼称。以下「釣魚台」）の領土において衝突し、中国の台湾に対する武力的脅威があり、さらに日本と韓国の海上の生命線に関わる南海（南シナ海）の自由航行問題もあり、そのことは東北アジアの地勢政治の情勢をあたかも全世界の焦点の中心のようにさせている。全世界が連動する今日において、東北アジアの情勢の変化は微妙に世界各国の敏感な神経を刺激している。同時に、国際環境の急速な変遷と各国情勢の発展もまた東北アジア地域の安定と発展に影響している。そして、東アジアにおける地勢政治の力関係のカギは、アメリカ・中国・日本・北朝鮮・韓国・台湾という六カ国の国家権力の消長以外にはない。

東北アジア地域は、すでに国際社会が注目する経済発展および政治衝突の地政学上の中心地域となっているが、しかし我々は二一世紀の人類が作り出した国際社会の重大な変化にも目を向けなければならない。過去の人類社会において、異なる国家および政治勢力の間の衝突は、常に戦争を通じて解決されてきたが、しかしながら今日の国際社会において、我々はすでにいかなる国際戦争も存在しない段階へと進歩している。最後の国際戦争の発生は、二〇〇八年八月のロシアとグルジアの間の戦争である。それに続く戦争は、すべて人道的関与（例えばアメリカ、フランス、イギリスが二〇一一年三月において国連決議案の同意の下に行ったリビアへの派兵）か内戦（例えば現在進行しているシリアの内戦）、あるいはイラクおよびアフガニスタンにおいてアメリカが主導している反テロリズム戦争である。基本的に、国際社会全体は武力によって国際紛争を解決することに強く反対している。そのため、東アジア情勢全体では敵意が絶えないけれども、逆に「ひとつの戦争もないが平和ではない世界」として東アジア地域を描写できるということに、我々は気付くのである。このことは、衝突が多々あるアフリカ地域や中東地域の状況とは大きく異なる。他方、東アジア地域には近代化した地域としての豊かさがあり、しかしまた伝統的な民族国家間の緊張関係もあるものの、潜在的な危機を内包した平和を維持している。本論は地政学の観点を以って、とりわけ台湾、日本、アメリカ、中国の役割を重視しながら、東アジア地域の情勢を論じようとするものである。事実、東アジア地域全体の安定的な発展が可能か否かを規定する四つの地政学上の議題があり、その四つとは、まず朝鮮半島の核武装問題、次いで台湾と中国の両岸関係問題、三つ目として中国からは新たな囲い込み政策と見られているアメリカの新アジア太平洋政策、そして最後に南海の問題である。本論の重点は、台湾・中国の両岸問題とアメリカの新アジア太平洋政策に置かれており、そこに決して無視できない日本の役割が加えられている。なぜなら、アメリカの新アジア太平洋政策の大きな部分が、日米安保条約の基礎の上に確立されているからである。

一、現代地政学理論の回顧

地政学は一九世紀末および二〇世紀初頭に、欧州において発展した社会科学である。初期の地政学は比較的政治地理学の概念が強く、且つ、例えば二三〇〇年前のアリストテレス（Aristotle、紀元前三八四－三二二年）が提唱した国家モデル中の人口と領土の比例関係のような地理学の発展が源となっている。アリストテレスは、特に首都の位置、境界、海軍、陸軍、自然地理環境、天気が国家の発展に及ぼす影響を強調した。(2)

アイルランド人の経済学者ウィリアム・ピティー（William Petty、一六二三－一六八七）は一七世紀において、いわゆる政治解剖学（Political Anatomy）に専心した。ピティーは地図の作成に専心することによって、領土・人口と経済および政治の間の関係を説明したのだが、彼が作成した全国分区地図（Hiberniae Delineatio）は一世紀後にようやく新たな完成品が出現したというほどに精緻であった（Goblet、一九五五、五－八）。ピティーが導き出した政治地理学の概念は、近代化した国家とは人口と領土の集中という基礎の上に経済と政治のコントロールを実施する、というものであった。

その二〇〇年後の一九世紀末において、ドイツの地理学者フリードリッヒ・ラッツェル（一八四四－一九〇四）は、政治地理学の理論化を行った。彼が著した『政治地理学（Politische Geographie）』は一八九七年に出版されたが、それはいわゆる生存空間論（Lebensraum）の最初の発表であった。このような理論は同時期の学者カジェロン（一八四六－一九二二）および後代の地政学者ハウショファー（Haushofer）に深く影響を与えた。カジェロンは一八九九年に、地政学（Geopolitik）の創始者となった。地政学は政治地理学から分かれたのだが、その中でもラッツェルとカジェロンという二人の教授の研究が最も重要である。

欧州において、地政学は一九七〇年代に再生した。ロジャー・ブルネット（Roger Brunet）は経済と政治の概念を地理学に加えることを開始した（Brunet、一九九二）。中でも、経済発展と権力が集中している場所、およびその地理的位置を分析構造の分極現象（Center and peripheries）とするものが最も多い。ラフェスティン（Raffestin）は、彼が著した『権力の地理学（Pour une géographie du pouvoir）』（一九八〇）において、政治権力と地理的位置の関係を特に重視している。イヴェス・ラコステは地理学を出発点として、政治地理学と地政学の再建を弁護した。ラコステは著書『地理学は戦争に用いられる（La géographie ça sert d، abord à faire la guerre）』（一九七六）の中で、地理環境学と国家の対外政策は最も直接的に関係するものだとしている。

古典的な自然地理学から政治地理学へと進化させ、さらに地政学へと発展させたのは、地理的位置、空間、境界、権力、国家の外交政策を研究対象とする社会科学である。パリ第一大学教授ステファン・ロシエレ（Stéphane Rosiére）はそれらの概念によって区分を行おうと試みた（Rosiére、一九九三、一八―二二）。ロシエレは、政治地理学とは地理的位置と空間を比較的静態的な範囲や背景（cadre）として見るものとした。また、地政学は地理的位置と空間を動態的な役割を演じるもの、すなわち必然的に争奪および競争という手段を通して獲得されるもの（enjeu）と見なすとした。彼は、地政戦略とは地理的位置と空間をひとつの舞台（Théâtre）と見なすものと考えたのである。政治地理学はあるひとつの時間点において、空間地理と政治権力の間の象徴および関連性を描写するのであり、地政学は将来発展するであろう、あるいは引き起こされるであろう紛争に比較的関心がある。地政戦略とは、地政学の分析結果に基づいて、最も適当かつ最も有効な政策や手法を立案して国家の政治的目的を達成し、国家の強盛および影響力を確保することである。そのため、地政学の分析は、行為者の識別や衝突の原因の論証、および紛争地域の地理環境の積極性をいかに利用しているか、などに重点が置かれる。

現代の地政学理論の研究は、冷戦後、様々な学派が自由奔放に発展したものである。ソ連の解体、地域紛争の増加、冷戦期のイデオロギー対立の消滅により、現代地政学は各種の紛争に満ちた新たな国際環境のステージを発見した。ソ連の解体後に形成された十五の新たな国家、およびもはやソ連の統制を受けない東欧のみならず、宗教・エネルギー・文化などの問題により生じた新たな地域紛争、例えばイランとイラクの戦争、アフリカのルワンダ湖地域の戦争（ブルンジ・ルワンダ・コンゴ民主共和国）、ユーゴスラビアの戦争、最も根の深いイスラエルとアラブの紛争、アメリカとイラクの戦争、アラブの春などが加わった。冷戦時代のイデオロギー対立はすでに消滅し、各国家ないしは各政治勢力は次第に自国の地政学上の利益を最優先事項とし始めている。二〇〇近くの国家が表現しようとしている、異なる地政学上の国家利益エネルギーの放出は、圧倒的な強権により支配するような主体をすでに失わせている。アメリカは二〇〇三年のイラク戦争の際、世界各国の支持を求めたが、それぞれの国家の利益が異なっていたことから、我々は強国のアメリカでも、もはや冷戦時代のような国際的な支持を得られなくなっている、ということを見て取れるのである。

欧州の地政学の重鎮であり、パリ第八大学教授イヴェス・ラコステが率いる学術雑誌『ヘロドテ（Hérodote）』の名を冠するグループは一九七〇年代においてその基礎を確立し始めた。一九七六年にラコステが出版した『地理学』は論争に用いられ、彼を地理学者から地政学者へと転身させた。彼はまた、一九八九年にパリ大学において地政学研究所を創立し、修士および博士の学位の授与を開始し、ついに同研究の制度化を実行した。別の地政学者ジェラルド・チャリアンド（Gérard Chaliand）とジャン・ピエール・ラギュー（Jean-Pierre Rageau）が著した書籍のシリーズ『東アジアの歴史と戦略の図説（Atlas de l' Asie orientale, histoire et strategies)』、『世界の各帝国図説（Atlas des empires)』、『世界戦略図説——世界の新たな強国の地政学（Atlas stratégiques; géopolitique des nouveaux rapports de forces dans le monde)』もまた、我々が地図と歴史の文脈という異なる概念を分析手段として、国際情勢を研究し分析することを学習する際の助けとなる。フィリップ・モロー・デファルジェス（Philippe Moreau Defarges）の『地政学の紹介（Introduction à la Géopolitique)』とフランセーズ・チュアル（François Thual）の『地政学の方法論——時事を読み解くための方法（Méthode de la géopolitique: apprendre à déchiffrer l' actualité)』は、我々を最も簡潔な方法で地政学の世界に導いてくれる。フランセーズ・ジョヤー（François Joyaux）の『極東地域の地政学（Géopolitique de l' Extrême-Orient)』は、我々により深く東アジア地域の地政学を理解させてくれる。そのほか、『地政学——強国の道を行く（Géopolitique : Les voies de la puissance)』を著したギャロイズ（Gallois）、および地政学に関する定期刊行物を主催しているマリー・フランス・ギャロー（Marie-France Garaud）もフランス学派の重要な学者である。

イギリスとアメリカでは、彼らが追求するものはどちらかと言うと政治地理学のモデルである。比較的有名な地政学の著作は、ズビグネフ・ブレジンスキー（Zbigniew Brzezinski）の『グランド・チェスボード』（The Grand Chessboard : American Primacy and its Geostrategic Imperatives）である。ブレジンスキーはカーター大統領時代の国家安全保障問題大統領補佐官である。彼の地政学に対する見方は、スパイクマン（Nicholas John Spykman）の「リムランド論」を継承したものである。スパイクマンは、一九七九年一二月にソ連がアフガニスタンに介入し戦争を発動した理由は、地域全体がイランにおいて発生したイスラム革命（一九七八－一九七九）によって不安定な状態に陥ったためと考えた。アフガニスタンはソ連にとって周縁地域の重要な戦略的位置にあった訳ではなかったが、しかしアフガニスタンをコントロールすることでイランやパレスチナに影響を与えることができ、そのことはソ連がインド洋まで達することに直接関連していた。イランはもともとアメリカの同盟国であり、現在ではその同盟関係は崩壊しているが、ソ連はまさに地域紛争への介入を試み、リムランド（ユーラシアの沿岸地帯）の一部をコントロールしようとしたのであり、同時にアメリカがスパイクマンの理論に基づいて確立した地政学的な囲い込み政策を突破しようとしたのである。

ブレジンスキーの『グランド・チェスボード』は、スパイクマンの地政学の精神を継承した。彼は、アメリカはソ連の勢力をユーラシア大陸の内陸部に押し込め続けることができさえすれば、必然的に現今の国際政治体系の中で指導的な役割を演じ続けられると考えた。ブレジンスキーは、目下のユーラシア大陸ではいくつかの国家が主要な役割を演じており、それらはフランス、ドイツ、ロシア、中国、インドであるとした（Brzezinski、一九九七、六八－六九）。そして、そのうち三つの地域が最も地政学の戦略的価値を備えていると考えた。その一つ目はウクライナ地域、二つ目はカスピ海地域、三つ目は極東地域である。アメリカはいかにして地政学の戦略ビジョンを持ち、ユーラシア大陸という大きなチェス盤の上でコマを動かし、未来の世界の主導権を握るのか。この他に、サウル・B・コーエン（Saul B. Cohen）の区域主義論、ハンチントン（Huntington）の文明の衝突論、キッシンジャー（Kissinger）の勢力均衡論[3]、およびトール（Gearóid Ó Tuathail）の地政学批判などがある。

これら目下の国際社会において重要な地政学の研究を回顧すると、ブレジンスキーとキッシンジャーは早くからすでに東アジア地域の台頭を見出していた。ラコステとギブリンは、ある特定の領土の範囲内では、それぞれの異なる政治勢力は政治論述と地政学概念（représentations géopolitiques）を用いることによって、その政策の正当性を証明したがると述べた。ドゥロセーユは、政治勢力あるいは国家というものは、それがどんなに小さかろうとも影響力という理念を有するものだと提起する。本論はこれらの地政学の概念に従って、日本・台湾・中国、そしてアメリカを包含する東アジア地域の地政学の情勢を理解しようとするものである。

二、アメリカと日本という強国の停滞、中国の台頭と台湾の彷徨

我々は、アメリカが二一世紀に入って以降、単独で全世界を支配するような国家としての優勢を回復していないことを知っている。アメリカの国民総生産額は、かつて一九八〇年代には全世界の三分の一を占めていたが、現在ではただ全世界の五分の一を占めるに過ぎない。アメリカ経済の不振に国際社会の民主化が重なって、アメリカの全世界の覇者という地位は失われた。そのほか、アメリカの反テロ戦争政策は時間だけを浪費し、費やされた資金は膨大であり、その上アメリカの国際戦略における配置にも影響を与えている。アジア太平洋地域において、アメリカは一方で中国の国際事務上の協力を必要としながら、もう一方で、中国が年々軍事予算を増加していることでもたらされる脅威を直視しなければならないのである。

日本という、このアジア最先進国は二〇年間の経済の衰退を経験し、二〇一一年には一九六〇年代以降に確立され

た世界第二位の経済大国という地位を、拱手の礼をして中国に譲った。日本の経済力の衰退は、人口の高齢化とも相まって、アジアの経済発展の中心を、日本の市場を主とするものから、次第に中国や東南アジア諸国連合（ＡＳＥＡＮ）など新興市場へと転換させている。日本は将来において、正常な国防力を発展させ、他の国家と同様に自身の国益を防衛し、且つ将来国連安全保障理事会に加入することで、「正常な国家」になろうと企図している。しかし、国家の経済力の衰退、および中国の抵抗に直面し、いかに繁栄を維持するかがより重要な国家的課題となっている。

中国の台頭、アメリカの停滞、日本の衰退という三者の交錯が東北アジア情勢の奇妙さを生み出している。真っ先に攻撃の矢面に立つのは、朝鮮半島の不安定性である。北朝鮮の政権交代が生み出した権力の空白は、内部闘争を地域の安全の危機にまで延伸させた。ミサイルの試射や核武装力の発展など、北朝鮮は煩わしい外交政策によって軍事的実力を展開し、恫喝によって朝鮮半島の現状を改変し、さらには東北アジア地域の安定に脅威を与え、その中から国際交渉のための手段を獲得した。アメリカは、アジアにおけるその勢力が弱まったため、ただ中国との協力によるだけという気のない手法によって安定のための方策を講じ、コントロールを失った北朝鮮に接近できるのみである。

朝鮮半島の不安定性を除き、もうひとつの地政学上の現象は台湾の中国化である。台湾と中国の経済関係が日々緊密となり、それに加え中国の台湾に対する領土的野心もあり、政治力を握る台湾政府と経済力を握る企業家に、中国に対していかなる反対意見も持てなくさせている。現職の中華民国総統・馬英九はかつて天安門事件で犠牲となった生命を尊重する声明を行った。しかしながら、一年ごとに発言力は弱まっており、昨年はまだ「平反六四（六四事件の名誉回復）」との文字があったが、今年（二〇一二年）の六月四日の声明においては、ただ異議を唱える人を大切にするよう中国に「希望」しただけであった。二〇〇八年、中華民国政府はさらに、自国の国土において中国に抗議する人々が中華民国国旗によって中国の特使・陳雲林を迎えることを禁止した。そして、台湾で製造している携帯電話のＨＴＣについて、同社の取締役会長・王雪紅は「中国ブランド」であると自称した。台湾においては多くの場合、中国から来る重要人物を迎えるため、国旗と同様に台湾が国家であることを象徴するものはすべて、台湾の政府あるいは民間の当事者の手で自発的に撤去されるのである。

中国の台頭は、鄧小平が権力を掌握した一九七〇年代末を起点とし、経済の開放政策のあとに始まった。中国が二一世紀の初めに大きな影響力を持つ強国に変化しているということは、中国の改革開放政策が暫定的にでも成功したことを証明している。中国経済の台頭は国際社会の焦点をアジアに転じさせただけでなく、積極的な軍備拡大政策のために東北アジアの地域の安全と安定に不確定な要因をもたらしている。そして、台湾は中国・日本・ASEAN・アメリカの勢力が交錯する中心点に位置しており、そこに特有の両岸関係が相まって、台湾を東北アジアの情勢の中で観察するに足る存在とさせている。

全体的な東アジア情勢について言えば、中国の台頭という現象はすでにニュースではなくなっている。中国は世界最多の人口という元手により、開発の潜在力を最も備えた内部市場を形成しており、二〇一一年には約一一〇〇億ドルの外国からの直接投資を引き寄せた(4)。そして、相対的に廉価な労働力と天然資源のコストは、二〇一〇年において中国を世界第一位の輸出国にし、二〇一一年末に至り、中国は世界第一位の外貨準備高となる三・二兆ドルを蓄積したが(5)、それは台湾の約七・七倍である。ヨーロッパ諸国やアメリカといった大国が経済の不振および金融危機の泥沼に陥っている時に、アメリカ当局の統計に拠れば中国は二〇一一年にも依然として九・二パーセントのGDP成長率を維持することができるのであり、中国経済の規模が持つその吸引力の強大さを見出すことができる。同時に、世界第一位の強国であるアメリカの二〇一一年における対中国輸入額は、対中国輸出額の三・八倍である。アメリカと中国の貿易差益は二九五〇億ドルを超えており(6)、歴代の新高値を突破したのみならず、アメリカ側の我慢の限度をも超えた。そのため、アメリカは度々中国に圧力をかけ、人民元の切り上げを要求し、さらには貿易訴訟を提起し(7)、その上貿易制裁などの手段を採ると揚言することを惜しまなかった(8)。米中の経済における「協力と競争」という矛盾は、東北アジアの地政学の複雑さをより顕著に浮かび上がらせている。

アメリカを除いて、台湾を含む東アジア諸国もまた、中国の経済力の影響を深く受けている。台湾政府経済部の統計に拠れば、台湾の対中輸出総額は、すでに台湾の輸出全体の四割を占めている。台湾が単一の国家に過度に依存することは、卵をすべてひとつのかごに入れるような貿易政策であり、すでに台湾経済の安全性に深刻な脅威となっている。政治においては、アメリカと日本の支持は、台湾がより多くの国際空間を獲得するための助けにはならない。例えば、二〇〇八年において、新たに当選した中国国民党の馬英九政府が受け入れた「九二コンセンサス」である「ひとつの中国原則」により、台湾は世界保健機関（ＷＨＯ）の中国籍の秘書長・陳馮富珍の招聘を得たため、非常任の総会のオブザーバーとなった。台湾の人々は、一方では中国の支配を望まず、同時に台湾が国家であるという認識もどんどん強くなっているが、しかし一方では逆に中国の経済発展にますます依存しており、政府や企業の親中政策を受け入れている。台湾の経済と政治がますます中国に依存していくという現実の下で、国立政治大学により進められた以下の二種の長期民意調査から、台湾人民の矛盾と彷徨を見出すことができる（表1、2を参照）。

三、地政学における海の覇権と陸の覇権の衝突

海の覇権と陸の覇権の衝突は、地政学の観点から分析すれば、人類が創造した国際社会が一貫して直面してきた問題である。現在海上で最も強力なアメリカは二一世紀において、イギリスが残した海の覇権を継承し、現今の国際社会の中で最強の海洋覇権国家となっている。当然、冷戦期には陸の覇権であったソ連との覇権争いを経験し、二一世紀には次第に新興の中国の挑戦を受けるようになっている。

表１：台湾民衆の統一および独立についての趨勢分布
（一九九四年～二〇一一年六月）

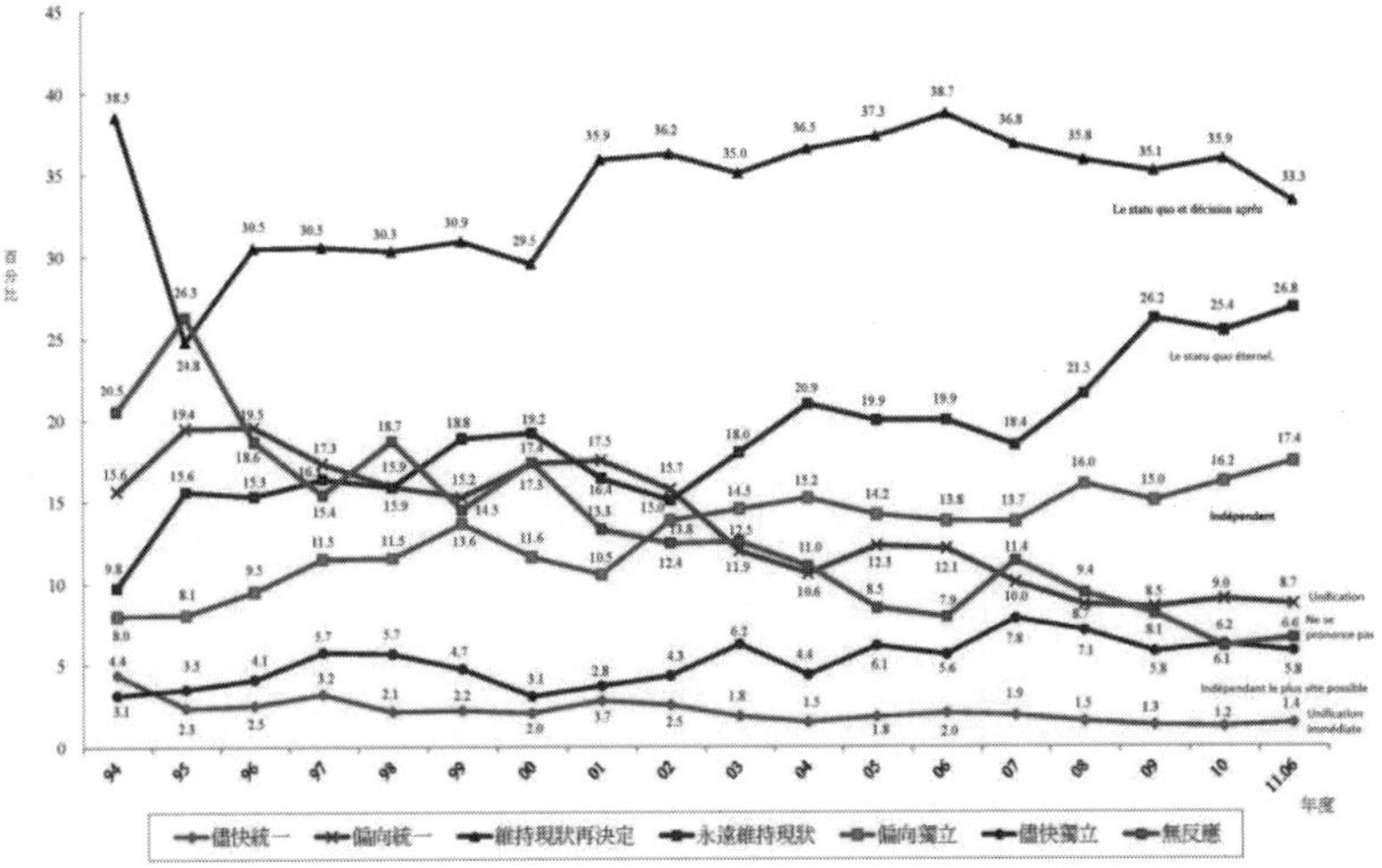

国立政治大学選挙研究センター作成

表２：台湾民衆の台湾人であるか中国人であるかという認識についての趨勢分布
（一九九二～二〇一一年六月）

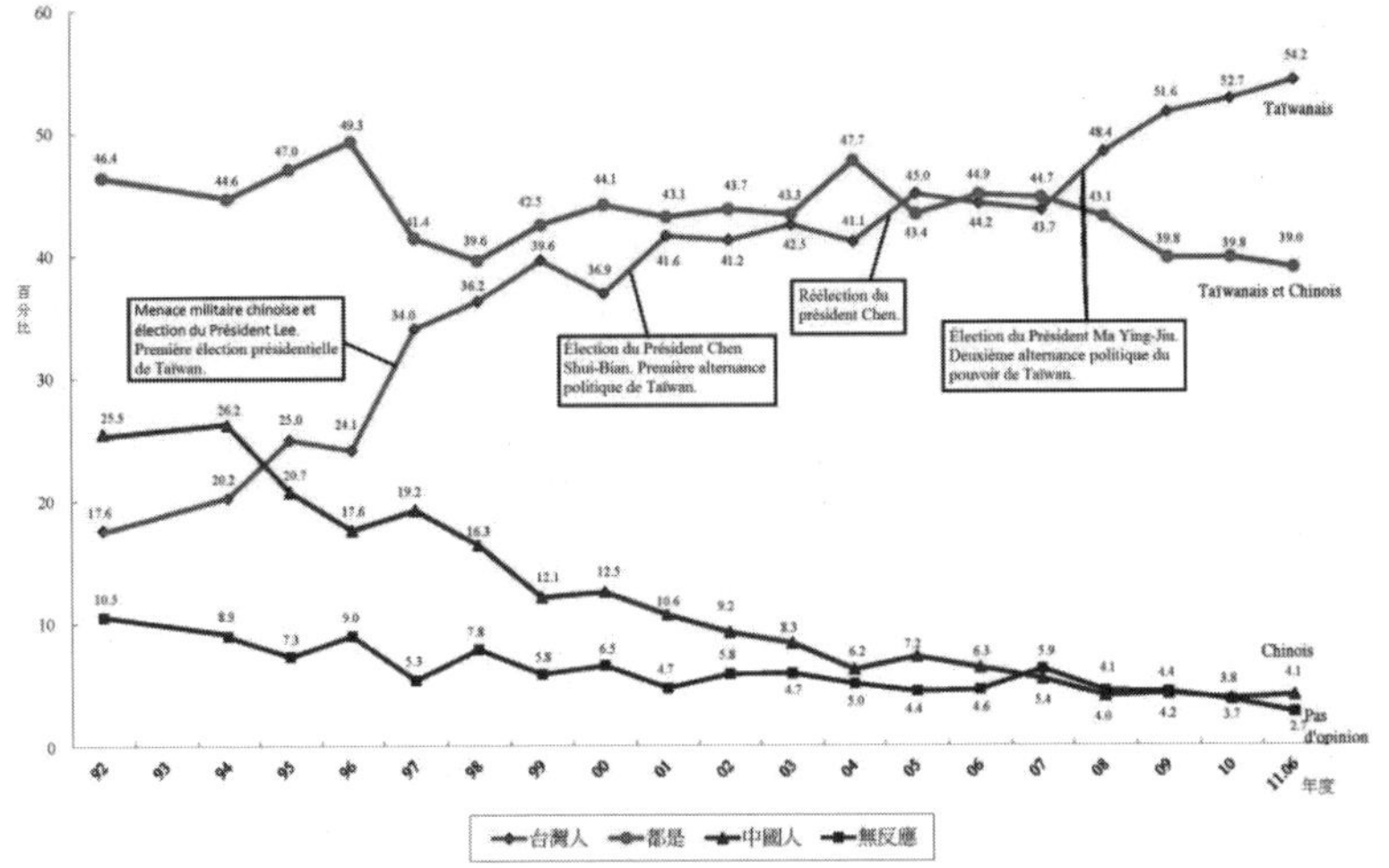

国立政治大学選挙研究センター作成

事実上、アジア地域の地政学の分析においては、アメリカも東アジア地域に属する国家のひとつである。その理由は、台湾から東京までは約二五〇〇キロで、その距離は大体台湾からアメリカ領のグアム島までの距離に等しく、またそれはグアム島から東京までの距離にほぼ同じということにある。グアム島はアメリカの東アジア地域における最も重要な軍事基地であり、日本の首都東京および台湾との間でちょうど地理上の三角形を形成しており、アメリカが東アジア地域の国家であるという地政学上の事実も顕著である。そして、この領土紛争が充満した地域において、中国は、台湾との間に深刻な国家主権の紛争があり、南海においてはベトナム・フィリピンとの間にU型領海の衝突があり、インドとの間には国境問題があり、日本との間には釣魚台問題があり、日本と韓国にも竹島／独島の紛争があり、日本とロシアには千島列島を巡る領土問題があるなど、紛擾が絶えない。そして、中でも中国には南海において各国と石油問題と歴史上の主権を巡る紛争があり、そのことは衝突を一触即発の程度にまで至らせている。[10] 経済的実力の支持の下、中国は陸上の覇権を強固にし、海上の覇権を拡大させるという地政学の目標を日に日に露呈させている。そして、アメリカはアジア戦略の方向を転換させ、アジア各国との軍事協力を強化しているが、その意図はほかでもなく中国の陸上の覇権拡大を阻止することにある。オバマ政権が二〇一一年にオーストラリアと軍事協定を締結し、二五〇〇名のアメリカ兵をオーストラリアに駐屯させたこと、[11] 二〇一二年にタイ・フィリピンとそれぞれ大規模な連合軍事演習を行ったこと、日本・韓国との軍事協力を強化すると宣言したこともまた同様の理由による。[12] アメリカはさらに二〇一二年六月に開催したシャングリラ対話の中で、六つの航空母艦隊群を含む、半数を超える海軍力をアジア地域に配置すると宣言した。このほか、アメリカはシンガポールの同意も得て、詭弁を弄するという方法を用いて、シンガポールを「事実上」アメリカ軍の海軍基地となし、最新型の沿海戦闘艦を配置している。このほか、アメリカ合衆国国防長官のレオン・パネッタはさらに一歩進んで、ベトナムの港である金蘭湾（Cam Ranh Bay）の使用について興味を示した。そして、日本と韓国は軍事協定を調印し、アメリカ・日本・韓国の地域内における軍事同盟関係を深化させた(13)。当然、中国もアメリカの海上覇権に対する囲い込みを突破しようと試み、それゆえ航空母艦を建造し、積極的に宇宙空間での軍事力を研究開発している(14)。中国はまた、二〇一二年四月にロシアと軍事演習を実施し、アメリカとアジアの同盟国の地域内での軍事力に対抗している(15)。

しかしながら、近来東アジア地域での最も深刻な海上覇権と陸上覇権の地政学的衝突は、日本と中国の釣魚台の紛争にほかならない。日本の野田佳彦首相が釣魚台を国有化する政策を決定したことにより、中国政府は第一八大会において政治権力の交替が行われる前に極めて大きな反感を持つこととなり、そして中国と日本の第二次世界大戦以降で最も深刻な外交紛争を引き起こした。世界第二位と第三位の経済大国が、目下世界金融危機において欧州の債権問題が遅々として解決しない背景の下で、世界各国の憂慮を招いた。イギリスの著名な定期刊行物『エコノミスト（The Economist）』は二〇一二年九月二二日に出版された号の中で、「中国と日本は本当にそれらの問題のために戦争に至るのか?」という第一面の見出しを掲載した。フランスの政治経済評論雑誌『焦点（Le Point）』も大きく釣魚台海域の衝突を報じ、「二度目の太平洋戦争が勃発するのか?」というテーマで中国と日本の衝突を論じ、また戦争の勃発を憂慮した。そして、フランス最大の新聞『ル・モンド（Le Monde）』誌は、「中国の海――戦争はまさに脅威となりつつある」との大きな見出しを掲げた。

欧州の各国はこの紛争において、基本的に中立を保持し、中国の恨みを買うのを避けようとした。過去、多くの国家が中国の民族主義から教えを受けた。例えば、フランスのサルコジ前大統領は二〇〇八年にチベットのリーダー、ダライ・ラマと会見したが、その結果、中国民衆の反フランス闘争を引き起こし、彼らはフランス資本の商店を破壊し、フランス製品をボイコットした。基本的に、それぞれの国のリーダーのそうした姿勢に異議を唱える意見では、釣魚台は日本が帝国の版図を拡張している時期に加わった領土である、しかし現在の大半の認識は日本の領土であり、領海であるというものだった。このような見方は、ヨーロッパにおける各主要新聞の用語が明確な証明となる。

釣魚台の一般的かつ多数派の用語は、日本の「尖閣諸島（Senkaku island）」という用語であり、「釣魚台」でも「釣魚島」（中国での呼称）でもなく、釣魚台（Diaoyu island）と書かれる場合はすべてカッコ付きで、中国語による表記を主としたものではない。『ル・モンド』は二〇一二年九月二四日に「三隻の中国の艦船が日本の水域に侵入した」との見出しで、また左派の『リベラシオン（Libération）』は同じ日に「数隻の中国の艦船が日本の水域に入り冒険した」との見出しで、中国の二隻の海洋監視船と一隻の漁業監視船が釣魚台の海域に進入した事件を描写した。総じて言えば、釣魚台の水域は日本の領海であり、中国側船舶の行為は日本が管轄する主権国家の範囲に進入したものと見なされている。

もし、我々が地政学の角度からこの事件を分析しようとするのなら、フランスのラコステの理論に基づいて言えば、今回の衝突の最も主要な役割を担ったのは中国・日本・アメリカであった。それぞれの強国には、みな自らの釣魚台の主権に対する見方と政治的な論述があり、また公的な立場の人間の発言、政策の執行、公的な艦船による示威行動の実行など様々な方法を通して、政治的な目論見を展開し、最後には望んだ結果を得るのである。中国を例に採ると、中国政府はもともと日本の島嶼や領海が議論の余地があるものであり、かつこの紛争を国連に持ち込むということを国際社会に意識させることに成功した。日本を例とすれば、釣魚台の主権について中立を保持すると表明しながら、しかし釣魚台は日米安保条約の範囲内であるとも声明するアメリカ国務院の相次ぐ発言、および同じ時刻にアメリカの陸上部隊と日本の自衛隊がグアム島において行った「離島奪還軍事演習」により、日本としては、日米安保条約が有効なものであり、危機が発生した際には日本の国家の安全は保障されるということを証明したのである。最後に、アメリカは周辺国家に対し、均しくその強勢を以って介入することを望み、再度自身の地域で最も勢力のある親分のような地位を見せつけた。

ところが、現在の地政学の秩序に対する中国の不満も、再度明確に示されている。将来、習近平への政治権力の継承が万全となり、中国が日々強大な国力を蓄え、他方で釣魚台事件のあと日本の中国に対する不信が増すにつれ、東アジア地域の地政学の秩序維持は、日に日に困難となる国際的な重要案件となっている。

四、価値観に基づく地政学――民主制度と権威制度の競合

二一世紀における地政学の衝突の中で、エネルギー・資源・文化・言語・領土、および歴史的正当性などの競合のほかに、価値観の衝突という地政学の要因もある。アジアの政治的な価値観の中で、最も有名な論点は、台湾の李登輝が主張した「普遍的世界民主価値論」とシンガポールの李光耀（リー・クァンユー）が主張した「アジア価値論」の相違点である。

なぜなら、民主体制と権威体制の地政学的な競合もまた、現在のアジアの重要な議題のひとつだからである。世界平和の安定的な発展に対する民主制度と民主的価値観の必要性から見れば、中国が平和的に台頭できるか否かは、世界各国の最も深刻な憂慮となっている。権威体制の下では、戦争は往々にして内部矛盾を解消する道具に転化される。人民解放軍は中国共産党体制の中で制御できないほどの力を持ち、軍関係者が往々にして権力の中枢を掌握しているだけでなく、軍事力も不透明で、その上年々軍事予算を拡大しており、民主国家各国の権威体制の中国に対する不信感はより深まっている。ヨーロッパ、アメリカ、日本から香港や台湾の人民に至るまで、また政府の態度から民間組織の関心に至るまで、中国との直接的な衝突が生じるのは、多くの場合中国の人権迫害という問題をめぐってである。オバマ大統領やヒラリー・クリントン国務長官を含むアメリカ政府関係者は、すでに数度に亘り国際的な場で中国は人権状況を改善し、人権保護を促進しなければならないと呼びかけた[17]。ＥＵとアメリカ議会は、中国のチベッ

図1：日本、台湾、アメリカ、中国の
地政学における相対的な位置(16)

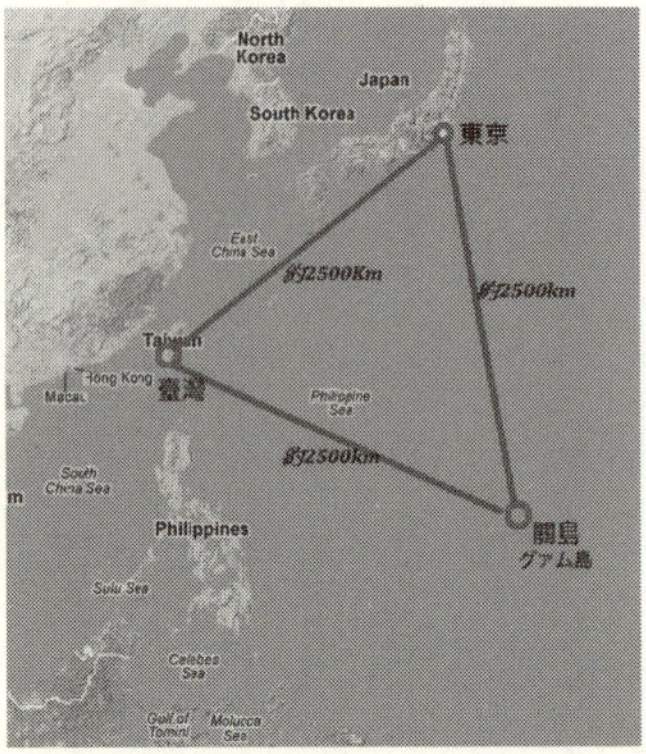

ト問題および人権問題について幾度も公聴会を開き、決議文を通過させ、中国の人権迫害を公に非難した。[18]

しかしながら、中国共産党政府の観点から言えば、権威制度と民族主義は現代化を進める中国が必ず備えていなければならない良薬である。中国政府は、経済成長により国家資産を創出し、積極的に外に向かって影響力を拡張し、それによって世界各国が中国に政治の民主化を進めるよう要求することに対抗している。経済界・学界から政界に至るまで、中国は新たな財力を通して影響力を形成し、中国型社会主義モデル発展の成功例を創出しようという企図は次第に明確となっている。二〇〇七年の世界的金融危機から二〇一二年の欧州諸国の財政危機まで、中国の豊富な外貨準備は各国政府が獲得を望む対象となった。[19]二〇一〇年において、中国とＡＳＥＡＮは正式に自由貿易協定を発動させた。欧州、アメリカ、中南米の新興国家から中東、アフリカまで、中国の資金は全世界で最も大きな投資元のひとつとなっている。それゆえ、中国資本は積極的に各国の企業を買収し、産油国や新興国家に大量に投資し、中国に成功裏に各国政府との友好関係を創出させている。経済力や交易能力のほかに、中国はさらに文化の輸出も開始しており、それによって国力の総合的な向上を目指している。全世界に設立された孔子学院はその一例である。[20]事実上、二一世紀において、中国が世界で政治に参加する能力を急速に蓄積している中で、我々はＧ20およびＧ2といった世界会議の形成からその一端を見ることができる。中国は次第に新興国家のリーダーという姿勢で、積極的に国際組織の事務に参加するようになり、またその中で発言権や対等に交渉する能力を掌握し、中国が西洋式の民主化発展路線を採る必要はなく、独自に人類社会発展のモデルになれることを証明しようと企図している。

五、中国発展モデルの懸念

しかしながら、中国は台頭を続け、かつ積極的に外に向けて勢力を拡大させているのと同時に、中国の将来的な発展は依然として多くの不確定性に直面している。中国の権威主義的な国内政治制度や、経済発展の不平等性は、社会動乱を生み出し、それは自然環境の破壊と相まって中国の前途に影響を与えており、また国際的な地域の安定にも脅威となっている。例えば、中国の国内政治の側面では、二〇一二年末の中国共産党第一八回大会で権力の移行が行われ、新たな国家主席がその任に就く。しかし、深刻な権力闘争も発生しており、重慶市委員の薄熙来が粛清に遭い(22)、それにより中国政治の重要人物の深刻な腐敗という事実も明らかとなった。人権派の弁護士・陳光誠が、映画のストーリーのように、二〇一二年四月にアメリカの駐北京大使館に逃げ込み、政治的な保護を求めた事件は、中国の人権問題の深刻さをよりはっきりと示した。経済面においては、高度成長の下での貧富の格差や、地方有力者の経済の独立性などがある。社会面では、分配の不平等が大規模な衝突を招き、市場には劣悪な商品が溢れている。中国は世界で分配が最も不平等な国家のひとつであり、上位二〇パーセントの人口が国家全体の半分を超える富を抱えており、下位二〇パーセントの人口はただ国家全体の四・七パーセントの富を有するのみである（Papin、二〇一〇、五〇）。中国の総理・温家宝が二〇一二年三月に公に示したように、現在の中国は分配の不平等や生存環境の破壊、人口の高齢化、公正性の喪失、汚職と腐敗といったものに直面している。これらの問題を有効に解決できるか否かは、中国が安定的に発展できるかを決定する重要な条件である。そして、中国の安定的な発展如何は、東北アジアの地政学秩序の再編と変化を左右し、また国際情勢の安定性にも影響を与える。

図2：自由の家の民主化地図（21）

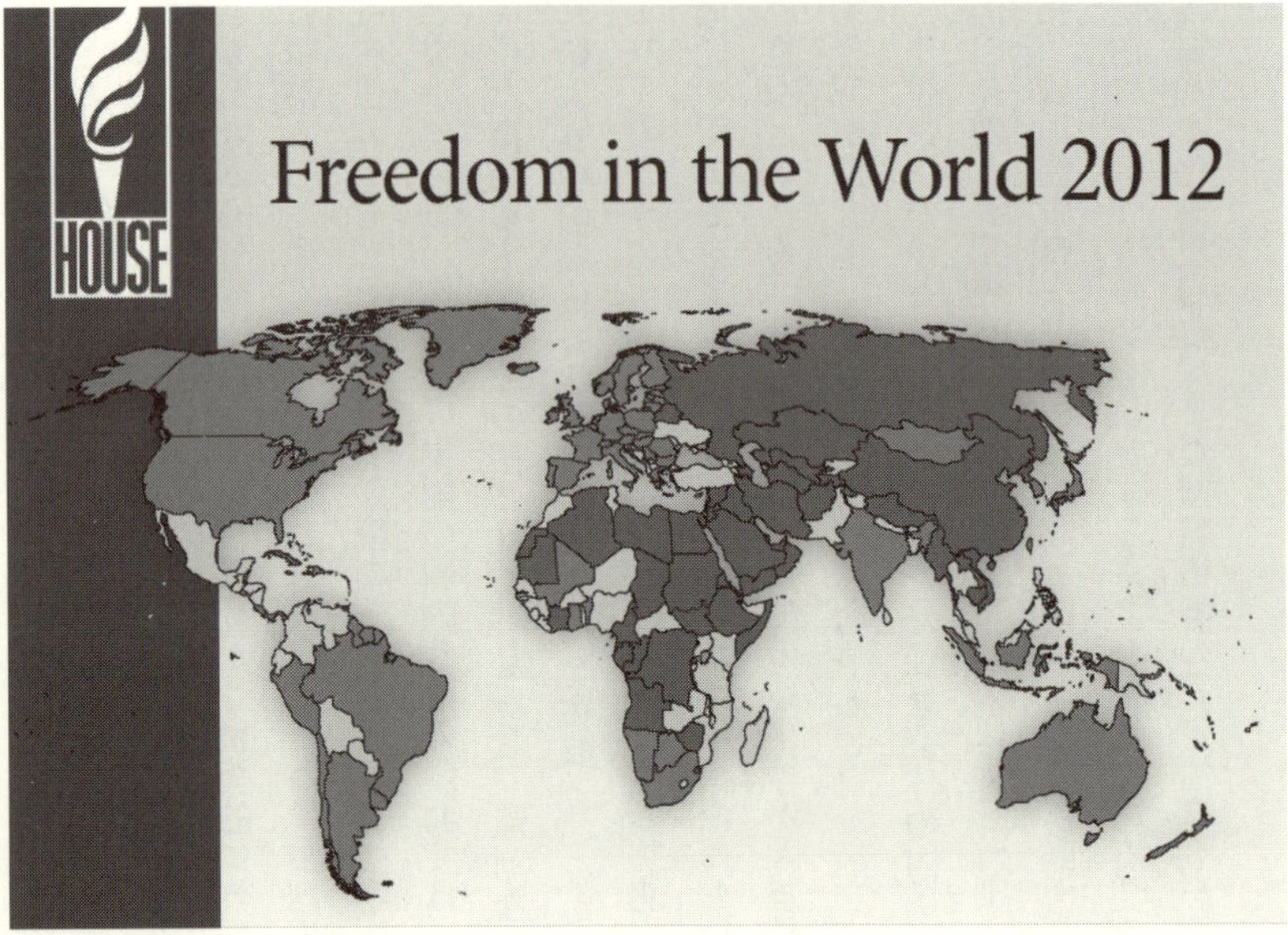

おわりに
——非典型的な地政学上の平和の維持

次第に強大化してはいるが、内部に深刻な問題を抱える権威主義の中国に対し、二一世紀の東アジア地域の安定は依然として各強国の権力の平衡に拠っている。様々な情勢が交錯する東北アジアにおいて、権威主義的な中国の台頭は地域の平和について人々が最も憂慮する要素となっており、台湾と中国の関係の発展も地域の平和維持に影響を与えている。世界第一位の強国アメリカ、人口が世界第一位の中国、第三位の経済大国日本に対し、台湾が唯一比較できるものは、国際的な孤立と中国の脅威の下で確立した民主制度のみである。台湾の民主化は、華人世界では第一位であり、平和の保証でもある。現在のアジア太平洋地域における深刻な紛争の中で、権威主義制度が造り出す不透明性と抗争は、常に重大な論争の所在となっている。新たな地政学の情勢において、権威主義の中国の台頭は、台湾のみが面と向かって挑戦しているのではなく、日本、アメリカ、韓国、東南アジア、および全世界がすべて同様に対面しなければならない新たな局面なのである。台湾海峡の両岸の事象は、台湾と中国の事象であるばかりでなく、日本と韓国の輸送の生命線にも関わる、重要な国家安全上の問題なのである。台湾の独立性の消失と両岸の軍事力バランスの喪失は、地域全体に厳重な衝撃を与え、さらに地域間のすべての政治・経済主体に関わるのである。価値観という地政学の観点から言えば、民主が繁栄する台湾は東アジアの権力の消長について大きな、かつ重要な役割を担っているのである。

二一世紀における新たな国際関係の中には、グローバル化の問題があり、例えば環境問題、南北の発展格差の問題、国際金融問題、公共衛生問題、伝染病の問題などは、人類社会全体が共同で参画してはじめて解決の道を見つけられるものなのである。しかし、本論で述べたような地政学の本質的な競合の問題もあり、それは各国家と各政治勢力の国家利益および地域の将来的な発展という見方に関連して論争を引き起こすのである。中国が勢力を拡張しようとする中、台湾はアメリカ、日本、およびその他の地域内の同志が関心を持ち、かつ公平に応対する対象となり、それによって積極的に地域の安定に関与しなければならない。台湾海峡と東アジア地域の地政学の安定は、世界各国、とりわけ台湾、アメリカ、日本、中国の共同の関与と擁護によって、はじめて維持し続けられるものなのである。目下の東アジア地域の地政学の情勢は、戦争の形態ではないが紛争に満ちた「平和」という状態である。「欧州連合の平和」に類似した道を確立しようとすることは、やはり遥か遠い目標だが、しかしこの「非典型的な地政学上の平和」というものは、依然として地域全体の中で最大の共通認識と共同利益の所在でもあるのだ。

参考文献

Boniface P., Védrine H. 2010. Atlas du Monde Global. Paris:Éditions Armand colin fayard.

Brunet Roger. 1992.Les mots de la géographie. Paris : GIP-RECLUS & La Documentation Française.
Brzezinski Z. 1997. The Grand Chessboard. New York : Basic Books.
Chaliand Gérard Rageau Jean-Pierre. 1994. Atlas Stratégique Géopolitique des nouveaux rapports de forces dans le monde, Paris : Éditions Complexe.
Duroselle Jean-Baptiste.1992. Tout Empire Périra théorie des relations internationales. Paris : Armand Colin.
Goblet Y. M. 1955. Political Geography and the World Map. London : George Philip and Son Limited.
Gresh A., Radvanyi J., et al. 2006. L、Atlas du Monde diplomatique. Paris : Armand Colin Editeur.
Lacoste Yves. 1976. La géographie ça sert d、abord à faire la guerre, Paris : Maspero.
LACOSTE Yves.1995. Dictionnaire de Géopolitique. Paris : Flammarion.
Papin D., Giblin B., et al. 2010. 50 fiches pour comprendre la géopolitique. Paris : Bréal.
Rosière Stéphane. 1993. Géographie Politique et Géopolitique, Paris : Ellipses.

【注】

（1）「艦隊の太平洋駐留、アメリカ海軍の重心はアジアに移った」、『自由時報』、二〇一二年六月三日。

（2）アリストテレスの運命論の論点は、今日の学者のものとはまったく異なっているが、しかし彼は自然地理学と政治権力の連関関係を開拓した（Martin Ira Glassner、一九九六、一二）。蕭全政らもまた、台湾のアジア太平洋における戦力を論じる中で同様のことを述べている（蕭全政、李文志、許介鱗、一九九一、五）。

（3）キッシンジャーはアメリカの政治家が再度地政学を外交思考に導入したことを象徴する最初の人物である。

（4）〝China、s 2011 FDI hits 116.01 bln USD.〟2012. 〝Xinhuanet〟In http://news.xinhuanet.com/english/china/2012-01/18/c_131366513.htm. Latest update 10May 2012.

（5）〝The World Factbook.〟2012. 〝CIA Website〟In https://www.cia.gov/library/publications/the-world-factbook/geos/ch.html. Latest update 10May 2012.

（6）〝Trade in Goods with China.〟2012. 〝Census Bureau, United States〟In http://www.census.gov/foreign-trade/balance/c5700.html. Latest update 11May 2012.

（7）曾復生、二〇一二年、「米中貿易戦争開始の潜在的な原因」、『国政分析』、一〇一、20。

http://www.npf.org.tw/post/3/10510、2012/5/11。

(8)「米中貿易戦争の硝煙の濃さ」、二〇〇九、『天下雑誌』。

(9)「我が国の主要な貿易地の輸出について」、二〇一二、『經濟部統計處』。http://2k3dmz2.moea.gov.tw/gnweb/Indicator/wHandIndicator_File.ashx?type=pdf&report_code=DC02、2012/5/11。

(10)「二百人のフィリピン人が中国に黄岩島からの退去を叫ぶ　民間団体が中国の駐フィリピン大使館前でデモ」、二〇一二、『中国時報』、http://news.chinatimes.com/mainland/11050506/112012051200185.html、2012/5/12。

(11)「アメリカ軍のオーストラリア駐留に対し中国が理由を訊ねる」、二〇一一、『自由時報』、http://www.libertytimes.com.tw/2011/new/nov/17/today-int5.htm、2012/5/12。

(12)「オバマ大統領 米日の軍事協力を強化」、二〇一二、『旺報』、http://news.chinatimes.com/focus/501011064/112012050200160.html、2012/5/12。

(13)「日韓戦後首簽軍事協定 美日韓三国同盟形成」、二〇一二、『奇摩新聞』、http://tw.news.yahoo.com/%E6%97%A5%E9%9F%93%E6%88%B0%E5%BE%8C%E9%A6%96%E7%B0%BD%E8%BB%8D%E4%BA%8B%E5%8D%94%E5%AE%9A-%E7%BE%8E%E6%97%A5%E9%9F%93%E4%B8%89%E5%9C%8B%E5%90%8C%E7%9B%9F%E6%88%90%E5%BD%A2-075259295.html、2012/5/12。

(14)中国太空軍力 威脅台美」、二〇一二、『世界新聞網』、http://www.worldjournal.com/view/full_news/18392704/article-%E4%B8%AD%E5%9C%8B%E5%A4%AA%E7%A9%BA%E8%BB%8D%E5%8A%9B-%E5%A8%81%E8%84%85%E5%8F%B0%E7%BE%8E?instance=in_bull、2012/5/12。

(15)「中俄空前軍演 向美日示威」、二〇一二、『蘋果日報』、http://www.appledaily.com.tw/appledaily/article/international/20120423/34178972、2012/5/12。

(16)筆者作成。

(17)「中米の戦略経済対話　ヒラリー・クリントンが人権を促す」、二〇一二、『自由時報』、http://www.libertytimes.com.tw/2012/new/may/4/today-int8.htm、2012/5/11。

(18)「中国が欧州議会のチベット問題に関する決議案を非難」、二〇〇九、『ＢＢＣ中文網』、http://news.bbc.co.uk/chinese/trad/hi/newsid_7940000/newsid_7942600/7942662.stm、2012/5/9。

(19)蔡増家、二〇〇二、「一九九七年のアジア金融危機後における、日本・ＡＳＥＡＮ・中国大陸の相互関係の変遷」、『中国大陸研究』、四五、四：七五－九九。

(20)「分析——孔子学院与「文化入侵」」、二〇一〇、『ＢＢＣ中文網』、http://www.bbc.co.uk/zhongwen/trad/indepth/2010/04/100426_ana_confucius.shtml、2012/5/12。

(21) Freedom House 之民主自由觀察：http://www.freedomhouse.org/sites/default/files/inline_images/FIW%202012%20Booklet--Final.pdf。

(22)「薄熙来事件の衝撃は収まらず　第十八回大会はおそらく延期される」、二〇一二、『中時電子報』、http://tw.news.yahoo.com/%E8%96%84%E6%A1%88%E9%A2%A8%E6%B3%A2%E9%9B%A3%E5%B9%B3-%E6%81%90%E6%8E%A8%E9%81%B2%E5%8D%81%E5%85%AB%E5%A4%A7-213000584.html、2012/5/11。

オバマの「戦略東移」と東アジア国際政治

加々美 光行

一、東アジア国際政治を左右する米国の「アジア戦略構想」——現在のオバマ政権の戦略と二〇年前のクリントン政権の戦略構想の異同

今から二〇年前、クリントン第一次政権下にベーカー米国務長官（当時）は地域安全保障戦略として、「環太平洋共同体戦略構想」（一九九一年一一月於ＡＰＥＣ出席途次、日本国際問題研究所で行った講演）を打ち出した。ベーカー戦略構想の骨子はちょうど二〇年の時間を隔てて、昨年（二〇一一年）一一月中旬のオバマ戦略構想（オーストラリア議会とダーウィン豪空軍基地で行った講話）と酷似している。そのどちらもがアジア太平洋国家である中国を環太平洋共同体（地域安保）戦略の埒外に置いている。つまりそれは中国を主要なターゲットにしていることを意味する。二つの戦略構想の前提になっている事実は、「環太平洋全般の海域においてアメリカが圧倒的な制海権を有している」ということ。

それではまず一九九一年ベーカー戦略構想とは、

（一）地政学的に環太平洋を東西に跨って大きく広がる扇子の形の形をした共同体機構を作る。

（二）この扇子の要（カナメ）に位置するのが米国。扇子の縁（フチ）に位置するのがアジア地域諸国。

（三）この扇子の要から縁まで西に向かって四本の扇子の骨（二国家間同盟）が走っている。中央の基幹となる骨が「日米同盟」。この基幹骨を脇から支える骨が三つ。その一が「米韓同盟」、その二が「米国・ASEAN同盟」、その三が「米豪同盟」、とされた。

その戦略的意図はブッシュ前政権によるイラク戦争の泥沼化による膨大な戦費支出によって、大きな負担を負ったクリントン政権が新たに世界戦略の重点を中東からアジア太平洋に移す必要があったこと。さらに一九八九年天安門事件と一九九一年末ソ連崩壊によって、残された社会主義大国中国に対する抑止、封じ込めが主に求められたことにあった。

今般のオバマ戦略構想はこのベーカー戦略構想の修正新版とも言えるものである。

では二〇一一年一一月時点現在のオバマ戦略構想とはどのようなものか。

（一）環太平洋共同体（太平洋を覆う扇子）としてアメリカ主導のTPP（環太平洋戦略的経済連携協定）を既存のASEANプラス3（日中韓）、ASEANプラス6と別途に設立する。

（二）ベーカー戦略で共同体の扇子の基幹骨をなしてきた「日米同盟」について、オバマ戦略ではその前方防衛線の一部を、沖縄列島からグアムを中心とした（中国外交筋が言うところの）第二列島線まで、東寄りに軸足を移動する。

（三）ベーカー戦略では基幹骨の「日米同盟」を脇から支える副次的骨に過ぎなかった「米豪同盟」について、オバマ戦略構想では沖縄普天間の海兵隊を当初予定で二五〇人、最終的には二五〇〇人、オーストラリアに駐留させるなど「米豪同盟」を強化、深化させる方向を見せている。

(四)ベーカー戦略で副次的骨の一つをなした「米国・ASEAN同盟」に、オバマ戦略構想では米国がより深くコミットすることを目指す。このため、二〇〇五年以来開催されていた「東アジア・サミット」(EAS)が一昨年(二〇一〇年)一〇月ベトナムのハノイで第五回会議が開催された際、米国とロシアをメンバーとして加えることが決定された。ついで翌二〇一一年一一月インドネシアのバリで第六回会議が開催された際、米国とロシアが正式に参加するに至った。それまでのEASはASEAN・一〇カ国に日本、韓国、中国、インド、オーストラリア、ニュージーランドの六カ国を加えた形で開催されていたのである。

今回のオバマ戦略は二つの点で二〇年前のベーカー戦略と共通点を持っている。まず第一にアメリカ国内経済の疲弊からの克服策としてアジア太平洋地域で米国の安全保障面の軍事負担を軽減するため、日本を始めとする同盟諸国に負担の分担(Burden Sharing)をより多く求めることを狙いとする点で共通する。第二に九〇年代以降の中国の軍事的脅威の増大を意識して、これに対するアジア太平洋地域の包囲網を強化する意図を持つ点で共通する。

他方、米国の戦略構想を取り巻く客観状況はこの二〇年間に、国際社会のグローバリズムに起きた大きな変化を反映して、次のような根本的な違いを生じさせている。

第一に、九〇年代初頭の時点では、中国は天安門事件の余波を受けて西側先進諸国から経済制裁を受けている状況にあり、しかもその国力は、経済的にも軍事的にもなお「大国」と言える状況ではなかった。事実、中国自身も一九八九年九月に鄧小平が「自ら力をひけらかさない」(韜光養晦)と述べた。しかし九〇年代以降、中国は歴年九パーセントを超える経済成長を持続し、一九九八年には閻学通、王在邦らが初めて「中国の大国としての台頭」を語り、ついで二〇〇二年から〇三年にかけて鄭必堅が「中国の平和的な大国としての台頭論」を論じた。その後、胡錦濤・温家宝指導部は、再び鄧小平の「韜光養晦」の必要を意識し「平和的な大国としての台頭」（和平崛起）という表現を時期尚早として使用を抑制するようにはなった。しかし中国は二〇一〇年ついに名目GDPで日本を抜いて世界第二位の経済大国となった。さらに軍事力においても、国家予算の一〇パーセントを優に超える軍事費を一九八九年以来連年続けた結果、軍事の大幅な近代化に成功し、今日では軍事大国として登場している。

第二に、九〇年代初頭の発足当初のクリントン政権はレーガン政権以来の財政赤字と貿易赤字の「双子の赤字」を抱えていたが、九〇年代半ばには基本的にプライマリー・バランスを取り戻し一時財政黒字となり、プラス成長局面に入った。一方オバマ政権も政権発足直前の二〇〇八年九月リーマンショックによる金融危機が重圧となってのしかかり、さらにブッシュ前政権のイラク戦争の躓きによる巨額な戦費支出から重い財政赤字を負った。ところが政権発足後もそうした苦境から脱するどころか、二〇一〇年一〇月のギリシャの財政危機に端を発するEU崩壊の危機が世界同時不況の危機を昂進させ、アメリカ国内経済にも高い失業率を始め深刻な不況をもたらして今日に至っている。

全般的に言えばグローバルな国際政治の局面から見ると、明らかにオバマ戦略においては米国の国際政治における主導性が大きく衰弱を見せている。そのため戦略の移行は一時的なものではなく、もはや中東地域の紛争に再介入する余力を米国は持っていない。

こうした状況下にオバマ政権はイラクからの軍事的撤退、アフガニスタン戦争の終結を目指して戦線縮小を行っている。またそれに伴って、安全保障戦略の重点を明確に中東地域からより東方、つまり南アジア、東南アジア、さらに東アジアに移したのである。

ただし地政学的にみると「戦略東移」が形成する地政学的ネットワークはイラク、アフガニスタンの戦線を一方的に放棄するものではない。まず二〇一〇年一一月にオバマが訪印して、中東に通じる地理的回廊の入り口に位置し、かつ中国に肩を並べる大国として急速に台頭しつつあるインドと「戦略対話」を開始した。さらにオバマはこの訪印の直後に、今度は最大のイスラム教国として中東に通じるインドネシアを訪問し、「全面的なパートナーシップ」の関係を樹立した。その後も米国はこの二国を、新たに台頭する大国として外交的な働きかけを強めている。さらに近年経済的台頭が著しくかつ南シナ海の西沙・南沙諸島の領有をめぐり中国としばしば対立するベトナムとも関係を強化している。具体的には二〇一〇年七月、ASEAN地域フォーラム（ARF）においてクリントン国務長官は南シナ海におけるベトナムの立場を支持するとの明確な態度表明を行ったのである。

こうしてオバマの「戦略東移」は従来にないほどに対中包囲網を強めたものになったのである。当然中国国防当局はオバマのこの戦略移行を「戦略東移」と呼んで警戒感を露わにしている。[1]

むろん中国は二〇年前のベーカー戦略以来の米国の対中包囲戦略に手を拱いていたのではない。以下ベーカー戦略からオバマ戦略に至るまでの中国の安保戦略と、そのアジア地域への影響を見てゆこう。

二、中国戦略構想の原点

中国は一九九〇年代、ベーカー戦略が提起されて数年後には、既にその戦略に対処する政策を講じていた。具体的には、一九九四年を境に外交安保政策を転換し、それまでの外交安保のベクトルの中心軸をなしていた太平洋への方向、すなわち中国からみれば東方に向いた対米対抗的な安保戦略を一新して、西方へのベクトルすなわち内陸アジアさらにはユーラシア大陸の方向に向いて、間接的に米国を牽制しつつ、基本的には対米融和を外交原則に採用したのである。

米国が対中包囲網を形成しようとする時に、中国がこれと真っ向から対決するのではなく、逆に対米宥和外交を目指したのは何故か。

基礎的なことだが、第一には当時、天安門事件直後の欧米先進諸国の経済制裁を被りつつ、なおグローバルな戦略志向によって「南方視察講話」を通していっそうの「開放改革」政策を展開していた鄧小平がなお存命であったこと、第二には一九八九年の天安門事件直後から鄧小平の名指しで後継に任じられていた江沢民が、理工系の出身で米国の先進的な科学技術に目を向け、孫をハーバード大学に留学させるなど知米派として知られていたこと、の二点が上げられる。

中国のユーラシア外交は一九九四年四月の李鵬の中央アジア歴訪によって幕を開けた。さらに一九九六年四月中国の招きでロシア大統領のエリツィンが訪中した際、「上海ファイブ」が中国、ロシア、カザフスタン、キルギス、タジキスタンの五カ国の間で結成された。その直後一九九六年七月には江沢民が中央アジアを歴訪し、「上海ファイブ」の基盤固めを行った。さらに二〇〇一年六月この「上海ファイブ」にウズベキスタンを加えて名称も「上海協力機構」に変えて発展的再組織化がなされた。その直後の二〇〇一年の「九・一一」同時テロの発生により米国ブッシュ政権の「反テロ」戦争がイラク、アフガンを中心に展開されるようになると、米国は中央アジア諸国の空軍基地を使用して内陸側からアフガンを空爆する必要に迫られ、上海協力機構を通じて基地使用権の認可をとるため、接近せざるを得なくなったのである。

こうした背景が働いて二〇〇二年九月には江沢民が訪米し、対米関係は大幅に修復されるに至った。米国もまたそれまでの対中包囲戦略を次第に改めていった。

その一方この間、一九九五年七月にはブルネイで開催された第二回ASEAN地域フォーラム（ARF）で、中国政府は「新安保観」を提起して、それまでのゼロサム的観点を残す対決型安保観を一新した。その要点は①内政と外政の連動性の強調、②軍事・非軍事の総合安保、③多角的「共通利益（WinWinの関係）」の強調の三点に及ぶ。

これを基礎として中国はまず一九九六年にASEANとの全面対話を開始、さらに南アジア、アフリカ、ラテンアメリカとの外交を徐々に展開、そしてついにそうした外交を基礎として、一九九七年一〇月末には江沢民自らの訪米が実現した。クリントンもこれに応えて一九九八年六月に訪中したのである。

こうした一方、中国は一九五九年以来、長く国境紛争をめぐって友好関係を築けずにきた対インドの関係改善に乗り出す。

まず二〇〇〇年一月中国自らが「環インド洋地域協力連合（IOR－ARC）にオブザーバー加盟を果たし、中印関係の改善に乗り出した。ついで二〇〇二年九月国連総会のサイド・ミーティングで露中印の三カ国外相が会談し、「モスクワ—北京—デリー戦略的トライアングル構想」の前進に合意した。この構想の原型は一九九八年にロシアのプリマコフ外相が提起したものだった。

さらに二〇〇三年六月バジパイ・インド首相の訪中を機会に、「中印両国関係の原則及び全面協力宣言」の調印。インド政府としてチベット自治区の中国領有を確認、インド領内での亡命チベット人による反中国的活動を容認しないことを言明した。二〇〇五年四月には温家宝首相が訪印し、「中印共同声明」に調印して、両国のパートナーシップを確認している。最終的に二〇〇五年七月インド・パキスタン・モンゴル・イランの四カ国が「上海協力機構」にオブザーバー加盟し、中国の中央アジア、ユーラシアに向かう西向きベクトルの外交安保戦略は、南に下って南アジア、中東にまで及ぶものになったのである。

とは言え、こうした中国の新たな外交戦略は、決して対米対決的なものであったわけではない。むしろ中国は新たなユーラシア外交、対インド外交を通じて、それを背景に一九九五年の「新安保戦略」をいっそう実効あるものとし、さらには二〇〇四年九月の第一六期四中全会以降に強調されるようになった「和諧社会」の原則を内政だけでなく外交安保戦略として、とくに対米外交の戦略に採用して行くようになった。

三、米国の対中抑止と中国の対米抑止

二一世紀に入って、中国の海洋戦略における対外拡張路線がしばしば取り沙汰されている。南沙・西沙諸島をめぐるベトナム、フィリピンなど近隣諸国との摩擦。スカボロー礁（黄岩礁）の領有をめぐっては中国海軍の艦船とフィリピンの艦船とが睨みあう状況も生まれている。さらに二〇一〇年九月には尖閣諸島沖での中国漁船と日本海上保安庁の巡視船との衝突事件。さらに東シナ海の公海上での中国海軍艦艇と日本側艦艇との摩擦などを生んだ。

明らかに中国は海洋戦略上、対米関係における抑止力の不均衡（アンバランス）を強く意識している。日本列島から沖縄列島にかけての第一列島線から、グアム島を中心とする第二列島線を超える海洋進出へと、要求がエスカレートしているのもそこに原因する。前述したように太平洋の制海権は圧倒的に米国に握られている。米国海軍が常時、中国大陸の近海に自由に艦艇を展開できるのに比べて、中国海軍は到底米国本国の西海岸に自国艦艇を展開できない。さらに一九九六年から一九九七年にかけてのナイ・イニシアチブによる日米安保の再定義以来、米国が日本を中心として太平洋海域に保有し配置増強してきた防衛ミサイル網（MD）を考えねばならない。MDの主たる対象が北朝鮮であるよりは中国であることは明らかだった。

中国はＭＤとの対抗上、海軍力の増強と自国東海岸に弾道ミサイルを配備しさらに巡航ミサイルを展開させてきたが、それがまた米国の二〇一一年版「中国に関する軍事安全保障年次報告書」に見られるような、対中警戒感を高めたのである。

むろん中国の海軍力の増強、ミサイルの配備は対米対抗戦略のためだけではない。中国の高度成長路線が、とりわけエネルギー資源に対する貪欲なまでの欲求を誘発しており、これが海底資源をめぐって東シナ海、南シナ海において「領海問題」を引き起こし、しばしば近隣諸国との深刻な摩擦を呼ぶ結果になっていることも、中国の海軍力の増強の背景にあると言える。

中国は江沢民時代の一九九五年以来、対米宥和原則を打ち出していながら、このように他方で着実に対米抑止力の増大を急速に図っていて、それはオバマ政権登場の二〇一〇年以降も対米戦略として継続されていたのである。

それでは中国の対米宥和戦略は撤回されたのか。とりわけ二〇〇四年以後、中国が「和諧社会」の原則方向を打ち出し、それを内政だけでなく外交安保にも適用するとして、対米的に「Ｗｉｎ・Ｗｉｎ」の関係を追求してきた中国は、オバマ政権のこの転換による新たな事態にどう立ち向かおうとしているのか。

オバマの二〇一一年一一月の新戦略が登場する直前、政府外交ブレーンの一人で穏健路線への転換を主張する米中関係の外交専門家の王逸舟（北京大学国際関係学院副院長）は、『創造性介入』と題する著書を北京大学出版会から出版し、また同月一六日付け中国誌の『南風窓』（広東）の記者から同書に関するインタビューを受けた際、「創造性介入」の意義について概略次のように述べた[2]。

「中国が国際社会において、平和的大国として台頭することが容認され、また平和的、調和的な世界の実現を、単にスローガンとしてではなく現実的変革力を持って要請し得るには、まずはみずから国内において現在のような非和諧的な矛盾を随所に抱える状況を克服することが先決だ。そうしてこそ、中国はさまざまな国際紛争事件や国際的事案に対し『創造的な介入』を行うことが許される」

このインタビューの時点で王逸舟はなおオバマの対中包囲的な「戦略東移」の全容を知らなかったと思われるが、それでもオバマ戦略の大要は既に摑んでいたはずである。

オバマの「戦略東移」が明確に登場した直後、中国のもう一人の外交ブレーンで米中関係の専門家でもある陶文釗（中国社会科学院名誉学部委員）はより具体的に次のように述べている。

「中国が目指す東アジア共同体は、東アジア・サミット（ＥＡＳ）が今回米国を排除していないように、今後とも排他的に米国を加えないということがあってはならない。それは米国が主導するＴＰＰ（環太平洋戦略的経済連携協定）が中国を排除するものであったとしても、中国としては常に米国を包みいれることを原則とするのである。」（『人民日報』海外版二〇一一年一一月一九日）

王逸舟、陶文釗はともに対米宥和政策、「Ｗｉｎ－Ｗｉｎ関係」の堅持、中国外交における「和諧」原則の順守によって、初めて中国の大国としての台頭が国際社会の中で受け容れられると言うのである。

一方、新華社世界問題研究センター研究員の徐長銀や楊民青あるいは上海国防戦略研究所研究員の趙楚らは、王逸舟や陶文釗と異なる見解を見せている。当然非軍事的な外交面の対応が必要なだけでなく、一定の軍事的対応も必要となると論じている。この点でかれらの観点は王逸舟や陶文釗と比べてより対米対抗的と言わねばならない。(3)

おわりに

中国は一九九〇年代以後、年率一〇パーセントに近い高度経済成長を実現し、この経済力をもって軍事の近代化も成し遂げ、さらには国際社会での政治的・経済的な大国としての発言力、影響力を高めてきた。今日、欧米・日本などの先進諸国が厳しい財政悪化と不況に苦しむ中で、ひとり中国が高度成長を維持する限り、その国際的影響力はいっそう高まると言える。

しかしながら中央政府、地方政府の巨額な公共投資、財政投融資によるインフラ建設や企業誘致を促進剤とした高度成長は、中国の経済構造を「高貯蓄、低消費」の方向に導き、ひいては消費分配における公平性の欠落から、貧富の地域間格差、民族間格差、産業間格差、環境破壊を引き起こしてきた。この結果、中国社会には、農民紛争、労働争議、住民紛争、民族紛争などを全国各地に多数頻発させてきた。このため中国は今年三月の全人代で温家宝報告は、経済成長の目標値を従来の八パーセントから七・五パーセントに引き下げるとしてこれからは経済の量的成長よりも質的成長を重視するとした。けれどもそれも中国の経済の将来予測が下方修正されるにともなって、高成長政策の維持の必要から二ヶ月後の五月には成長目標値は再び八パーセントに引き戻された。

そこには「世界の工場」と呼ばれた中国の製造業が世界不況の影響から、輸出の不振によって成長の限界にあるという背景がある。この点、中国は既に十分把握しており、二〇一一年一〇月一五日から一八日まで開催された中共六中全会が、政策転換を目指すものとして新たに「文化事業、文化産業」の育成に政策の重点を移すとする「決議」を採択していた。つまり成長を支える部門として製造業からより多く第三次産業にシフトする政策にほかならない。

つまりそれは「ハード・パワー」から「ソフト・パワー」への転換を図るものと言ってよい。もしこの転換が成功するなら、中国の高度成長による極めて強いエネルギー資源の消費も軽減して、その分海洋における領海をめぐる摩擦も軽減すると思われる。目下のところその行方については即断することは出来ない。

最後に第二次大戦後、今日に至るまで長きにわたって、アジア太平洋地域の安全保障を左右し続けてきた台湾海峡両岸の問題について触れておく。

二〇一一年九月、オバマ政権は新型Ｆ16戦闘機の台湾への売却を中止するという決定を行った。むろんそれは対中関係を考慮してのことだったと考えられる。ところが本年四月末、オバマ政権は突如、中台間の新型戦闘機の配備が五対一に近い不均衡を呈していることを理由として、台湾への新型戦闘機の売却を逆転内定したのである。これには二〇一一年一一月のオバマの「戦略東移」への転換が大きく関わっていたと見なければならない。

台湾の馬英九は二〇一二年五月二〇日の総統就任演説で、海峡両岸関係を「一国両区」（一つの国家、二つの地方）の関係にあると述べた。これは台湾を大陸から独立した政体ととらえる民主進歩党を始めとした独立論派とは一線を画した議論だ。米国政府はこの間、独立論派に与せず、海峡両岸関係が安定的に推移することを望むとの意向を一貫して明らかにしている。馬英九も今まで両岸関係を平和裏に発展させて来たし、これからもその基本方針に変更はないとしている。米国はこのような両岸関係を前提としながら、なおかつ同時に対中抑止力として新型戦闘機の台湾への売却を内定したのである。

【注】

（1）呉心伯「論奥巴馬政府的亜太戦略」『国際問題研究』二〇一二年第二期。

（2）王逸舟『創造性介入——中国外交新取向』北京大学出版社、二〇一一年一一月。

（3）趙楚「評論称美国新軍事戦略不是対華冷戦開端」『新華軍事』二〇一二年一月一九日、楊民青「美国新戦略対中国的威脅」『新華国際』二〇一二年三月一五日、徐長銀「応対美国戦略東移——以両手対両手」『新華国際』二〇一二年三月一四日。

両岸関係の進展の光と影
――平和協定をめぐる中国と台湾の攻防

松本はる香

はじめに

近年、中国の胡錦濤政権と台湾の馬英九政権との間で、経済関係を中心とした海峡両岸交流が急速に進展してきた。二〇〇八年六月には、暫時凍結状態にあった海峡両岸関係協会と海峡交流基金会の代表会談が一〇年ぶりに再開した。また、交流の深化にともなって、当初、経済分野にのみに限られてきた両岸対話の議題は、将来の統一問題を見据えた政治分野にまで及ぶ可能性も出てきた。二〇一二年一月には台湾の総統選挙において国民党の馬英九が再選されたことによって、海峡両岸対話が継続する見通しが強くなった。また、二〇一二年の秋以降、第一八回中国共産党大会から翌年三月の全国人民代表大会を経て、政権移行期を迎えた中国では、新たに習近平政権が誕生した。

本稿では、海峡両岸関係の歴史を踏まえた上で、両岸対話の再開に焦点を当てるとともに、最近、中国政府が台湾側に対して積極的な推進を呼び掛けてきた平和協議や平和協定の実現について、主に中国側の立場を主眼として分析を行う。それとともに台湾が置かれている状況や問題点等についても論じる[1]。

一、海峡両岸関係の歴史概観

海峡両岸関係を歴史的に概観すれば、一九七九年の米中国交正常化の年に、中国側が「台湾同胞に告げる書」[2]のなかで、中国統一の実現と、海峡両岸の「三通」（通航、通商、通信）の実施を呼び掛けて以来、台湾側は蔣経国政権下で「三不」（交渉せず、接触せず、妥協せず）政策の立場を取ってきた。長年、中国と台湾は事実上「分裂国家」の状態が続いていたため、両者には外交ルートが存在してこなかった。だが、それでもなお両者の人的往来や経済交流は限定的ではあったが徐々に進展した。たとえば、一九八七年七月の台湾における戒厳令解除以降は「三不政策」の形骸化が進み、同年一一月には台湾人の親族訪問目的の中国大陸渡航が限定的に許可された。さらに、一九九〇年代初頭には、李登輝政権下で台湾からの商用・観光目的の中国訪問も解禁された。当時、中国と台湾の互いの地に大使館を通じた外交ルートが存在しないため、特に、台湾人のビザ業務や中国大陸における安全確保等の事務処理等を行う必要が出てきた。このため、一九九一年には両者の実務関係の調整機関として、中国側には海峡両岸関係協会（会長汪道涵［元上海市長・中国共産党顧問委員会委員］）が、台湾側には海峡交流基金会（理事長辜振甫［工商協進会理事長・国民党中央常務委員］）が設置された。一九九三年四月には初の代表による汪道涵＝辜振甫会談（汪辜会談）が実施された。両会は形式的には民間団体という位置づけであったが、実質的には双方の政府当局関係者が送り込まれ、両岸の交流窓口としての機能を果たすことになったのである（参考①参照）。

中国と台湾の会談のよりどころとされてきたのが「九二年コンセンサス」（九二共通認識）、すなわち「『一つの中国』

参考①：海峡両岸実務協議の歴史的経緯と主な出来事

1993年 4月	第1回汪辜会談（於：シンガポール）
1995年 1月	江沢民が「江八点」を提案
1995年 4月	李登輝が「李六点」を提案
1995年 6月	李登輝が米国コーネル大学訪問　→※汪辜会談凍結
1995年 7月	中国が東シナ海公海上でミサイル発射訓練を実施
1996年 3月	台湾初の直接民選総統選挙で国民党の李登輝が当選
1996年 3月	中国が台湾近海でミサイル発射訓練・海・空軍軍事演習を実施
1997年 2月	鄧小平死去
1997年 7月	香港返還
1997年10月	江沢民が訪米、クリントン大統領と会談
1998年 3月	ジョセフ・ナイ元国防次官補が「三不政策」の論説を『ワシントン・ポスト』に寄稿
1998年 6月	クリントン大統領が中国を訪問、江沢民と会談、「三不政策」を発表
1998年10月	第2回汪辜会談（於：上海）。辜振甫が江沢民、銭其琛と会談（於：北京）
1999年 7月	李登輝が「二国論」を提起　→※汪辜会談再凍結
1999年12月	マカオ返還
2000年 3月	台湾の総統選挙で民進党の陳水扁が当選、政権交代
2001年 1月	陳水扁政権が「小三通」を開始
2002年 8月	陳水扁が「一辺一国」を提起
2003年 1月	中国と台湾の間に春節直行チャーター便が初就航
2004年 3月	台湾の総統選挙で民進党の陳水扁が僅差で再当選
2005年 1月	海峡交流基金会理事長の辜振甫死去
2005年 3月	中国が「反国家分裂法」を制定
2005年12月	海峡両岸関係協会会長の汪道涵死去

の定義については、中国と台湾それぞれに不同な点があることを互いに認知すべきであること」（「一個中国各自表述」）であった。元来、「九二年コンセンサス」の発端は、一九九二年一〇月に海峡両岸関係協会と海峡交流基金会が、翌年四月に予定されていた両岸トップ汪辜会談の開催に向けて香港において事務協議を行った際、台湾側からこの趣旨の提案がなされたことにある。これに対して、同年一一月に中国側から「海峡両岸の事務的な協議においては、『一つの中国』の政治的意味や定義の問題には踏み込まない」という回答があり、合意に至ったことが伝えられている。(3)

しかし、両岸対話の双方の歩み寄りの立脚点となり得る「九二年コンセンサス」はあくまでも口頭の約束であって、公式的な文書が存在しないことから、あとから改めて様々な解釈を加え得る余地が残された。これは「九二年コンセンサス」の脆弱さとも言えよう。

李登輝政権下で進められた台湾の民主化の過程においては、台湾側は中国との対等な関係を追求し、「一つの中国」の意味合いに曖昧さと解釈の幅を持たせつつ、あくまでも「二つの対等な政治的実体の関係」を築いていくことを目指した。[4] しかし、これは中国側の思惑とは完全に異なるため、両岸の対立が深まっていくことはいわば当然の帰結であった。こうして一九九〇年代初頭に開始した海峡両岸の対話は、一九九五年六月の李登輝総統の訪米以降、一九九六年三月の総統選挙に至るまでの時期、中国の台湾近海におけるミサイル発射や大規模軍事演習の実施といった紆余曲折を経て、一時凍結となった。一九九八年一〇月には第二回汪辜会談の際に、併せて辜振甫と江沢民の会談が実施される等の一時的な関係改善の兆しが見られたが、李登輝の「二国論」の提唱によって、海峡両岸の対話は再び凍結という事態に追い込まれた。

さらに、二〇〇〇年五月の台湾における民進党の陳水扁政権の誕生によって、両岸関係はさらなる停滞期を迎えた。成立当初の陳水扁政権は、中国に対して融和的な政策を取るかのようにも見えた。[5] 二〇〇一年一月には金門島・馬祖島地区と中国福建省の住民の間で「小三通」（通信、通商、通航の限定的開放）が開始された。それにともない、二〇〇三年一月には春節（中国の旧正月の祝日）における両岸の直行チャーター便の初運航が実施されたことを皮切りにして、徐々に直行便の便数が拡充されていった。しかし、陳水扁が提起した「一辺一国」（中国と台湾は「それぞれ一つの国」である）論をはじめとして、新憲法制定や国号改称、「国家統一委員会」や「国家統一綱領」の廃止の可能性等、台湾自らの主権を強く打ち出す姿勢を次々と示したのである。

その一方で、胡錦濤政権下の中国政府は民進党政権発足以降、台湾の独立志向を強く牽制する姿勢を打ち出した。

二〇〇五年三月の全国人民代表大会（全人代）においては、台湾独立に対抗するための「反国家分裂法」が満場一致で可決・成立した。「反国家分裂法」には、統一を実現するために、台湾が中国から分裂することを許さず、分裂が現実となった場合には非平和的手段を含む必要な措置を採らなければならない、という台湾に対する軍事力行使を立法化する内容が含まれている。これにより海峡両岸双方の亀裂は決定的となった。

二、国民党の与党復権と海峡両岸交流の再開

（一）馬英九の台湾総統就任と「九二年コンセンサス」

二〇〇八年五月に国民党の馬英九が台湾総統に就任した後、中国と台湾の交流は一気に加速した。同年五月二〇日の台湾における第一二代総統就任式において、馬英九新総統は両岸関係に関して「『統一せず、独立せず、武力行使を許さず』の理念に立って台湾海峡の現状を維持する。一九九二年に両岸は『一個中国各自表述』のコンセンサスに達した。この『九二年コンセンサス』の基礎の上に、一刻も早く協議を再開するように改めて表明する。…（中略）…これからわれわれは大陸と台湾の国際空間や両岸の平和協定について協議を進めていなかなければならない。台湾は安全、繁栄だけではなく、尊厳を求めている。大陸が国際社会において台湾に対する圧力をやめてこそ、初めて両岸関係が安定して前向きに発展できる…（中略）…両岸は海峡と国際社会において和解休戦しなければならない[6]」と演説した。

馬英九は総統就任演説のなかで選挙戦中に掲げてきた、いわゆる「新三不政策」（統一せず、独立せず、武力行使を許

さず）を改めて強調するとともに、自らの在任中は両岸関係の現状維持をはかることを改めて明言した。さらに、「九二年コンセンサス」に基づいて両岸の協議再開を呼び掛けるとともに、平和協定の締結を目指すことを示した。

なお、馬英九の正式な総統就任を前にして、二〇〇八年四月一二日には蕭万長（両岸共同市場協会理事長）が、四月三〇日には連戦（国民党名誉主席）が相次いで中国を訪問して胡錦濤と会談を行った。さらに、総統就任後の五月二六日には呉伯雄（国民党主席）が中国を訪問した。同月二八日に北京の人民大会堂において共産党と国民党の現党首という立場で会談を行った胡錦濤と呉伯雄は、「九二年コンセンサス」に基づいて、凍結状態にあった海峡両岸関係協会と海峡交流基金会の対話を早期に再開することで一致した。

馬英九総統就任を境にして、両岸関係の人事改編も加速した。台湾側では、同月二六日には国民党副主席の江丙坤が海峡交流基金会の理事長に就任した。さらに、中国側では、六月三日に海峡両岸関係協会の理事会において、国務院台湾事務弁公室主任の陳雲林が新しい会長に選出されるとともに、その後任として、外交部党委書記・元駐日大使の王毅が就任した。やがて六月一二日には、北京において、新たな両岸トップ会談が陳雲林・海峡両岸関係協会代表と江丙坤・海峡交流基金会代表の新体制のもとで開催された。こうして一九九八年以降一〇年間にわたって凍結されていた両岸トップ会談は再開したのである。二〇〇八年から二〇一二年に至るまで、陳江会談は八回にわたり協議が行われてきた（参考②参照）[7]。

（二）「三通」の開始とＥＣＦＡの調印

中国と台湾の交流が加速するなかで、第二回陳江会談以降、二〇〇八年一二月には本格的な「三通」（通信、通商、通航の直接交流）が開始した。これにともない空運、海運における飛躍的な両岸交流の拡大が見られた。特に、空運に関しては、第一回会談によって、中台直行チャーター便が週各一八便、双方合計三六便の週末運航が決定され、第二

参考②：陳江会談の主な協議内容

◎第 1 回陳江会談（2008 年 6 月・北京）：①中台直行チャーター便の週末運行開始、②中国大陸からの観光客の台湾訪問解禁（一日 3,000 人枠）等。

◎第 2 回陳江会談（2008 年 11 月・台北）：①中台直行チャーター便を全日運行へ拡大。海運の拡大、②直接の郵便の往来開始、③食品安全協議等。

◎第 3 回陳江会談（2009 年 4 月・南京）：①中台直行チャーター便の定期便化と大幅増便、②犯罪捜査・司法協力等、③両岸の金融協力協議の相互参入に向けた準備等。

◎第 4 回陳江会談（2009 年 12 月・台中）：①農産品検疫検査の協力、②漁船船員労務の協力、③検査測定基準認証の協力等。

◎第 5 回陳江会談（2010 年 6 月・重慶）：①経済協力枠組み協定（ECFA）調印に向けた最終合意、②知的財産権保護における協力等。

◎第 6 回陳江会談（2010 年 12 月・台北）：①医療衛生協力、②投資保護問題の協議等。

◎第 7 回陳江会談（2011 年 10 月・天津）：①原子力発電分野における安全協力、②投資保護問題の協議の継続と産業協力を強化等。

◎第 8 回陳江会談（2012 年 8 月・台北）①投資保護・促進協定の締結、②税関協力協定の締結、③人身保護問題の協議等。

回会談を経て、週一〇八便の全日運航へと拡大された。さらに、第三回会談によって、直行チャーター便の定期便化と週二七〇便の大幅増便が決定された。その後も、両岸の往来は徐々に拡大されて、二〇一二年には航空直行便が週五五八便運航されるに至り、さらには、二〇一三年三月から週六一六便にまで増便されることが決定した。

二〇一〇年六月二九日には中国と台湾の間で「経済協力枠組み協定」（ECFA: Economic Cooperation Framework Agreement）が正式に調印され、翌年一月に発効された。これを受けて二〇一三年一月までに三段階に分けて関税撤廃が実施されてきている。また、早期収穫リスト（関税引き下げ品目の優先リスト）として、中国側五三九品目、台湾側二六七品目が定められた。二〇一〇年八月には台湾の立法院においてＥＣＦＡの承認と関連法の改正手続きが正式に行われた。国民党がＥＣＦＡを推進する背景のひとつの要因としては、二〇一〇年一月から中国とＡＳＥＡＮ六カ国の間でＦＴＡにおける関税撤廃が本格的に始動したことにより、台湾の貿易が受けるマイナス影響に対する懸念があった。また、台湾側にとっての新たな懸念材料としては、将来、中国と韓国の間でFTAの締結が実現されることになれば、台湾側にとって不利な状況となり、中国からの利益を見込めないといった悲観的な観測もある。

なお、国民党の政策について、民進党はECFAが台湾経済の対中依存を加速させる可能性への強い警戒感を示し、むしろ台湾は周辺地域の自由貿易圏への積極的な参画を進めることによって、経済的利益を得るべきであると主張してきた。また、台湾には中小企業が多く存在することから、台湾における産業の育成や農作物等に打撃を与える可能性にも懸念を示してきた。だが、民進党は経済的な対中依存の危険性に警鐘を鳴らす世論を喚起し続けてはいるものの、経済的利益を台湾にもたらす可能性のあるECFAの推進に反対することは徐々に困難な状況になりつつあるのも事実である。このため民進党もECFAの推進については基本的には容認する姿勢を示している。ECFAが両岸双方にもたらす経済的効果については、いましばらく経過を見た上で今後の検証を待たなければならない。

三、中国と台湾の間の平和協定の将来像

（一）中国政府と国民党系政治家の思惑の一致

当初、中国政府が追求したのはあくまでも国民党系の政治家との接触であった。二〇〇〇年から二〇〇八年の間、胡錦濤政権は、独立志向が強いと見られていた台湾の民進党政権との間に公式的な接触を持つことはなかった。また、当時、二〇〇四年三月の総統選挙に再び敗れた国民党もまた自らの存在感を示すひとつの手段として、中国との

交流を望んだため、国共双方の思惑は合致した。二〇〇五年三月には、連戦（国民党主席）の訪中の実現に向けた準備調整のために、江丙坤国民党副主席を団長とする国民党の代表団が中国の公式訪問を行って、陳雲林・国務院台湾事務弁公室主任との事前協議を行った。その後、二〇〇五年四月には連戦の「平和の旅」と称する中国訪問が実現して、北京において胡錦濤総書記との会談が行われた。さらに、五月には、国民党から分裂した親民党主席の宋楚瑜が中国を訪問して胡錦濤との会談を行った。

胡錦濤＝連戦会談後の共産党と国民党の共同コミュニケにおいては、①「九二年コンセンサス」に基づき、中断している対話再開を促進すること、②敵対状態を終結して、平和協定の締結の促進と、軍事的な信頼醸成措置を構築すること、③「三通」実現等の経済交流の強化、④世界保健機関（ＷＨＯ）参加をはじめとする台湾の国際活動に関する協議を促進すること、⑤国共両党間の定期交流メカニズムを構築すること等の五項目にわたる合意がなされた。これは、馬英九政権が中国との間で進めてきている両岸交流の内容ともほぼ符合することから、同合意内容は国民党の政権復帰後も基本的には継承されたと言える。

このように、中国と台湾の交流がごく限られていた民進党政権時期に、中国共産党政府は主として国民党関係者への接近を開始した。例えば、そのなかには、かつて李登輝総統時代に副総統を務めた後、二度にわたる総統選挙出馬で落選した連戦や、国民党内の分裂を誘引して、民進党が与党として実権を握る要因を事実上作った宋楚瑜等が含まれていた。彼らはいずれも政治的挫折を経て、何らかのかたちで政治的功績を治める機会を模索していた政治家であった。その意味において、当時、中国政府は台湾内部の国民党と民進党の対立に乗じて、政治の実権の蚊帳の外に置かれており、なおかつ依然として政治的野心を持つ保守系の国民党系の政治家を巧みに取り込んで、両岸交流の再開に成功したとも言えよう。当時の中国と台湾の間では、「両岸経済貿易文化フォーラム（国共フォーラム）」（両岸経貿文化論壇）や、「海峡フォーラム」（海峡論壇）等の枠組みを通じて交流が開始した。さらに、国民党が与党となった後もトラック2の枠組みとしての交流が続けられている。

だが、これによって台湾側には将来的に大きな問題が残ることになったことを付言しなければならない。台湾において、両岸交流の再開を主動したのは、あくまでも一部の国民党系の政治家たちであったことから、党派を超えた対話の民意のコンセンサスを得る機会を経ずして、両岸交流の再開が進められてしまったのである。換言すれば、両岸交流のその先に何を見据えるのかといった、民主主義本来の国民的議論が不在のままの見切り発車であった。

(二) 平和協議・平和協定に対する胡錦濤政権の立場

両岸関係をめぐる中国の立場に関して言えば、胡錦濤政権は台湾との平和協議や平和協定の締結の実現を希望する立場を明らかにしてきた。二〇〇七年一〇月の第一七回党大会においては、胡錦濤総書記が、海峡両岸双方が「一つの中国」に属することを認めることを前提とすれば、いかなる台湾の政党とも対話する用意のあることや、「一つの中国」を基礎として、平和の合意を達成して、海峡両岸関係の「平和的発展」の枠組みを構築するべきであるという立場を示した。(8)

また、二〇〇八年一二月三一日、「台湾同胞に告げる書」発表三〇周年記念座談会において、胡錦濤が六項目の提案(いわゆる「胡六点」)を行い、「一つの中国」原則の遵守をはじめとして、経済協力の拡大や実務協議の推進、人的往来の強化と多分野交流の拡大、敵対状態の終結と平和協定の締結等を呼び掛けた。このなかで胡錦濤は重ねて「われわれは『一つの中国』の原則を基礎に、協議によって両岸の敵対状態を正式に終わらせ、和平合意を目指し、海峡両岸関係の平和的発展の枠組みを構築するように呼び掛ける」と両岸の和平合意を目標にすることが掲げられた。(9)

二〇〇九年三月五日の第一一期全国人民代表大会における温家宝の政治活動報告においては、「海峡両岸の政治、軍事問題を検討して、敵対状態の終了と平和の合意のための環境を整えることを願っている」と平和協定の締結を希

望する中国側の立場が再度示された。(10)

さらに、二〇一一年三月には中国国務院新聞弁公室が『二〇一一年の中国の国防』（国防白書）を発表した。同白書は両岸関係について「両岸統一は中華民族が偉大な復興へ向かう歴史の必然である。海峡両岸の中国人は両岸の敵対的な歴史に共同して終止符を打つ責任を負っていて、骨肉の同胞が戦争をすることは極力避けなければならない。両岸は積極的な未来に向けて、条件作りに努力して、平等な協議を通じて、歴史が残した問題及び両岸関係の発展の過程で発生する問題を逐一解決していかなければならない。…（中略）…両岸は一つの中国原則を基礎にして正式に敵対状態を終結させる交渉によって、平和協議を達成しなければならない」という立場を示した。(11)

（三）平和協議・平和協定をめぐる中国人有識者の見解

中国政府は、両岸の平和協議や平和協定の締結の必要性を説いてきてはいるものの、具体的な内容は未だ明らかとなってはいないのが現状である。それでもなお、平和協議や平和協定の将来像に関しては、中国における政府関係研究機関や大学等の複数の有識者が公の場において見解を発表してきている。これらは中国政府の立場を推し量る上での一つの重要な指標となる。そのため、以下ではそれらの見解の要点について簡潔に紹介したい。

例えば、国家発展改革委員会宏観経済研究所の黄藩章は、平和協議の核心的な議題は、台湾が独立を放棄するとともに、中国大陸が対台湾武力行使を放棄することにあると一歩踏み込んで論じている。(12) さらに、平和協議はあくまでも内戦状態を終息させることであり、二国間の戦争を調停することとは性質が異なるとした上で、戦勝国と敗戦国の間の平和協議とは違い、「九二年コンセンサス」、すなわち中国大陸と台湾が一つの国家である中国に属している前提に基づいて、互いに対等な立場で平和協議を行うことが重要であると強調している。

また、厦門大学台湾研究院の陳孔立によれば、近い将来の「両岸関係の平和的発展」のための具体的な行程表は、次の三段階に分けることができる。[13] すなわち、第一段階（二〇〇八～二〇一〇年）は、政治協議の準備として、海峡両岸関係協会と海峡交流基金会の関係正常化、直行便の開始、経済貿易関係の制度化、各種交流の実務協議の進展のための期間である。これらについては既に実行されてきている。また、第二段階（二〇一〇～二〇一二年）は、両岸の政治的対話の開始によって、台湾のＷＨＯ加盟問題やＡＳＥＡＮ＋３（日本、中国、韓国）といった国際組織における活動に台湾がいかに関与していくかについての検討がなされる期間である。現時点では、二〇〇九年には台湾のＷＨＯへのオブザーバー参加が実現した。また、台湾の国際組織における活動に関しては、ＡＳＥＡＮ＋３への参加にまで踏み込んだ議論にまでは至っていないものの、中国とＡＳＥＡＮの間の自由貿易協定（ＡＣＦＴＡ）の実施に伴い、二〇一〇年には中国と台湾の間の関税障壁の撤廃をはじめ、投資や貿易を促進するためのＥＣＦＡが締結された。さらに、第三段階（二〇一二年以降）においては、両岸の平和協議を行うとともに、平和協定の締結によって、両岸の平和発展のための枠組みの構築を目指すとしている。

さらに、中国社会科学院台湾研究所の李家泉は、将来の平和協議の議題として、①台湾の政治的な位置づけ、②「九二年コンセンサス」、③共産党、国民党、民進党等を含む政党関係の在り方、④「一つの中国」原則下における台湾の「国際空間」の問題、⑤中国と台湾の軍事的な信頼醸成措置（CBM: Confidence-Building Measures）の構築、⑥中国と台湾の和解の行程――を挙げている。[14]

また、「中国と台湾の和解の行程」として、初期段階では、海峡両岸関係協会と海峡交流基金会の機能を回復させ、両岸の「三通」を実現させること、中期段階では、中国と台湾の各政党や政治団体の間の交流と協議を進めること、最終段階としては、平和統一の方法について協議を行うことによってそれを実現することが挙げられている。

さらに、中国の新しい提案としてとりわけ目を引くのがＣＢＭの構築である。ここには、中国と台湾双方の軍の敵対状態を解消した上で、台湾軍が独立性を保持したままで、共同で軍事交流や演習を実施するという構想が含まれている。この提案の実現可能性が極めて低いとは言え、最近、中国国内の専門家の間で盛んに議論がなされているのが、両岸の軍事・安全保障相互信頼メカニズム（中国語で「軍事安全互信机制」）の構築の可能性についてである。

これに関して、中国社会科学院台湾研究所の王建民は、両岸の軍事・安全保障相互信頼メカニズムの構築の必要性を主張しており、現段階では同問題を協議することは難しい状況であるという認識を示しつつも、将来的には海峡両岸関係を安定させ、国際社会の共同利益にも繋がると主張する。(15)

以上のように、中国の専門家の間では平和協議及び平和協定の将来像についての具体的な検討がなされてきており、これらの有識者の見方が今後の中国政府の政策策定に影響力を及ぼすこともあり得ることから注目に値する。

四、政治的対話に向けて攻勢を強める中国と選択肢の狭まる台湾

（一）平和協議・平和協定をめぐる中国と台湾の温度差

中国政府は両岸交流の拡大を契機として、平和協議や平和協定の実現を積極的に進める姿勢を見せている。二〇一二年一一月の第一八回党大会の政治報告においては「『台湾の独立』に反対して、あくまでも『九二年コンセンサス』を貫く上での共通の立場を厳守して、『一つの中国』を守ることを枠組みとした共通認識を強め、さらにこれを踏まえて小異を残して大同につくべきである」ことが言及された。このように、共産党大会の政治報告のなかに「九二年コンセンサス」を公式的に盛り込むことによって、同コンセンサスをある種の「呼び水」として、台湾との間に政治的対話の突破口を見出そうとする中国政府の意図がうかがえる。

中国と台湾の交流が再開した当初は両岸対話の議題は経済分野に限られてきたが、最近、統一問題を含めた政治的な議題を俎上に載せようとする中国側の姿勢が強まっている。例えば、ECFA締結の際、台湾の国民党政府は、中国との間で政治的対話や国家主権の問題等には踏み込む交渉を行わない立場を示した。その一方で、既に中国政府は、インターネットを通じて、ECFAが「『一つの中国』と『九二年コンセンサス』の前提の下」で進められている、という趣旨の国内向けの公式発表（中国商務部発表）を行っており、ECFAを足掛かりにして、政治的問題に踏み込もうとする姿勢が垣間見える。

また、両岸関係改善に対する国際社会の評価は非常に高く、中国と台湾の和解を望む声が高まっている。中国が台湾と政治的対話を行うことについて国際社会の支持を得ることは必ずしも困難ではない状況が整いつつある。[16]

その一方で、中国側の攻勢とは対照的に、台湾では中国との政治的対話の実施については未だ機が熟していないという見方が強い。例えば、国民党の馬英九政権第一期発足後、二〇〇八年一二月、海峡交流基金会代表の江丙坤は記者会見のなかで「（現在の中台対話は）台湾の主権問題を棚上げした状態で行っており、政治問題を話し合うのは時期尚早である」と述べた。[17] さらに、二〇〇九年四月、馬英九総統は日本の新聞社のインタビューのなかで「現在のところは平和協定には着手しないが、時機が来たら我々の主張を打ち出す」という趣旨の見解を示すとともに、胡錦濤主席との会談の可能性については「中台関係の発展が台湾の人々に有利になるならば、正当性が出てきて人々の支持を得られる。だが時機はまだ早い」と述べた。[18]

二〇一二年一月一四日に台湾において総統選挙が行われ、国民党の馬英九候補が約六八〇万票（得票率五一・六％）を獲得して再当選を果たして第二期政権が発足した。この結果を受けて当面は中国と台湾の間で両岸交流が継続する見通しが一段と強くなった。だが、台湾における総統選挙結果によって、台湾人の間で対中融和路線が容認されたと見做すのは早計に過ぎよう。例えば、今回の総統選挙戦終盤の二〇一一年一〇月半ば、馬英九は次期総統選挙を間近に控えて、対中国政策に関して「今後一〇年のうちに中国との平和協定を結べるかどうか検討している」と一歩踏み込んだ言及を行った。その結果として、馬英九の次期総統候補としての支持率は急落する一方で、民進党の蔡英文候補の支持率が上昇して拮抗するという事態が起こった。これに関して、総統選挙を目前に控えた時期の台湾では、将来の中国との政治的対話について正面から論じることは与野党候補いずれもタブーとなった。[19] このことが示すように、中国と台湾の急速な接近とは裏腹に、台湾の民意は必ずしも中国との政治的対話に対して賛意を示してはいないのである。以上のような状況を踏まえれば、近い将来、台湾側が直ちに両岸の政治的対話を直ぐさま受け入れることは困難な状況と言えよう。

これに関して、二〇一二年六月末に台湾で開催される予定であった両岸統一学会のシンポジウムが、台湾当局の判断によって急遽中止となった。同シンポジウムの中国大陸の参加者が人民解放軍関係者をはじめとして、中国社会科学院台湾研究所所長等、トラック2の交流が建前であるにもかかわらず、実際には政府を代表し得るハイレベルの参加者で構成される予定であることが判明した。このため、議題が政治的対話の問題に及ぶことに対する強い懸念があったことが指摘されている。[20]

また、馬英九は、二〇一二年一一月の雑誌『亜洲週刊』のインタビューのなかで、「平和協議は最優先事項ではなく、台湾民衆の多くは両岸交流を支持しているものの、両岸交流が早く進み過ぎないことを希望している」と語った。[21]

さらに、最近の馬英九総統の支持率は一〇％台に留まり、低迷していることから、中国との政治的対話に着手するのはさらに困難な状況となっている。

しかし、中国政府は、馬英九の第二期政権誕生に先立ち、総統選挙のキャンペーン期間に中国大陸の台湾系企業の支援策や、投資や中小企業の経済活動の奨励策等を次々と打ち出してきた。当時、中国政府は、独立志向の強い民進党政権が再び誕生することの回避を望んでいたことから、馬英九が当選を果たすための「援護射撃」として一定の影響力を果たしたのである。さらに、中国政府は、二〇〇八年の国民党政権誕生以来、台湾の国際組織への参加を認める等の譲歩の姿勢を示してきた。例えば、二〇〇三年の重症急性呼吸器症候群（ＳＡＲＳ）の流行を契機として、台湾は世界保健機構（ＷＨＯ）の年次総会（ＷＨＡ）参加を強く求めてきたが、中国の反対が原因で長年再三にわたって退けられてきた。しかし、二〇〇九年四月にはＷＨＯが初めて台湾に年次総会へのオブザーバー参加を招請した。同決定の背後には中国政府の後押しがあったのである。

そのような経緯を踏まえれば、近い将来、中国側が見返りを求めるかたちで統一攻勢を強め、政治的対話を本格的に台湾側に求めてくる可能性が高まっている。その一環として、台湾の「現状維持」という前提を中国側が突き崩そうとする可能性もあり得る。近年、統一に向けての中国の攻勢は強まりつつあるなかで、台湾の選択肢は狭まってきていると言わざるを得ない。

（二）台湾にとって「現状維持」は最後の砦となるか

ここでいま一度回顧すべき問題は、一九九〇年代の両岸対話がなぜ膠着状態に陥ったのかという点である。つまるところ、中国と台湾の間の主権問題をめぐる摩擦ゆえに、両岸対話は途絶えてしまったのである。

一九九〇年代半ば、台湾総統在任中の李登輝の米国訪問を契機として、台湾海峡近海における中国側の軍事的威嚇行動が開始した。その間、一九九六年三月には台湾においては直接民選総統選挙が実施された。それは台湾の民主主義の成熟度を国際社会に示した瞬間でもあった。だが、その後、中国側の強い反対や圧力にもかかわらず、圧倒的な得票によって当選した李登輝は、一九九九年七月、自らの強いイニシアティブによる「二国論」を以って台湾の主権を強く主張して中国を牽制したため、両岸交流は断絶状態となった。[22] さらに、次に続く独立志向の強い民進党の陳水扁政権が誕生した後は、中国政府は同政権を両岸交流の相手とは見做さなくなった。政権発足当初、陳水扁は「小三通」の解禁等の実施を試みたものの、後に「一辺一国」の主張に代表されるように、台湾の主権を強調するようになったことから、二〇〇〇年代初頭には中国と台湾の対話は途絶えてしまったのである。

以上のような両岸関係の経緯を踏まえれば、中国政府が台湾をめぐる主権問題で妥協する可能性は今後も極めて低いと言えよう。さらに言えば、「一つの中国」の定義の問題には踏み込むことなしにして、平和協議や平和協定の実現は難しいであろう。

かつて一党支配体制下にあった台湾は、平和的な手段で民主化を達成することのできた稀有な存在であった。またそれゆえに、中国と並んだ際に少なくとも「民主主義の価値観」を有するという点においては、台湾は国際社会において優位な立場にあったのである。しかし、二〇〇〇年代中盤以降、台湾における一部の勢力が主権問題を棚上げのままにして、中国との対話を再開したがゆえに、台湾の存在感が薄れつつある。つまり、本来「民主主義の価値観」という固有の外交カードを持っていた台湾に対する、米国をはじめとする民主主義を掲げる第三国からの支持が低下しているのである。

さらに言えば、そのような状況下において、台湾は中国との政治的対話に応じざるを得ないような状況へと置かれつつある。このような最近の両岸関係の傾向に関して、ブレジンスキーは台湾が中国との間により公式的な関係を持つことを将来は避けることはできないと分析して、「現状維持」が事実上困難になりつつあると予見している。[23]

前述の通り、両岸関係改善に対する国際社会の評価は非常に高く、中国が台湾と政治的対話の実現について国際社会の支持を得ることは必ずしも難しくはない状況が醸成されつつある。しかし、中国側に政治対話を含めた両岸関係改善によって、安定と繁栄がもたらされるといった積極的な側面を強調する一方で、台湾の置かれている現状を憂慮して、米国が台湾へのコミットメントを強化すべきであるといった米国の有識者の論調も最近では見られるようになってきている。[24]

台湾当局はこのような状況を打開するために、「現状維持」を最後の砦として捉えているのかもしれないが、中国と台湾の対話が進展すればするほど、両岸関係の「現状維持」の継続は難しくなっているのも事実である。[25] 馬英九は就任当初に「『統一せず、独立せず、武力行使を許さず』の理念に立って台湾海峡の現状を維持する」と表明した。だが、これに関して中国側には「長期的な両岸の現状維持は不可能である。『三不』の立場は、台湾の政治的な矛盾と統一・独立問題の根本的な解決にはならず、台湾社会或いは両岸関係を長期的安定的なものにすることはできない」といった反論も見られる。[26] さらに、台湾海峡の「現状維持」については「馬英九の両岸政策の基本の『統一せず、独立せず、武力行使させず』という主張は、ある種の「現状維持」の主張である…（中略）…だが、『現状維持』とは相対的なものである」（傍点筆者付記）といった解釈も中国側には見られる。[27] これは、「現状維持」の意味が絶対的ではなく相対的なもの、すなわち、中国側の解釈次第でその内容が修正・変更される可能性があることをも意味しているのである。

おわりに――政権移行期の中国と海峡両岸関係の行方

二〇一二年秋の中国共産党第一八回全国代表大会（第一八回党大会）を経て、中国においては胡錦濤政権から習近平政権への移行期を迎えた。二〇一二年一一月の第一八回党大会における政治報告における、両岸関係に関しては「海峡両岸関係の重要な転換を促し、両岸間の全面的かつ直接的な双方向の『三通』を実現して、両岸経済協力枠組み協定（ＥＣＦＡ）を締結して、さらにそれを実施に移した上、両岸間の全方位的交流の枠組みを築き上げ、両岸関係が平和的に発展する新しい局面を切り開いた」として、これまでの自らの台湾との経済面における関係改善の実績を讃えた。その上で、「国家がまだ統一されていないという特殊な状況下での両岸間の政治関係を検討して、情理にかなった取り決めを行うこと、両岸間の軍事・安全保障相互信頼メカニズムの構築を話し合って、台湾海峡の情勢を安定させること、双方の協議により両岸間の平和合意を達成して、両岸関係の平和的発展の新たな展望を切り開く」と言及した。(28)

また、「台湾のいかなる政党にしても、『台湾の独立』を主張せず、一つの中国を認めるかぎり、われわれは彼らと交流、対話、協力したいと望んでいる」として、近い将来の野党民進党の政権交代の可能性も視野に入れて、同党との公式的な接触の扉を閉ざすことはないという立場を示した。(29) 確かに、最近の中国政府の民進党関係者に対しても柔軟な姿勢を見せるようになってきている。二〇一二年一〇月には、陳水扁政権下で行政院長経験のある、元民進党主席の謝長廷が中国を訪問した際には国務委員の戴秉国や、台湾事務弁公室主任の王毅、海峡両岸関係協会代表の陳雲林等との会合が持たれた。(30)

第一八回党大会の政治報告の内容からは、習近平政権が基本的には胡錦濤が進めてきた台湾との関係改善を引き続き進めていこうとする中国側の意図が読み取れる。これによって、当面の間は海峡両岸交流の発展が一応のところ見通せる状況となった。しかし、本論で述べてきたように、両岸交流をめぐる中国と台湾の思惑は表面上一致しているものの、細かな解釈をめぐる問題はもとより、両岸対話の先にある究極的な目標は大きく異なっていることがわかる。それは、平和協議や平和協定をめぐる両者の温度差やそれに関わる「九二年コンセンサス」の解釈の違いにも見て取れる。

確かに、近年の中国と台湾の対話の再開によって、一触即発の軍事衝突といった事態が突発的に発生する危険性は以前と比べて低くはなっている。だが、中国が他の領有権問題と同様に、台湾問題を「核心的利益」と位置づけている以上、同問題に対して妥協を示す可能性は他の領土問題と同様に極めて低い。このことは、両岸関係の進展にも関わらず、中国は軍事面においては台湾に対して一切の妥協をしていないことにも如実に表れている。例えば、中国の台湾向け弾道ミサイルや巡航ミサイルの配備数は一〇年前に比べて大幅に増加している。[31]その意味においては、中国政府が掲げる両岸関係における「平和的発展」路線は現時点では中身のともなわないものだと言わざるを得ない。中国の領土問題に関して「平和的発展においても拳を堅く握りしめていなければならない」[32]という言葉にも象徴されるように、国家分裂の動きに対しては軍事力行使を含む強い態度で臨むという中国政府の姿勢は基本的には変わらない見通しが強い。以上が示す通り、近年の経済交流の進展や、それに対する一部の国際社会の賛辞の声とはうらはらに、海峡両岸関係必ずしも楽観視できない状況にあると言えよう。

【注】

(1)本稿は、拙稿「海峡両岸対話の再開と平和協定の将来像——攻勢を強める中国と選択肢の狭まる台湾」(『中国21』三六号、二〇一二年)及び愛知大学・東呉大学共催国際シンポジウム「民主と両岸関係についての東アジアの観点」(二〇一二年六月)における「海峡両岸関係の進展と平和協定」の報告論文及び議論に基づき、さらにその後の海峡両岸関係の動向を踏まえて修正加筆をしたものである。

(2)「全国人民代表大会常務委員会台湾同胞書」『人民日報』海外版(一九七九年一月一日)。

(3)「両岸同意各以口頭表述一個中国原則」『中国時報』(一九九二年一一月一八日)。当時、このニュースについては台湾側の一部のメディアによって報道されたが、中国側が「九二年コンセンサス」をその時点で公式的に受け入れたかどうかについては明らかになっていない。中国と台湾の双方が「九二年コンセンサス」を公式的に提起するようになったのは、二〇〇〇年代に入ってからのことである。これに関しては、海峡両岸関係協会編『九二共識歴史存証』(九州出版社、二〇〇五年)。六九－七三頁を参照。

(4)松本はる香「台湾の民主化過程における『一つの中国』の変容」(『東亜』四〇八号、二〇〇一年六月号)七八頁。

(5)松田康博「改善の『機会』は存在したか?——中台対立の構造変化」(若林正丈編『ポスト民主化期の台湾政治』日本貿易振興機構アジア経済研究所、二〇一〇年)二三一－二三六頁。

(6) 中華民国総統府「馬英九中華民国第一二代総統就任演説」（二〇〇八年五月二三日） http://www.chinapost.com.tw/taiwan/national/national-news/2008/05/21/157332/Full-text.htm なお、以降の注釈に挙げるインターネットのリンクは全て二〇一三年七月一日にアクセスしたものである。

(7) 二〇一二年から二〇一三年の間に、両岸の双方のトップの人事交代が行われた。二〇一二年九月には、台湾において政府内の人事異動が発表されるのと同時に、江丙坤が退任して、国民党秘書長の林中森が海峡交流基金会代表に就任した。また、中国において習近平新政権が発足した後、二〇一三年四月に陳雲林の後任として、前商務部長の陳徳銘が新たな海峡両岸関係協会代表となった。二〇一三年六月には、新たな陳徳銘＝林中森体制による両岸トップ会談が上海で行われた。人事交代はあったものの、基本的には従来の両岸交流の路線が踏襲される可能性が高い。

(8)「胡錦濤在中国共産党第十七次全国代表大会上的報告」（二〇〇七年一〇月一五日） http://cpc.people.com.cn/GB/64162/64168/106155/106156/6430009.html#

(9) 中華人民共和国国務院台湾事務弁公室「紀年『告台湾同胞書』三〇周年胡錦濤発表重要講話」（二〇〇八年一二月三一日） http://www.gwytb.gov.cn/zt/hu/201101/t20110125_1732427.htm

(10)「十一全国人大二次会議開幕」『人民日報』海外版（二〇〇九年三月六日）。

(11) 中華人民共和国政府「中国政府発表『二〇一〇年中国国防』白皮書」（二〇一一年三月三一日）。http://www.gov.cn/jrzg/2011-03/31/content_1835302.htm

(12) 黄藩章「論海峡両岸宏観経済政策合作及政治保障」（『東南大学学報』哲学社会科学版）三巻、三号 二〇一一年五月）。

(13) 陳孔立『走向和平発展的両岸関係』九州出版社、二〇一〇年、二三頁。

(14) 李家泉「達成両岸和平協議的可行性研究」（『中央社会主義学院学報』二〇〇八年八月）。

(15) 王建民「両岸関係新前景」『今日中国』二〇一二年一二月。

(16) 例えば、Phillip C. Saunders and Scott L. Kastner, "Bridge over Troubled Water?," International Security, Vol. 33, No.4, Spring (2009) においては、中国と台湾の「平和協定」の可能性を積極的に評価するとともに、その具体的な内容についての論説を展開している。

(17)『日本経済新聞』（二〇〇八年一二月六日）。

(18)『毎日新聞』（二〇〇九年四月二三日）。

(19) Bonnie Glaser and Brittany Billingsley, "Taiwan's 2012 Presidential Elections and Cross-Strait Relations: Implications for the

United States〟A Report of the CSIS Freeman Chair in China Studies, Center for Strategic and International Studies, November（2011）, p. 10.

（20）『自由時報』（二〇一二年六月二四日）、門間理良「行政院秘書長の汚職発覚で馬英九政権は痛手」（『東亜』二〇一二年八月号、五四二期）。http://www.kazankai.org/toa_pdf/1208-50-60.pdf

（21）「独家専訪問馬英九論中共十八大与両岸関係」『亜洲週刊』（二〇一二年一一月一八日、一八期）。

（22）「二国論」をめぐる李登輝の意図に関しては、松本、前掲論文七五～七七頁を参照。

（23）Zbigniew Brzezinski 〝Balancing the East, Upgrading the West: U.S. Grand Strategy in an Age of Upheaval〟Foreign Affairs, The Council on Foreign Relations, January/February 2012, Volume 91, Number 1, p.103.

（24）Nancy Bernkopf Tucker and Bonnie Glaser, 〝Should the United States Abandon Taiwan?〟The Washington Quarterly, Vol.34, No. 4, Fall（2011）.

（25）Robert Sutter, 〝Taiwan's Future: Narrowing Straits〟NBR Analysis, The National Bureau of Asian Research, May（2011）, pp. 5-6.

（26）楊立憲「探討推進両岸関係和平発展的基礎行程」（周志懐主編・全国台湾研究会編『新時期対台政策与両岸関係和平発展』、華芸出版社、二〇〇九年）一四四頁。

（27）方焰「台海『現状維持』解析」『鏡報』二〇〇八年五月号、五六～五八頁。

（28）胡錦濤「在中国共産党第十八次全国代表大会上報告」『中国共産党第十八次全国代表大会文件匯編』（人民出版社、二〇一二年）。

（29）同右。

（30）以上に挙げた戴秉国、王毅、陳雲林の役職はいずれも全て当時のものである。

（31）Robert Sutter, op.cit., p.11.

（32）陳群「和平発展也須攥緊拳頭」（『大公報』二〇〇九年七月八日）には、新疆ウイグル自治区の民族対立問題に対して断固として妥協しないという中国の立場が示されている。

本稿の執筆の最終段階には、アジア経済研究所の佐藤幸人氏に数々の貴重なコメントを頂いた。末筆ながら、感謝の意を表したい。

第三部　現代東アジア文化とアイデンティティー

中国の世界遺産政策にみる政治的境界と文化実体の国際的承認

加治宏基

はじめに

二〇一四年一月現在、中国にはＵＮＥＳＣＯ世界遺産が四五物件あり、世界第三位の「世界遺産大国」である。その多くが、万里の長城や北京の故宮博物院といった中華文化の歴史的蓄積を反映したものである一方で、マカオ歴史地区のように他の文化的影響を示す物件も含まれる（表1を参照）。一九九九年にポルトガルから中国に返還されたマカオ（Macao, China）の歴史地区は、中国政府の申請に基づき二〇〇五年に世界遺産リストに登録された。東西建築様式が融合したその景観もさることながら、より留意すべきは、マカオが中国の特別行政区となる以前の一九九五年から今日に至るまで、ＵＮＥＳＣＯの準会員（the associate member）に位置することである。

かつて米国が、ＵＮＥＳＣＯの「過度の政治化」や「親ソ連・反イスラエル化」を理由に約二〇年にわたり同機関から脱退したように、国連機関への加入や脱退は政治判断の賜物に他ならない。最上（一九八七）は、ＵＮＥＳＣＯへの政治的批判や圧力を「時代を問わず」恒常的なものと捉えるとともに、同機関を批判する主体がいくつも

表1　中国の世界遺産一覧

件数	物件名称	遺産分類	登録年
1	泰山 Mount Taishan	複合遺産	1987
2	万里の長城 The Great Wall	文化遺産	1987
3	北京と瀋陽の明・清朝の皇宮群 Imperial Palaces of the Ming and Qing Dynasties in Beijing and Shenyang	文化遺産	1987
4	莫高窟 Mogao Caves	文化遺産	1987
5	秦の始皇帝陵 Mausoleum of the First Qin Emperor	文化遺産	1987
6	周口店の北京原人遺跡 Peking Man Site at Zhoukoudian	文化遺産	1987
7	黄山 Mount Huangshan	複合遺産	1990
8	九寨溝の渓谷の景観と歴史地区 Jiuzhaigou Valley Scenic and Historic Interest Area	自然遺産	1992
9	黄龍の景観と歴史地区 Huanglong Scenic and Historic Interest Area	自然遺産	1992
10	武陵源の自然景観と歴史地区 Wulingyuan Scenic and Historic Interest Area	自然遺産	1992
11	承徳の避暑山荘と外八廟 Mountain Resort and its Outlying Temples, Chengde	文化遺産	1994
12	曲阜の孔廟、孔林と孔府 Temple and Cemetery of Confucius and the Kong Family Mansion in Qufu	文化遺産	1994
13	武当山の古代建築物群 Ancient Building Complex in the Wudang Mountains	文化遺産	1994
14	ラサのポタラ宮歴史的遺産群 Historic Ensemble of the Potala Palace, Lhasa	文化遺産	1994
15	廬山国立公園 Lushan National Park	文化遺産	1996
16	峨眉山と楽山大仏の景観 Mount Emei Scenic Area, including Leshan Giant Buddha Scenic Area	複合遺産	1996
17	麗江旧市街 Old Town of Lijiang	文化遺産	1997
18	古都平遥 Ancient City of Ping Yao	文化遺産	1997
19	蘇州の古典園林 Classical Gardens of Suzhou	文化遺産	1997
20	北京の頤和園と皇帝の庭園 Summer Palace, an Imperial Garden in Beijing	文化遺産	1998
21	北京の天壇 Temple of Heaven: an Imperial Sacrificial Altar in Beijing	文化遺産	1998
22	武夷山 Mount Wuyi	複合遺産	1999
23	大足石刻 Dazu Rock Carvings	文化遺産	1999
24	青城山と都江堰水利（灌漑）施設 Mount Qingcheng and the Dujiangyan Irrigation System	文化遺産	2000
25	安徽省南部の古民居群－西逓村・宏村 Ancient Villages in Southern Anhui - Xidi and Hongcun	文化遺産	2000
26	龍門石窟 Longmen Grottoes	文化遺産	2000
27	明・清朝の皇帝陵墓群 Imperial Tombs of the Ming and Qing Dynasties	文化遺産	2000
28	雲崗石窟 Yungang Grottoes	文化遺産	2001
29	雲南保護地域の三江併流群 Three Parallel Rivers of Yunnan Protected Areas	自然遺産	2003
30	古代高句麗王国の都市群と古墳群 Capital Cities and Tombs of the Ancient Koguryo Kingdom	文化遺産	2004
31	マカオ歴史地区 The Historic Centre of Macao	文化遺産	2005
32	四川のジャイアントパンダ保護区 Sichuan Giant Panda Sanctuaries	自然遺産	2006
33	殷虚 Yin Xu	文化遺産	2006
34	開平碉楼と村落 The Kaiping Diaolou and Villages	文化遺産	2007
35	中国南方カルスト South China Karst	自然遺産	2007
36	福建土楼 Fujian Tulou	文化遺産	2008
37	三清山国立公園 Mount Sanqingshan National Park	自然遺産	2008
38	五台山 Mount Wutai	複合遺産	2009
39	「天地の中央」にある登封の史跡群 Historic Monuments of Dengfeng in "The Centre of Heaven and Earth"	文化遺産	2010
40	中国丹霞 China Danxia	自然遺産	2010
41	杭州西湖の文化的景観 West Lake Cultural Landscape of Hangzhou	文化遺産	2011
42	澄江化石地 Chengjiang Fossil Site	自然遺産	2012
43	元の上都遺跡 Site of Xanadu	文化遺産	2012
44	紅河哈尼棚田群の文化的景観 Cultural Landscape of Honghe Hani Rice Terraces	文化遺産	2013
45	新疆天山 Xinjiang Tianshan	自然遺産	2013

*下線番号：世界遺産委員会の委員国として登録審議に参加。
出所：UNESCO資料より著者作成（2014年1月現在）

存在するため、当該機関をめぐる政治性は相対的なものであると指摘した[1]。また河辺（二〇〇一）は、加盟国による利己的なUNESCO批判が組織改編の原動力を生成してきたために、UNESCO改革論がパワーゲームに陥ってきたことを検証した[2]。

一見すると、これらの指摘は他の国連機関をも射程に捉えているようだが[3]、両論考が論究する対象は、以下二つの事由からUNESCOに限定される。まず、主権国家からなる国連システムにあってUNESCOは、憲章前文に「戦争は人の心の中で生まれるものであるから、人の心の中に平和のとりでを築かなければならない」という、主権の壁にとらわれない普遍的理念を掲げている。そして、事務局が教育・文化行政をつうじて世界の人々にUNESCO式の普遍的理念を浸透させ、望ましき遺産保護政策を一元化すべく能動的に働きかける一方で、加盟国の国益が交差する政治的アリーナを提供する。これら当該機関の構造、機能の逆説的な特殊性を考慮すれば、他機関の変容過程と同一視すべきでない[4]。

世界遺産は、このUNESCOに設置される世界遺産委員会[5]によって認定される。同委員会は選挙で選ばれた二一カ国からなる会議体であるが、委員国は一定の評価基準（詳細は表2を参照）に基づき登録の可否を審議する。他方で登録申請国にとってのインセンティヴは、世界遺産の観光収益が経済成長の起爆剤となることである。松浦晃一郎UNESCO事務局長が、「文化遺産や自然遺産をてこに観光客を誘致する必要があるのです。（中略）世界文化遺産に登録されることは、単にプレステージュが上がるだけでなく、実質的にプラスもあるということです」と認めるように、途上国ほどこの点を重視する[6]。本稿では、UNESCOによる「世界遺産」という国際的保護体系の構築過程と現状を概観し、世界遺産委員会の委員国の政治的影響について、中国を事例として検討する。この作業をつうじて、世界遺産リストへの登録プロセスにおいて、申請国が物件登録とともに獲得する越境的文化実体に対する国際的承認について明らかにする。そのうえで、UNESCO世界遺産委員会が、登録申請プロセスの何を改革してきたかを検証する。

中国は、一九九一年に世界遺産委員会の委員国に初選出されて以来、二〇年間にわたり多くの審議に参加してきた。また、文化と自然を対極のものとみなす欧州的価値体系の下で熟成された世界遺産の国際レジームにあって、世界第三位の「世界遺産大国」である。その遺産群には、マカオを含む、主権国家中国の領域内にある多様な文化体系や自然環境が含まれるが、台湾には登録物件がないどころか、中国政府は候補物件を示したこともない。[7] これらの点が、中国を同委員国の事例として扱う所以である。なお、本稿で使用する役職名は、当時のものとする。

一、「世界遺産」という国際システムの構築と現状

一九七二年一一月、第一七回UNESCO総会は「世界の文化遺産および自然遺産の保護に関する条約」(世界遺産条約)を採択した(七五年一二月、発効)。また、実務細目を示した「世界遺産条約履行のための作業指針」は、一九七七年の第一回世界遺産委員会にて策定されて以降、改訂が重ねられている。[8] リストに登録されるには、ここで示された評価基準一〇項目(文化遺産六項目、自然遺産四項目。表2を参照)のうち一つ以上に合致するとともに、法的措置などにより価値の保護・保全が十分担保されていること、ならびに管理計画を有すことなどの諸条件を満たしていることが、必須とされる。

世界遺産条約の目的は、「顕著な普遍的価値を有する遺跡や自然地域などを人類全体のための世界の遺産として保護・保存し、国際的な協力及び援助の体制を確立する」ことである。ここに提起される「顕著な普遍的価値」(outstanding universal value: OUV)とはなにか。管見の限りでは、UNESCOがその具体的内容を示したドキュメ

表2　世界遺産登録の評価基準

（複合遺産は、文化遺産および自然遺産の各一項目以上の評価基準に合致すること）

文化遺産	
C（i）	人間の創造的才能を表す傑作であること。
C（ii）	ある期間、あるいは世界のある文化圏において、建築物、技術、記念碑、都市計画、景観設計の発展において人類の価値の重要な交流を示していること。
C（iii）	現存する、あるいはすでに消滅してしまった文化的伝統や文明に関する独特な、あるいは稀な証拠を示していること。
C（iv）	人類の歴史の重要な段階を物語る建築様式、あるいは建築的または技術的な集合体、あるいは景観に関する優れた見本であること。
C（v）	ある文化（または複数の文化）を特徴づけるような人類の伝統的集落や土地利用の優れた例であること。特に抗しきれない歴史の流れによってその存続が危うくなっている場合。
C（vi）	顕著な普遍的価値をもつ出来事、生きた伝統、思想、信仰、芸術的作品、あるいは文学的作品と直接または実質的関連があること（極めて例外的な場合で、かつ他の基準と関連している場合のみ適用）。
自然遺産	
N（i）	生命進化の記録、地形形成において進行しつつある重要な地質学的過程、あるいは重要な地形学的、あるいは自然地理学的特徴を含む、地球の歴史の主要な段階を代表する顕著な見本であること。
N（ii）	陸上、淡水域、沿岸・海洋生態系、動・植物群集の進化や発展において、進行しつつある重要な生態学的・生物学的過程を代表する顕著な例であること。
N（iii）	ひときわ優れた自然美および美的要素をもった自然現象、あるいは地域を含むこと。
N（iv）	学術上、あるいは保全上の観点から見て、顕著な普遍的価値をもつ、絶滅のおそれのある種を含む、野生状態における生物の多様性の保全にとって、最も重要な自然の生息・生育地を含むこと。

出所：「世界遺産条約を履行するための作業指針」

ントはない。そうであるがゆえに、その定義と運用については、前述の評価基準を参考にした世界遺産委員会での審議に委ねられているといっても過言ではない。河上（二〇〇八）も、ＯＵＶの定義を公式文書に求めるものの、明記されていないことを確認したうえで、ＯＵＶは「条約を運用していく中で、発展し、作業指針もそれにあわせて何度か書き換えられてきた」と指摘する[9]。

登録プロセスの手続きをより精確に述べるなら、同委員会は審議に先立ち自然遺産については「国際自然保護連合」（ＩＵＣＮ）に対して、そして文化遺産は「国際記念物遺跡会議」（ＩＣＯＭＯＳ）に対して、候補物件の調査・評価を

表3　2005年に改訂された評価基準の区分

改訂	文化遺産の評価基準						自然遺産の評価基準			
Operational Guidelines 2002	(i)	(ii)	(iii)	(iv)	(v)	(vi)	(i)	(ii)	(iii)	(iv)
Operational Guidelines 2005	(i)	(ii)	(iii)	(iv)	(v)	(vi)	(vii)	(viii)	(ix)	(x)

出所：「世界遺産条約を履行するための作業指針」

要請する。両諮問機関は調査の結果、候補物件に係る登録すべき必要性及びその妥当性に関して、委員会に「勧告」を行い、委員会はこれら勧告に基づき登録の可否を審議する。

世界遺産委員会による審議の「成果」が、一六〇カ国における計九八一もの登録物件であるが、各物件は表2の評価基準に対応して「文化遺産」、「自然遺産」、そして両方の性質を含む（世界遺産条約では個別言及されていない）「複合遺産」の三つに分類される。二〇〇三年三月の第六回世界遺産委員会臨時会合において、文化（i－vi）と自然（vii－x）という評価基準の区分を二〇〇五年以降はなくすこと（i－x）が議決された（表3を参照）。[10] 区分番号は変更されたものの基準内容や分類は従来と変わりなく、直近の登録物件に適合すれば、その数は文化遺産が七五九件、自然遺産が一九三件、そして複合遺産が二九である。

有形文化財や自然環境に対しては世界遺産条約による保護体制が整備されてきたが、伝統技能など無形文化財については、同条約の保護対象とはなっていない。そこで、人類の口承文化および無形遺産を「条約」という法的枠組みによって国際的に保護することを目指し、二〇〇三年一〇月、第三二回UNESCO総会において「無形文化遺産の保護に関する条約」（無形文化遺産保護条約）が採択された。[11] 同条約により無形文化財や伝統芸能が世界遺産の一分類として確立したわけではないが、例えば「伝統文化・民間伝承の保護勧告」や「消えゆく世界の少数言語地図」なども、無形文化遺産としてUNESCOによる保護対象とされた意義は大きい。

また同機関は、二〇〇一年より隔年で三度にわたり「人類の口承及び無形遺産の傑作の宣言」を発表した。二〇〇一年に一九件、二〇〇三年に二八件、そして二〇〇五年には四三件を当該傑作として認定しており、その登録基準は（i）たぐいない価値を有する無形文化遺産が集積されていること。そして（ⅱ）歴史・芸術・民族学・社会学・人類学・言語学又は文学的観点から、たぐいない価値を有する民衆の伝統的な文化の表現形式であること、である。これら伝統文化の表現形式や文化空間は、無形文化遺産保護条約という世界規模のフレームワークにおいて保護すべき対象であると、前文、第一六条および第三一条などに明記された。

世界遺産条約の前文を文面どおりに解釈すれば、世界遺産の各物件は、「人類全体のための世界の遺産の一部として保存する必要がある」「顕著な普遍的価値」を有していると、UNESCOにより承認された遺産である。しかし一方で、評価基準の個別項目、例えば表2のC（ⅱ）、C（ⅲ）、およびC（ⅴ）に着目すると、「ある文化（または複数の文化）」といった局限性が要件とされる。たとえ局地的価値であっても、ある物件を世界遺産として認定しリスト登録することは可能であり、価値の「普遍性」は事後的・恣意的に付与されうる。ここに「世界遺産の評価基準の揺らぎ」が見て取れるが、登録申請国は、この「揺らぎ」を所与として世界文化遺産政策を展開している。他方で、推薦物件を登録審査する側の世界遺産委員国も、恣意的な政治判断を許容されてきた。

「政治化の遺産」が深刻化した結果、世界遺産物件の保有国間格差や登録物件をめぐる不均衡など、「世界遺産の代表性」が損なわれたとの指摘も多い。同機関の世界遺産センター専門官は、「文化遺産と自然遺産のアンバランス、物件登録国の偏重と歴史的・文化的背景が共通する物件の重複認定、およびそれらを原因とする遺産価値の低下が、世界遺産行政をめぐる大きな課題である」と、認定プロセスにおける評価基準の運用について懸念を隠さない。(12)「世界遺産の代表性」をめぐる問題意識は、一九九〇年代中ごろにはすでに提起され是正への努力が重ねられてきた。(13)二〇〇四年に蘇州で開催された世界遺産委員会は、不均衡を是正すべきとの意志を共有し、遺産未保有国の物件を優先的に登録することを奨励した。是正への政策協議については第三節で議論するとして、次に「政治化の遺産」をもたらした構造的要因を分析するため、世界遺産委員会の委員国の政治的影響について、中国を事例として検討する。

二、中国による世界遺産登録申請とその政策過程

まず、中国の世界遺産政策を概観する。世界遺産条約が採択された一九七二年、中国はＵＮＥＳＣＯでの中国代表権を獲得するも、それから一〇年以上にわたりイタリア、スペイン、フランスといった西欧諸国がイニシアティヴを握る世界遺産行政に関与することはなかった。しかし一九八〇年代、米国などの反ＵＮＥＳＣＯ政策とは対照的に、一九八二年に全方位外交へと舵を切った中国は、多国間交渉の場を積極的に活用し始める。一九八五年に同条約に批准し[(14)]、一九八七年には「泰山」など六件が登録認定された。一九九一年、世界遺産委員会委員に初選出されたのを皮切りに、三選を果たす（一九九一－九七、一九九九－二〇〇五、〇九－一一年）。結果的に中国は、自国の推薦物件に関する多くの登録審議の場に、世界遺産委員会の委員国として参加しており、任期中に登録決定された物件数は三〇件と、保有総数のうち六六・七パーセントを占める。

今日四五件にのぼる同国の世界遺産物件は、北京市と四川省、雲南省だけで一六件を抱える。また、「ラサのポタラ宮歴史的遺産群」や「古代高句麗王国の都市群と古墳群」などに象徴されるとおり、辺境地域を牽制する地理的分布も中国の世界遺産の特徴である。「世界遺産の代表性」は、文化遺産と自然遺産との数的不均衡についても問題提起するが、是正措置である「ケアンズ決議」（詳細は第三節を参照）が発効する直前の二〇〇二年段階で、中国の世界遺産登録物件のうち八九・三パーセントを文化遺産と複合遺産が占めていた。それが、二〇一四年一月段階では一〇ポイント以上ダウンの七七・八パーセントと、ＵＮＥＳＣＯ世界遺産リスト全体での八〇・三パーセントを下回り、「世界遺産の代表性」を牽引する立場となった。

他方で、中華文化圏の輪郭を確保するために、世界遺産登録を重ねる政策実現においては妥協しない中国政府の姿

勢が看取される。二〇〇三年の第二七回世界遺産委員会は、朝鮮民主主義人民共和国が登録申請した「高句麗の古墳群」の記載延期を決議するとともに、中国領域内の「古代高句麗王国の都市群と古墳群」（中国の暫定リストに記載はあるが、申請なし）を指名して、翌年の世界遺産委員会で再審議するために、諮問機関であるＩＣＯＭＯＳに対して比較調査するよう要請した。あわせて、両国に対しては共同申請も含め再検討するよう促した。[15] 翌年の同委員会では両国から別々に登録申請がなされたのをうけて、審議の結果、「将来的な共同管理の可能性を模索するよう」勧告しつつも、それぞれ単独の物件としてリスト登録を承認した。[16] ちなみに、両委員会に委員国として出席した中国の案件が先に決議されたことを確認しておく。

前述の無形文化遺産についても、このようなせめぎ合いは看取される。二〇〇一年以降（隔年で）、ＵＮＥＳＣＯが発表した「人類の口承及び無形遺産の傑作の宣言」は、二〇〇八年「無形文化遺産の保護に関する条約」の発効にともない「無形文化遺産」へと編入された。二〇一四年一月現在、中国は、「緊急に保護する必要がある無形文化遺産」七件を含めた三八件の無形文化遺産を保有しており、これは世界最多である。

かつて中国と韓国は、「端午節」の「人類の口承及び無形遺産の傑作の宣言」登録をめぐり鋭く対立した。二〇〇四年に韓国政府が「江陵端午祭」を登録申請するや否や、中国国家文物局は「端午節」が中華民族の伝統文化遺産であるとの認識を示した。[17] さらに屈原ゆかりの湖北省岳陽市政府が「申請を高度な政治運動として盛り上げよう」とのスローガンを掲げ、沈継安市文化局長も「主権を堅持すべき」との声明を発表するなど、市民に動員を呼びかけた。[18] ＵＮＥＳＣＯ事務局からは共同申請による事態の鎮静化が助言されたが、両国はこれを拒否した。[19] 特に中国側は、「中華民族」の伝統的祭祀と韓国の一地方の民俗的慣習との区分をＵＮＥＳＣＯの公式文書に明記することを主張し、それを受け入れるかたちで二〇〇五年に韓国側の申請が承認された。[20] 二〇〇九年、こうした経緯を経て中国は、第四回政府間会議において改めて自国の無形文化遺産として「端午節」（Dragon Boat festival）のリスト登録を果たした。

中国政府は同時期、少林寺の「少林カンフー」が優先的にUNESCOに対して推薦されるという数年来の報道を覆すかたちで、新疆ウイグルのムカーム芸術（二〇〇五年）とオルティン・ドー：伝統的長歌民謡（同年）を「人類の口承及び無形遺産の傑作の宣言」に登録した[21]。国内民族の諸フォークロアを中国の無形文化遺産へと統合・再編することで可能となった保護政策は[22]、他面において九〇年代以来の文化保守主義（新左派）の興隆とシンクロすることで、国家行政による民間習俗への介入を容易にした。

こうした政策に理論的支柱を提供したのが、著名な社会学者・人類学者の費孝通であった。同氏は、「中華民族とは五六民族の歴史的な接触、混合、融合の複雑なプロセスのなかで培われた複合的統一体である」と定義し、中華民族の凝集的核心を漢族に求め解説した[23]。これに加えて、ジョセフ・ナイ（Joseph S. Nye, Jr.、一九九〇）[24]が提示したいわゆる「ソフトパワー」論は、中国の世界遺産政策に「民族政策」と「文化外交」という包括的パッケージを付与した。閻学通（一九九五）や王逸舟（一九九五）による新安全保障論を端緒として[25]、李智（二〇〇五）[26]をはじめ張玉国（二〇〇五）[27]、上海社会科学院世界経済与政治研究院編（二〇〇六）[28]、兪新天（二〇一〇）[29]などが、中華民族の伝統文化に依拠した「軟実力」、「軟力量」向上を中国外交論の重点課題に挙げている。

こうした思想潮流やアドボカシーの帰結として、二〇〇七年一〇月の第一七回中国共産党全国代表大会（一七全会）での胡錦濤報告「中国の特色ある社会主義の偉大なる旗印を高く掲げ、小康社会の全面建設という新たな勝利を奪取するため奮闘しよう」がなされる。思想、道徳、文化問題が討論された一九六六年の中国共産党第一四期中央委員会第六回全体会議（第一四期六中全会）での決定を想起した当該演説で、胡総書記は、民族の凝集力と創造力の源泉となり、総合的国力の競争において重要な要素となりつつある文化の今日的機能に言及し、社会主義文化の発展と繁栄を大いに推進させることを宣言した。さらに、中国人民の熱烈な願望を背景に、全民族の文化的創造力を発揚し国家の文化ソフトパワー（文化軟実力）を向上させることで、人民の基本的文化権益は保障されうる、と続けた。

他方で、二〇〇九年一一月に開催された第六四回国連総会で劉振民国連大使は、「文化財の原保有国への返還」決議案の審議に際して、「文化財は民族と人民のアイデンティティの象徴であり、人類文明の価値ある財産である」と切り出した。そして、欧米列強による円明園の破壊・略奪の歴史を例示しつつ「文化財の不法接収・略奪は歴史と文明に対する冒瀆である」と断じ、UNESCOによる世界遺産行政をつうじて各国の文化権益が保護されるべきと主張して、この演説を締めくくった[30]。この発言を具現化したのが、翌二〇一〇年四月にカイロで開催された「第一回文化財保護と返還のための国際会議」である。中国やエジプトの働きかけに応じて、韓国、ギリシア等の二一カ国が参加し、歴史的文化財は原保有国へ返還されるべきとの協議結果をまとめた「カイロ宣言」が採択された。

さらに、二〇一一年一〇月の中国共産党第一七期中央委員会第六回全体会議（第一七期六中全会）では、「文化体制改革を深化させ、社会主義文化の大発展と大繁栄を推進するための若干の重大問題に関する中共中央の決定」が採択され、「文化強国」の構築が掲げられた。中国の世界遺産政策は、グローバル化する世界地図のなかで中華世界の輪郭を再度明示・具現しようという政策理念に下支えされている。

三、UNESCO世界遺産委員会による「世界遺産の代表性」への希求

一九九〇年代半ば以降、世界遺産委員会は、「世界遺産の代表性」はいかにして担保されうるのかという重要課題と向き合ってきた。一九九四年、UNESCO本部で開催された専門家会合の報告書に基づいて、タイで開催された第一八回世界遺産委員会において「世界遺産一覧表における不均衡の是正及び代表性・信頼性の確保のためのグ

ローバル・ストラテジー」が採択された。そこでは、①欧州の遺産、②都市建設関連の遺産および信仰関係の遺産、③キリスト教関連遺産、④先史時代と二〇世紀を除く歴史的遺産、⑤建築遺産の5分野への偏重が過度に進んだ登録状況にあると指摘された。

さらに、こうしたアンバランスなリストでは、文化遺産の多面的かつ広い視座を歪め、生きた文化や伝統、民俗学的価値を有す景観、そして普遍的価値を保持した事象が排除されかねないとの危機感が示された。「世界遺産の代表性」について信頼性を確保するためには、多様で広範な文化的表現の性質に留意した施策が不可欠である。グローバル・ストラテジーでは、自然と人間との相互作用、可視化しえない生活の叡智など、精神的・創造的表現に関する事例などをくみ取る人文学的で、多角的、普遍的な人間の文化遺産に留意すべきことが提起された。

こうした指摘をうけて、以後の総会や世界遺産委員会では、自然遺産、無形遺産、非欧州の遺産をいかに増やしていくかという方法論に議論の中心が移っていく。そのなかで、マイルストーンとなる会合および決議が、第二四回世界遺産委員会（二〇〇〇年・ケアンズ）の「ケアンズ決議」と第二八回委員会（二〇〇四年・蘇州）の「蘇州宣言（決議）」、そして第三一回委員会（二〇〇七年・クライストチャーチ）である。

「ケアンズ決議」は、二〇〇三年以降の各委員会において審査対象件数の上限を三〇件と設定し、各締約国が申請できる数を一件のみと定めた。同決議は、例外措置として、以前の会議で審査延期や差し戻しとなった物件や、緊急性の高いものを除くことが規定されたとはいえ、「世界遺産の代表性」を担保するために、登録物件保有国のなかでも上位諸国に対するシーリングを意図した取り決めであった。しかしながら、世界遺産委員会の内部力学と国際環境の変化によりその実行性は翻弄される。前者については第四節で後述するが、二〇〇一年の九・一一米国同時多発テロにともなういわゆる「テロとの戦い」に対して批判的に提起された多文化共生・文化の多様性を重視する時代思潮のなかで、「ケアンズ決議」の意義は薄れていった。

UNESCO事務局の理念と乖離するように、世界遺産委員会は「ケアンズ決議」を結実させる道を選ばず、むしろある意味で同決議を反故にする取り決めを重ねていく。「ケアンズ決議」が施行された翌二〇〇四年、「蘇州宣言(決議)」が採択され、二〇〇六年以降の各委員会においては審査対象件数を上限四五件とし、各締約国が申請できる数を二件までと改訂した。ただし、うち一件は自然遺産であることという条件を追記している。

さらに、第三一回委員会ではその条件が見直された。すなわち、一度に二件を申請する場合は、各国の歴史的地理的情勢を考慮し、ともに文化遺産であっても容認されることとなった。そして、審査対象件数が四五件以上となった場合も、以下の優先順位に則り審査案件を決定することが決まった。(i)世界遺産物件をもたない締約国の申請物件、(ii)世界遺産物件が3件以下の締約国の申請物件、(iii)四五件の上限設定により、前年に審査延期となった物件、(iv)自然遺産、(v)複合遺産、(vi)国境をまたぐ物件、(vii)アフリカ,太平洋,カリブ海地域諸国からの申請物件。

四、UNESCO世界遺産委員会という構造的ハードル——結論にかえて

以上のような、各論を詰める作業をおろそかにすべきでない。しかし、「政治化の遺産」をもたらした構造的要因は何であったのか。「世界遺産の代表性」を確実に担保しうるシステムを構築するためには、この議題こそが論じられねばならない。世界遺産委員会の委員国が、自国の申請した案件を審議する現行の登録手続きでは、是正作用が効きにくいことは上述したとおりである。となると、まさにこの点に着目した体制改革が必要であるが、UNESCOでの議論はこの重要課題から目を逸らしてきたと、言わざるをえない。

劉振民国連大使が二〇〇九年の演説で述べたように、「UNESCOによる世界遺産行政をつうじて各国の文化権益が保護されるべき」という意思は、登録申請国に共通するものである。しかし、文化政治をソフトパワーというオブラートで包み、自国の権益を守るためにUNESCOの世界遺産行政を利用しうる構造が、特定国家からなる世界遺産委員会には現に存在する。少なくともUNESCOにおいてOUVが指す内容を再検討し、その保存・維持を人類共通の課題として設定するならば、同委員会の制度改革は不可避であるが、自己改革に委ねるのはあまりに高いハードルであることは言うまでもない。

本稿では、中国を事例としてUNESCO世界遺産をとりまく政治的課題を検証した。中国の世界遺産政策では、二〇〇二年と二〇一四年の時点での文化・複合遺産が登録物件全体に占める割合の変化に着目した。そして、世界遺産委員会の委員国、いわば「世界遺産の代表性」を牽引する立場として、文化遺産偏重との批判をかわすためにも自然遺産比率を高める必要があり、それを実践した。

他方で、中国のみならず他の委員国も、自国の推薦物件に関する多くの登録審議の場に、世界遺産委員会の委員国として参加する。最多登録物件数を誇るイタリアは、任期中に登録決定された物件数が三五件と、保有総数（四九件）のうち七一・四パーセントを占める。上記分析をつうじて、「世界遺産の代表性」の実現にむけて特定国家の政策批判に陥らず、体制改革への構造的ハードルがいかなるものかを正確に理解することができた。そのうえで、この政治力学をいかに変容すべきか、今後の研究課題としたい。

【注】

（1）最上敏樹『ユネスコの危機と世界秩序』東研出版、一九八七、九九－一〇〇頁。
（2）河辺一郎「ユネスコ改革とは何か」『軍縮問題資料』二〇〇〇年一月号、宇都宮軍縮研究室、二〇〇〇。
（3）Robert W. Gregg, Chapter 4 The Politics of International Economic Cooperation and Development, Lawrence S. Finkelstein ed.,

Politics in the United Nations System, Durham: Duke University Press, 1988, pp.106-147.

(4) Lawrence S. Finkelstein, Chapter 13 The Political Roles of the Director-General of UNESCO, Lawrence S. Finkelstein ed., Ibid, pp.385-423.

(5)「世界遺産条約」に基づいて設立される「世界の文化遺産及び自然遺産の保護のための政府間委員会」。同条約締約国のなかから二一カ国が選出され構成される。基本的に毎年一回委員会を開催し、世界遺産リストに新規登録する物件の審議や危機にさらされている世界遺産リストの作成などを行うほか、現在世界遺産リストに登録されている物件の保存状況の審議や世界遺産基金の用途の審議を行う。同条約では任期は六年と定められるが、自主的に四年に短縮することが慣例化している。二年ごとに開催される締約国総会にて三分の一が改選される。

(6) 松浦晃一郎『ユネスコ事務局長奮闘記』講談社、二〇〇四、二〇五頁。同様の主張は、松浦晃一郎『世界遺産――ユネスコ事務局長は訴える』講談社、二〇〇八、二四二頁。

(7) 中国の世界遺産政策をめぐる内政と外交との理論的リンケージについては、拙稿「中国のユネスコ世界遺産政策――文化外交にみる『和諧』のインパクト」『中国21』二九号、風媒社、二〇〇八、一八三－二〇二頁を参照されたい。

(8) WHC. 11/01.

(9) 河上夏織「世界遺産条約のグローバル戦略を巡る議論とそれに伴う顕著な普遍的価値の解釈の質的変容」『外務省調査月報』二〇〇八年一号、二〇〇八、三頁。

(10) Decision 6 EXT.COM 5.1.

(11) MISC/2003/CLT/CH/14.

(12) UNESCO世界遺産センターでの聞き取り調査（二〇〇五年一月二八日実施）。

(13) 七海由美子「世界遺産の代表性」『外務省調査月報』二〇〇六年一号、四頁。

(14) 文化遺産と自然遺産の保全を一本化するという考えは、一九七二年にストックホルムで開催された「国連人間環境会議」で結実する。当時UNESCOの専門家たちは、文化財の国際的保護に関する条約の草案を提案しており、IUCNの専門家たちも自然環境の保護条約の原案づくりをしていた。両条約草案の統合改善の任にあたったUNESCOと国連人間環境会議委員会は協議を重ね、世界遺産条約の骨子がまとめられた。

(15) WHC.03/27.COM/08 C.27-28.

(16) WHC.04/28.COM/14B.25 および WHC.04/28.COM/14B.33.

(17) 中国UNESCO委員会ウェブサイト「中国世界遺産網」http://www.cnwh.org/news/news.asp?news=417（二〇〇四年五月一〇日）。

(18) 当時、読者のナショナリズムに訴えかける報道が散見された。例えば、「人民網」二〇〇四年五月九日、「民族精髄絶不能丟！湖南打影響响〝端午節〟保衛戦」http://unn.people.com.cn/GB/14748/2484329.html（二〇一一年五月一七日）。『時代商報』二〇〇四年五月八日、「端午節列入別国文化遺産岳陽堅決捍衛〝主権〟」。

(19)「中韓端午節之争——跨国〝遺産〟双方可共同申報」『京華時報』、二〇〇四年五月一六日。

(20) UNESCO世界遺産ウェブサイト http://www.unesco.org/culture/ich/index.php#TOC3（二〇一一年五月一七日）。

(21) 中国芸術研究院副委員長の王文章は、二〇〇三年内に「少林功夫」を「人類の口承及び無形遺産の傑作の宣言」に登録申請すると新華社記者のインタビューに応じ、少林寺住職の釈永信も、この申請は少林功夫にとって歴史的チャンスであると期待を述べた。「中国新聞網」ウェブサイト二〇〇三年二月六日、「少林功夫今年将申請聯合国非物質文化遺産」http://www.chinanews.com.cn/n/2003-02-06/26/26998.html（二〇一一年五月一七日）。釈永信はその後の北京での記者会見でも、申請書類の提出が間近に迫ったとの見解を示した。『人民日報』二〇〇四年六月二日、第九面「〝少林功夫〟積極申報世界遺産」。

(22) 周星は民俗学の視点から、中国各地で繰り広げられるフォークロアが再構築され無形文化遺産と定義される状況について分析した。周星「従『伝承』的角度理解文化遺産」『中国非物質文化遺産』（第九輯）中山大学出版社、二〇〇五、四九－五二頁。

(23) 費孝通等『中華民族多元一体格局』中央民族学院出版社、一九八九。

(24) Joseph S. Nye, Jr., *Bound to Lead: The Changing Nature of American Power*, New York: Basic Books, 1990.

(25) 閻学通『中国国家利益分析』天津人民出版社、一九九五、および王逸舟『当代国際政治析論』上海人民出版社、一九九五。

(26) 李智『文化外交——一種伝播学的解読』北京大学出版社、二〇〇五。

(27) 張玉国『国家利益与文化政策』広東人民出版社、二〇〇五。

(28) 上海社会科学院世界経済与政治研究院編『国際体系与中国的軟力量』時事出版社、二〇〇六。

(29) 兪新天『掌握国際関係密鑰』上海人民出版社、二〇一〇。

(30) 国連総会議事録 A/64/PV.47 一九－二〇頁。

「九二共識」――中国の影響と選挙の動態

呉介民（広中一成 訳）

一、台湾企業が支持する「九二共識」の特異な現象

二〇一二年一月一四日、台湾で第一三回中華民国総統選挙が行われた。選挙期間中は驚くほどの静けさで、これまでの総統選で頻繁にみられた、中国との統一か独立かをめぐる争いは、ほとんどその形跡すらなかった。しかし、今回の選挙では、これまでになかった不思議な現象が起きた。それは台湾企業の責任者数十人が、投票の数週間前から次々と記者会見を開いたり、新聞広告などを使ったりして、組織的に「九二共識」（九二年コンセンサス）を支持したことであった。それはまるでラヴェルの「ボレロ」を演奏するかのように、同じフレーズをとどまることなく繰り返し、演奏に参加する楽器を徐々に増やし、音量もだんだん大きくして、最後は爆発するかのように一気に終わった。

最も早く人々の前でこの話題に触れたのが、富士康集団総裁の郭台銘であった。彼は「九二共識」を支持するとともに、馬英九を応援することを宣言した(1)。

これに続き、多くの企業団体の著名人が毎日かわるがわる登場した。投票前日、報道によると、威盛集団会長の王雪紅は次のように述べた。「『九二共識』があるのかないのか、または『九二共識』の具体的内容が何かということは、政治家と学者の議論に俟つ。私はただの純粋な台湾人であり、また敬虔なクリスチャンである。私がわかっているのは、『九二共識』以前にこのような平和な中台関係を見たことがなかったということだけである」(2)。

王雪紅に関するこの報道には深い意味がある。すなわち、彼女は「九二共識」を支持する態度が明確で、「九二共識」が平和な中台関係をもたらしたと認識している。しかし、彼女は「九二共識」の内容を知らないばかりか、「九二共識」が存在するのかどうかもわかっていない、ということである。言い換えれば、彼女は「九二共識」の具体的内容をはっきりさせないうちに「九二共識」の支持を表明した。彼女の主張は結論を先に述べる「アンチクライマックス」であったといえる。

王雪紅は台湾実業界のエリートのひとりとされている。では、「九二共識」に対する一般民衆の態度はどのようなものなのか。「九二共識」に賛意を示して、馬英九を支持するのだろうか。

二〇〇八年以降、馬英九政権の対中国政策は、「九二共識」に立脚した「国共合作」を基本としていた。大陸からの観光客が大挙して台湾を訪れたり、ECFA(「両岸経済協力枠組取り決め」―訳者注)協議に調印し、実行に移したりしたことは、まさに馬英九政権が宣伝した政治的業績であった。さらに、馬英九は何度も「九二共識」が中台折衝の基礎となっていると宣言した。

民進党が「九二共識」の存在を認めないのは、彼らが「台湾共識」(台湾コンセンサス)を提唱しているからであった。しかし、人々を驚かせたのは、投票の数週間前に、国民党と企業が「九二共識」に支持を表明したとき、民進党からの反論の声があまり大きくなかったということであった。

一〇年以上前から、中国は台湾総統選挙に対する干渉と策動を絶え間なく続けてきた。一九九六年、台湾初の総統直接選挙の際、中国政府は弾道ミサイルの演習を口実に「武力威嚇」し、台湾海峡戦争発生ぎりぎりの危機を引き起こした。その後の総統選挙でも、中国が様々な方法を用いて選挙に干渉したとの報道が数多くみられた。

しかし、二〇一二年の選挙で最も異質だったのは、中国が初めて大規模で、かつ組織的に「企業を利用して政治を囲い込む」という「文攻」戦略をとったことであった。この「文攻」戦略の核心は、「九二共識」論争にあった。「九二共識」という政治的レトリックは、選挙前の数週間で積極的に宣伝された。そして、企業団体は続々と「九二共識」に支持を表明した。

本稿で述べる「中国の影響」が指す意味とは、中台双方の動向により、中国の影響力を台湾内部の政治・経済・社会・文化・生活などの領域に及ぼし反応させるということである。また、「中国の影響」について、本稿では二つの特定の政治的レトリックの相互関係と影響という意味も含める。すなわち、「一中各表」(または、「一個中国，各自表述」〔「ひとつの中国」は認めつつ、解釈は中台で異なる―訳者注〕)と、「九二共識」である。

本稿は次の順で考察を進める。まず、聞き取り調査の資料をもとに、台湾選挙民の「九二共識」に対する態度と投票行為の相互関係について初歩的考察を行う。続いて、「九二共識」の政治的レトリックの歴史的起源をさかのぼり、「誰が『九二共識』ということばを使い始めたのか」という論争を検討する。そして、国民党(政府)と中国共産党の「九二共識」の定義の違いを分析し、さらに、新聞メディアの「一中各表」と「九二共識」に関する報道の流れを統計分析し、最後に結論を導く。

二、選挙民の「九二共識」に対する態度

積極的に「九二共識」に支持を表明する企業家の中には、自らの「九二共識」に対する認識がはっきりしないことを認める者がいた。では、一般選挙民の「九二共識」に対する態度はいかなるものであっただろうか。「九二共識」に対する態度は選挙民の投票行為とどのような関連性を持つのだろうか。

本稿で用いる調査資料は、台湾中央研究院社会学研究所「中国効応研究小組」による電話調査で、二〇一二年二月に実施された。回答者のうち、総統選挙中に四六パーセントが馬英九を支持し、二七・三パーセントが蔡英文を支持した。そして、一七・七パーセントが投票せず、九・一パーセントが答えを拒否、または白票を投じたか未記載であった（その中で答えを拒否した者が絶対多数であった）。

回答者の「九二共識」に対する見方は次のとおりであった。支持に傾いた（大いに支持、おおよそ支持を含む）割合は二七・二パーセント、支持しない（大いに支持しない、あまり支持しない、「九二共識」の存在を認めないなどを含む）割合が一六・二パーセントで、中間の立場（中立の立場を表明する人、「九二共識」について疑問を持っている、「九二共識」ということばを聞いたことがない人、あるいはその内容がよくわからない人などを含む）の割合が五六・六パーセントであった。[3]

総統選挙の投票行動と「九二共識」への態度を重ね合せて分析したところ、次のようなことがわかった。それは、「九二共識」を支持した回答者のうち、八五パーセントという高い割合で馬英九に投票し、蔡英文にはわずか二・三パーセントしか投じず、無投票は六・七パーセント、白票などが六・〇パーセントであった（表1参照）。これに対し、「九二共識」に不支持と回答した人のうち、七・三パーセントが馬英九に投票し、六四パーセントが蔡英文に票を入れ、一六・九パーセントが無投票、一一・八パーセントが白票などであった。

表１　総統選投票行動

	不支持		中間的立場		支持		統計（列）	
候補	N=	%	N=	%	N=	%	N=	%
馬英九・呉敦義	13	7.3	238	38.3	254	85.0	505	46.0
蔡英文・蘇嘉全	114	64.0	179	28.8	7	2.3	300	27.3
投票せず	30	16.9	144	23.2	20	6.7	194	17.7
その他＊	21	11.8	61	9.8	18	6.0	100	9.1
統計（行）	178	100.0	622	100.0	299	100.0	1099	100.0

＊ほとんどが回答拒否。PEARSON CHI2（6）＝357.56、PR=0.000
訳者注—「中間的立場」と「統計（列）」のパーセンテージの合計が合わないが、原文のままとした。

このいくつかの事例で見えてくるのは、「九二共識」に支持か不支持を示した人に、総統選挙の行動にはっきりとした違いがみられたということである。さらに、「九二共識」の支持者は「結束力」が非常に強いらしく、集中して馬英九に投票している。これに対して、「九二共識」を支持しない人も半分以上が蔡英文に投票しているが、割合としては分散傾向で、投票しないことを選択した人も「九二共識」支持者と比べてはるかに高かった。「九二共識」に中立の立場をとる回答者は、これらとは異なる行動様式がみられ、三八・三パーセントが馬英九に票を投じ、二八・八パーセントが蔡英文に入れ、二三・二パーセントが無投票、九・八パーセントが白票などであった。

この初歩的統計分析から、以下のことが推察できる。それは、全選挙民の半数以上が「九二共識」に対し中立の態度をとっているにも拘わらず、「九二共識」への態度に違いがあり、それは人々の総統選挙の投票選択に確実に反映されているということである。

三、「九二共識」論争と歴史的経緯

二〇一二年の台湾総統選挙前、中台両政府は台湾の国家としての地位について論争を起こしたが、これについてはすでにいくつかの論文が関連するテーマの中で論じてきた(4)。「九二共識」論争は最近になって現れた事例である。この論争は二〇一二年の総統選挙のあと、すでに終了した「戦争」というべきものであった。国共両党は十数年のなれ合いを経て、「九二共識」というあいまいな概念のもとで協調し、話し合いの開催を約束して中台の速やかな経済協力を推し進めた。

中台両政府の直接協議は一九九二年に始まった。当時、中台両政府は各自で「友好」団体（台湾側「海基会」〔海峡交流基金会—訳者注〕と中国側「海協会」〔海峡両岸関係協会—訳者注〕に分かれていた）を設け、中台間の事務的な協議事項について処理した。

早くも一九九二年の香港会談の中、両会は中台間の「一個中国」の定義をどうするかという問題について議論を始めた。しかし、これについては、当時しばらく棚上げされることになった。

過去二〇年にわたる中台間の話し合いの歴史を振り返ると、それは、国民党・中国共産党・民進党の「一個中国」という問題に対する論争と協議の過程であった。はじめは鋭く対立したが、それから対話を求めたりして調整が行われ、最終的には二〇〇〇年になって、国共両党は徐々に「一中屋頂」（「ひとつの中国」として協力する—訳者注）で意見を合わせた。そして、二〇〇五年に国共両党は正式に協力関係となった。

二〇〇五年三月一四日、中華人民共和国全国人民代表大会で「反分裂国家法」（「反国家分裂法」—訳者注）が通過した（当日、中国国家主席の胡錦濤が署名し施行された）。この法律は三種類の状況下で中国政府が「非平和的方法で国家を統一する場合に使用する」とされた(5)。

二〇〇五年四月、国民党栄誉主席の連戦が中国を訪問し、中国共産党総書記の胡錦濤と会議を開いた。四月二九日、胡錦濤と連戦は声明で、「九二共識」によって中台関係を推進すると述べた(6)。この「国共声明」のあと、国民党主席の馬英九はこれを認めた。

二〇〇六年三月、馬英九はアメリカに「馬五点」を提示した。その一点目は国民党の「一中各表」による「九二共

表２　「一個中国」をめぐる論争：中台三党の台湾の国家的地位に関する定義の相異

	中国	台湾	
		国民党	民進党
1992-1995	「一個中国」原則（事務的交渉中、「一個中国」原則の政治的内容を含む論争は棚上げにする）。	李登輝：国家統一綱領（1991年2月）から「一中各表」へ向かう（歴史的な「一個中国」、未来の「一個中国」、段階的なふたつの中国）。	台湾の主権独立。台独党綱（1991年）。
1996-1999	「一個中国」を堅持し、「一中各表」に明確に反対する。	李登輝：「特殊両国論」へ向かう。	1999年、台湾前途協議案。
2000-2008	「九二共識」(「一中原則、一国両制」)、反分裂国家法制定(2005年3月)。2005年4月、胡連会が正式に国共合作を始める。	「九二共識、一中各表」(2004年の総統選挙時は「一個中国」の提起を回避)。2005年4月、胡連会公報：中台は「九二共識」の基礎の上に速やかに平等な協議を回復させる。	陳水扁「四つのNO」(2000年5月の就任演説)。陳水扁が2000年6月27日に「一中各表」の受け入れを表明する。2000年10月10日、「九二精神」。2002年11月、「一辺一国」。2006年2月27日、国家統一綱領適用終了。
2008-2012	「九二共識」(「一個中国」原則を堅持し、少なくとも一国両制を提示する)。	「九二共識」、2011年～2012年の総統選時に中華民国の主権を強調する。	蔡英文「九二共識」に反対し、「台湾共識」を提起する。

識」の基礎の上で中台関係を築き、速やかに対等な話し合いを始めるというものであった[7]。二〇〇八年、馬英九が総統選に当選したあと、国共両党は「九二共識議定書」（Protocol）の実施に着手した。

馬英九の総統第一期（二〇〇八年～二〇一二年）目、中台両政府は、一六項目からなる協定（「両岸経済協力枠組取り決め」〔ＥＣＦＡ〕を含む）を締結した。これにより、中国からの観光客が大挙して台湾を訪れるとともに、中国は台湾で直接買い付けを行った。

中台三党の「一個中国」の議論に対する動きは、過去二〇年来、微妙な空気に満ち溢れていた。三党はそれぞれの内外の情勢（それぞれの国内外と党内外の情勢）に基づいて路線調整を行った。また、路線調整と協調路線に基づいて政治的ロジックの使用と定義付けを図った。表２

は三党が提示した「一個中国」おおよその議論と台湾を国家と位置づけるかどうかの意見である。

総じていえば、中国共産党の主張が最も明確で、ブレもいちばん小さい。国民党は変化が最も大きく、そのうえ、二回大きな変節をしている。民進党は台湾の主権を守ろうとする立場上、「浮遊層」を説得するという作戦をとっている。

四、誰が「九二共識」を言い出したのか

「九二共識」の出現を歴史的に振り返ると、ターニングポイントとなるのが一九九九年から二〇〇〇年にかけてであった。一九九九年七月九日、李登輝総統が「特殊両国論」を発表してからまもなく、中国政府は台湾に対し、「一九九二年両会共識」という用語を使用した。当時、唐樹備は次のように述べた。中台を国家と国家の関係とした場合、「『一個中国』原則は荒っぽくて破壊的であり、海基会の責任者らも中台関係を国家と国家の関係でみた場合、「一九九二年両会共識」も粗暴で破壊的である」。[8]

別の報道によると、中国国台辦（中国国務院台湾事務辦公室—訳者注）副主任の李炳才と経済局長の劉震濤は、一九九九年八月にある会議を催した。会議に参加した台湾の企業家によると、中国共産党側は中台のことはすべて話し合いに応じるが、それは「一個中国」原則に立ち返らなければならないと述べたという。さらに、中国共産党側は少なくとも一九九二年の「共識」に戻らなければならないと具体的に示した。[9]

この論理でいうと、中国共産党のいわゆる「九二年共識」とは次のことを指す。すなわち、中台両会が一九九二年に香港で開かれたとき、中国共産党側が強く主張した、「台湾海峡両岸の事務的協議は、『一個中国』原則で議論しな

ければならないが、『一個中国』の政治的意味に関わりなければ、充分討論することができる。そして、実際に意見を表明する方法は、文章でもよいし、口頭でもよい」という意見である。[10]これが後に中国が一貫して堅持する「一個中国」原則となった。

その後、当時の陸委会主委〔台湾行政院大陸委員会主任委員―訳者注〕の蘇起は、二〇〇〇年二月、「九二共識」について次のように言及した。「中台は民国八一年（一九九二年―訳者注）のいわゆる『一個中国』問題に対し、『各自表述』で解決を図った。しかし、八四年（一九九五年）六月以降、我が国は政策上、一貫して『各自表述』を尊重しているが、中国共産党は『一個中国』の定義について、三つの点で態度を改めた。

まず、中国共産党はこの『共識』を中台関係に適用することに反対し、のちに、この『共識』は政治協議にも適用させず、ついには『共識』を完全に否定した。さらに、上層部の指導者を通して、何度も公式に『台湾は中国のひとつの省である』、『台湾問題は純粋な内部問題である』、『中国は台湾の主権を握っている』と主張した。また、中華民国が存在するという基本事実、およびあらゆる行為をすべて『台湾独立』、あるいは国家の『分裂行為』とみなした。中共が『九二共識』を何度も訂正したことにより、近年の中台関係は深刻な影響を受けた」。[11]

二〇〇〇年三月の総統選投票前、中国共産党がふたたび、台湾に圧力をかけた。唐樹備によると、台湾が「九二共識」に戻ったならば、中台両会が協議を開始しても、中国共産党は「九二共識」を「一個中国、各自表述」であることを認めない。さらに、中台が一九九二年の両会で成立させた「共識」のもとで協議を再開させたとしても、「九二共識」は、台湾の主張する「一個中国、各自表述」ではなく、中国共産党のいう「『一個中国』を堅持し、問題を『一個中国』に包含しなければ議論させなかった」。[12]

二〇〇〇年四月、蘇起は「九二共識」によって、中台協議の膠着状態を打開する方法を提示した。[13]これについて、蘇起はのちに次のように語っている。すなわち、「九二共識」ということばは蘇起が発明した。李登輝は、「九二共識」が「作られたもの」であると主張し、蘇起に論争を求めてきたという。また、蘇起によると、「九二共識」という「名詞」は、彼が政党から退く二カ月前に発明されたもので、彼が気遣ったのは、「中台が対話のテーブルをもつかどうかであった」。しかし、内実は李登輝総統が在任中に何度も引用した、「一個中国、各自表述」であった(14)。

この政治ロジックが進んだ歴史的過程を振り返ると、蘇起が「九二共識」ということばを発明したといえるのだろうか。おそらく、多くの異論が出よう。真相により一歩近づくと、中国共産党は一九九九年に李登輝が「特殊両国論」を提唱して以後、ようやく、「九二共識」ということばを公然と使うようになった。

このようにもいえる。国共両党は「九二共識」というあいまいなことばに焦点をあて、双方で第三次国共合作のきっかけを探った。第一次国共合作は「連ソ容共」と北伐のため、第二次国共合作は抗日のためであった。第三次はすなわち、台湾の「本土意識」を代表する民進党と対抗するためであった（二〇〇五年の胡連会の公報で、「九二共識」を堅持して「台湾独立」に反対し、台湾海峡の平和を求め、中台関係の発展を促進し、中台同胞の利益を保護することが両党共同の主張であると述べている）。

五、中台間に内在する異なる「九二共識」

中台双方は「九二共識」の内実を共有しあっているのだろうか。この論点を見出したのは、中国共産党が「九二共識」の内容について、いまだ認識が足りず、双方があいまいな形でこのことばを使って共有しあっているからである。

国共両党の「九二共識」にはあるものが存在する。それは「一個中国」である。しかし、両党は「一個中国」に対

図1：『聯合報』系新聞紙上での「一中各表」と「九二共識」に関する報道数の動向

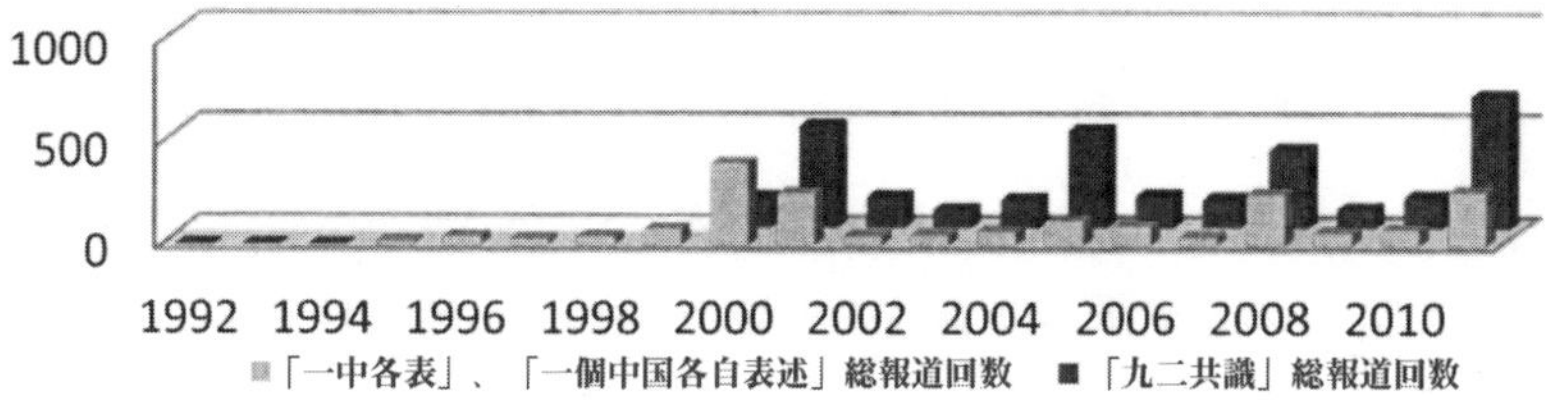

し、なおも議論を繰り返している。国民党版の「九二共識」は、「一個中国、各自表述」で、いいかえると、「一中各表」である。これに対し、中国共産党版の「九二共識」は、それぞれが口頭で中台はともに「一個中国」原則を堅持していると表明することである。これは別の呼び名で、「各表一中」という。

中国共産党は従来、国民党の「一中各表」を認めていなかった。そして、二〇一二年の総統選前の主張も同じであった。たとえば、二〇一〇年八月、海協会副会長李亜飛は台北で「九二共識」について語った。李亜飛によると、「九二共識」とは、一九九二年に海協会と海基会が成立させた「それぞれが口頭で述べた、台湾海峡両岸で『一個中国』原則を堅持すること」という認識であった[15]。

二〇一一年、賈慶林は海協会成立二〇周年大会の講演で、次のように述べた。「一九九二年、両会はそれぞれが口頭で『一個中国』原則を表明するという認識、すなわち、『九二共識』の権利を獲得し、今後の中台協議の政治的基礎を定めた」[16]。

注意を要するのは、李亜飛と賈慶林はどちらも、両会はそれぞれ口頭で「一個中国」原則を堅持する認識であると述べていることである。彼らは中国側が国民党の「一中各表」に同意した、あるいは認めたとは言っていないのである。なぜなら、中国共産党がはっきりと「一中各表」が「両個中国」（ふたつの中国—訳者注）の発展に向かわせると認識しているからである。そのため、中国共産党は、以前からこれを極力否定してきた。

早くも一九九六年一二月、唐樹備は、「台湾では最近あるときから、海協会と海基会が、一九九二年に『両会の事務的協議の中で、中台は「一個中国」の原則を堅持する』という口頭による共通認識を成立させ、『一個中国、各自表述』と主張して、『一個中国』を中国の歴史上の問題として解釈した。そして、現在は段階的な『両個中国』であり、この解釈を国際政治のレベルに拡大させようとしている」と述べた。[17]

国民党が「一中各表」を実現していないのは、二番目の希望を叶えようとしているからである。その希望とは中台の主張を「互不否認」（互いに否認しない—訳者注）に改めることである。二〇〇八年一二月三一日、胡錦濤は台湾に対する談話（「胡六点」）を発表した。その第一番目は、「一個中国」を厳守し、相互の政治的信頼を増進することであった。台湾総統府は記者会見を開いて「胡六点」について答え、「九二共識、互不否認」は中台の協議と交流の基礎であると重ねて主張した。[18] 馬英九は二〇一二年五月の総統選演説中、中台の「互不否認治権」（互いに否認せずに治める権利—訳者注）という意見を述べた。[19]

六、「一中各表」、「九二共識」の新聞報道の状況

本稿では、『聯合知識庫』[20]を使い、一九九二年一〇月から二〇一一年一二月までの「一中各表」と「九二共識」をキーワード検索し、[21] 得られた報道回数を年度ごとにまとめた。そして、いくつか顕著な状況を発見することができた（図1参照）。

第一に、「一中各表」の登場回数は、二〇〇〇年から二〇〇一年、二〇〇八年、二〇一一年が多かったが、その中でもとくに二〇〇〇年から二〇〇一年が最多であった。

第二に、「九二共識」の登場回数は、二〇〇一年、二〇〇五年、二〇〇八年、二〇一一年で高まりをみせたが、そ

の中でも最高なのが二〇一一年で、なおかつ、台湾総統選挙の数カ月前であった。

第三は、このふたつの中台関係で攻防戦を繰り広げる政治ロジックは、すでに、台湾の選挙期間中には「内在化」し、また、総統選ごとに「発症」した。言い換えると、中国の影響はすでに台湾の政治運営の中に浸透していた。

第四は、近年の「九二共識」の報道回数が、徐々に「一中各表」を超えていることであった。これを発展の流れから見ると、「一中各表」は、だんだんと中台政治ロジックの舞台からフェードアウトし、「九二共識」に取って代わられたといえる。

おわりに

本稿は事象の分析とアンケート調査をもとに、「中国の影響」とそれによる選挙の動態について検討した。また、本稿では「九二共識」ということばがたどった経過を整理し、このことばの「流行」と、二〇〇〇年以降の国共両党の協力関係が大きく関係していたことを実証した。国共両党は「九二共識」を「焦点」として協議を進めた。

しかし、ふたつの政党はそれぞれ「九二共識」の定義をめぐって、かなりの違いがあった。簡単に言えば、国民党が主張する「九二共識」は、「一中各表」であった。これに対し、中国共産党は「九二共識」が中台の「各表一中」であると主張した。この違いは総統選の最中でもはっきりせず、甚だしくは、総統選前夜に「九二共識」を支持した企業の責任者でさえ「九二共識」の具体的内容はわからないと述べた。

人々を驚かせたのは、あいまいな部分を含んだはっきりしない政治的ロジックが総統選に大きな作用を生んだということであった。中国と経済的な利害関係を持った企業や財団も公に支持を表明した。

一般選挙民の中では、半数以上が「九二共識」に対し、「中間的立場」の態度をとったが、これは相当の割合の選挙民が「九二共識」の内容についてはっきりわかっていないことを表していたといえる。しかし、彼らの「九二共識」への態度には差があり、それは総統選の投票動向に決定的に反映した。

中国の影響はすでに台湾の日常生活の中にゆっくりと浸透していた。そのうえ、「一中各表」と「九二共識」のふたつのことばは、総統選が始まるごとに現れては大々的に報道され、熱病のように「発症」した。

仔細な分析を通して明らかになったのは、「九二共識」が蘇起の述べたような、彼が二〇〇〇年初めに「発明」したものではなく、一九九九年に李登輝が「特殊両国論」を発表して以後、中国がすぐさま「一九九二年両会共識」を主張し、李登輝の反駁を受けて生まれたということであった。また、李登輝の「特殊両国論」、および二〇〇〇年の民進党政権時に中国共産党が「九二共識」というあいまいなことばを使って国共合作を推し進めたことから始まったともいえる。

「九二共識」という中台の政治的ロジックは、二〇一二年の台湾総統選の期間中も一定程度の影響を与えた。総統選で言えば、「九二共識」をめぐる攻防は、すでに終結した「戦争」であるといえるが、歴史的なキーワードとしては、依然として熟考を重ねる必要がある。

【注】

(1)「郭董挺馬:国家経済需要『熟練舵手』」、『聯合報』二〇一二年一二月二日。

(2)同右。

(3)本調査で実際に回答した人数は一二〇二人に及んだ。総統選挙で宋楚瑜、ならびに林瑞雄らのグループに投票すると答えたのは四三人で、比例すると三・八パーセントであった。しかし、この回答は数があまり多くなかったため、本稿の分析対象から除外した。同時に、不完全な回答についても取り上げなかったので、本稿の分析の有効者数は一〇九九人となった。

(4)参考文献は次のとおり。蘇起・鄭安国主編『「一個中国、各自表述」共識的史実』、国家政策研究基金会、二〇〇二年。童振源・陳碩廷「九二共識的形成、実践与瓦解」、『展望与探索』第二号(第二一号)、三三-四六頁。範麗華「九二香港会談至辜汪一次会談之研究」、国立中央大学歴史研究所碩士論文。初国華「海峡両岸九二共識之研究」、『育達科大学報』第二六号、二〇一一年、一八一-一九八頁。

(5)「反分裂国家法」第八条によると、「台湾独立」の分裂勢力があらゆる理由、あらゆる方法で台湾を中国から分裂させた事実を作り出したり、台湾を中国から分裂させるという重大事件を発生させたり、平和統一の可能性を完全に喪失させたりした場合、国家は非平和的方法を用いて必要な措置を取り、国家主権と領土完整を守る、とある(新華網授権発布「反分裂国家法」〔http://news.xinhuanet.com/tai_gang_ao/2005-03/14/content_2694168.htm〕、閲覧日二〇一二年九月五日)。

(6)「中国共産党総書記胡錦濤与中国国民党主席連戦会談新聞広報(公報全文)」、中国網、二〇〇五年(http://www.china.com.cn/chinese/zhuanti/lz/851841.htm)、閲覧日二〇一二年九月五日。

(7)範凌嘉「馬英九哈佛演説、提両岸暫行架構」、『聯合報』二〇〇六年三月二三日。

(8)唐樹備「「国与国関係」言論危害台湾安定」、『中央社』、一九九九年七月一二日。

(9)「中共対台商表示両岸応回到九二年共識」、『中央社』、一九九九年八月二日。

(10)「海協会建議海基会進一歩商談並簽署協議」、『中央社』、一九九二年一一月四日。

(11)「蘇起至盼両岸恢復協商強調主体内涵将更開放」、『中央社』、二〇〇〇年二月一七日。

(12)「唐樹備称回到九二年共識両会将可復談」、『中央社』、二〇〇〇年三月一〇日。

(13)「蘇起建議陳水扁提一九九二年共識打破両岸僵局」、『中央社』、二〇〇〇年四月二八日。

(14)「蘇起承認創造「九二共識」名詞盼対話有基礎」、『中央社』、二〇〇六年二月二一日。

(15)「李亜飛談『九二共識』口径未変」、『中央社』、二〇一〇年八月一一日。

(16)「賈慶林説出九二共識・一中各表」、『聯合報』ネットニュースページ、二〇一一年一二月一六日、http://video.udn.com/video/item/itempage.do?sno=344-233-2b4-233-2b3231313c344-233-2b343-2b30 閲覧日二〇一二年九月五日。

(17)「唐樹備談中共堅持一個中国的理由」、『中央社』、一九九六年一二月八日。

(18)「総統府肯定胡錦濤談話 重申両岸互不否認」、『中央社』、二〇〇九年一月一日。

(19)「総統馬英九就職演説全文」、『中央社』、二〇一二年五月二〇日、http://www.cna.com.tw/news/aipl/201205200228.aspx 閲覧日二〇一二年九月五日。

(20)『聯合知識庫』サイト：http://www.lib.nthu.edu.tw/guide/cdrom/intro/udndata/　検索の範囲は『聯合報』系の台湾発行の三紙、『聯合報』・『経済日報』・『聯合晩報』。

(21)「一中各表」を検索した際のキーワードは、「一中各表」と「一個中国、各自表述」とした。

中国におけるグローバル投資と社会適応
――台湾および日本そして韓国の駐在員の比較

張家銘（有田義弘 訳）

はじめに

東アジアにおける急速なグローバル化はその地域における経済の相互依存の進展を反映しており、今日、それは当然われわれの関心を引くこととなる。特に、中国は積極的に経済の開放と改革を進めており、多くのグローバル企業とビジネスマンが中国市場において協力と競争のネットワークを築いている。

このような状況において、台湾および日本、韓国のグローバル企業が中国において中国社会と中国の人々をどのように認識しているかということを比較することは、時勢にかない、また重要なことである。そして、彼らがどのように進出先の国と地方政府を認識するのかということは、彼らの文化資本と社会関係資本の影響を受けているのである。

前述の社会的要素について研究するため、本稿では中国の華東地区（上海、蘇州）および華南地区（広州、東莞）へ派遣された台湾および日本、韓国の駐在員を対象とし分析する。データは、日本学術振興会（ＪＳＰＳ）を通じて共催された国際ワークショップによって二〇一〇年および二〇一一年に調査されたデータを使うものとする。

一、文化資本と社会関係資本

文化資本と社会関係資本は、ここ数年の間、社会学および経済社会学の分野において、最も人気のある二つのトピックである。これらの概念の起源は、デュルケームとマルクスにさかのぼることができる。デュルケームが強調したのが、社会規範であり、社会規範とは、個人の疎外感と自己破壊に対する解決法としての社会的連帯と集団生活である。マルクスは、原子化した即自的階級と効果的な対自的階級とを区別し、結束の固い連帯という概念を指向する。ウェーバーは正式な機関や合理的な仕組み、法律、官僚機構を特定の規則正しさや実体、社会的な仕組み、強化された信頼、家族の絆と区別する。ジンメルは個人の交換のネットワークにおける相互交換に由来する規範と義務の重要性を指摘した。文化資本と社会関係資本は、社会ネットワークや家族の絆、信頼、相互作用、習慣のような多くの実質的な規範を示す。

デュルケームやマルクス、ウェーバー、ジンメルという古典に由来する概念である文化資本や社会関係資本は、一九七〇年代に、ピエール・ブルデューによって現代の分析のために再び提唱され、一九八〇年代のジェームズ・コールマン、一九九〇年代のロバート・パットナムとアレハンドロ・ポルテスに続く。多くの社会学者は〝マクロ社会学的〟あるいは〝ミクロ社会学的〟手法のどちらに賛成するのかという点から経済的行動の文化的要素と社会的要素の重要性を議論してきた。そして、そのような議論は人間の行為における〝活動〟や〝構造的〟見方の極端さを避けた。この研究手法はまた、対象が文化的理解や経済の分野において社会的人間関係を共有するといった、特定の調査において、ふさわしいと言える。確かに、これらの概念は、国境を超えた参加の過程を国家間で比較・分析し、説明する上で重要である。

ブルデューによれば、文化は象徴性や意義として定義される。(1) 社会における新しい世代は、支配的な象徴性や意義（例、言語）を教育的な活動（例、教育、訓練）を通じて、引き継ぎ、内面化する。ブルデューが論じる文化資本には、言語能力や進出先の国に関する事前知識、会社が提供する教育が含まれる。そこで、この研究において、我々は、中国語能力をはかるために次のような質問を用いた。「あなたは、地元で雇用した人と会話・リスニング・読解の面においてコミュニケーションできると思いますか？（不十分、普通、十分、とてもスムーズ、分からない）」「中国でビジネスする際に、あなたはどれくらい通訳を使うと思いますか？（いつも、しばしば、ときどき、使わない、分からない）」。

中国についての事前知識は、次のような質問で調査された。「あなたは中国に来る前に、中国本土についてどれくらい知っていましたか？（とてもよく知っていた、よく知っていた、少し知っていた、ほとんど知らない）」。会社が提供する教育は、他の質問を用いて調査された。「中国の現地の文化と言語に対するあなたの理解を増やすために、会社は十分な時間や機会をあなたに与えましたか？または、あなたに許しましたか？（非常に多い、多い、少し、ほとんどない）」。我々は、ほとんどないから非常に多いまでの全てのあらゆる範囲を用意するために、回答の選択肢を下の方に入れ替えた。

社会関係資本を用いた最初のシステマティックな現代分析はブルデューによって提唱された。彼は社会関係資本を「相互の面識や承認といった多かれ少なかれ組織化された関係に基づく永続性のあるネットワークに関連する実際のあるいは潜在的なリソースの集合体」として定義する。(2) ポルテス(3)の指摘によれば、この定義は二つの要素に分けられる。社会関係と社会的な資源である。彼はまた、ネットワークや、より広範な社会構造において、個人が社会関係資本のアドバンテージによって希少な資源を集めることを可能にする能力を社会関係資本が示すと指摘した。[4]

マーク・グラノヴェッターは、多くの人の行動は、個人間の関係のネットワークに密接に埋め込まれていると論じた。[5] コールマンは、社会関係資本は二つの異なることを意味すると説明した。第一が関係あるいはネットワークであり、第二が信頼である。[6] パットナムは、コールマンの概念を引き継ぎ、社会関係資本は「共有された対象をより効果的に追い求めるために参加者が共に行動することを可能にする社会的生活の特徴（ネットワークと規範、信頼）である」と定義した。[7]

社会関係資本の他の重要な側面は、ノーマン・アポフによって発展させられ、その範囲は、制度的社会関係資本から認知的社会関係資本にまで及ぶ。[8] 制度的社会関係資本とは、社会関係資本における、より目に見えるもの、より触れることができるものという側面を示すものである。例えば、人々の間のネットワークである。認知的社会関係資本とは、より抽象的なものであり、例えば、信頼や規範、価値などである。それらは、人々の間での相互作用に影響を与える。このような規範に基づいて人々が参加するということを通じて、間接的に守られなければならないものである。ナン・リンは社会関係資本という概念をより率直に定義した。すなわち、社会関係資本とは、社会関係においてリターンが期待される投資である。[9]

したがって、前述の学者が指摘するように、社会関係資本には少なくとも二つの側面が含まれる。すなわち、社会関係と社会的相互作用である。そこで、我々は、社会関係を以下のような質問で調査した。つまり、「あなたは次のような集団あるいは組織において、身近なあるいは信頼できる友人がいますか？（地方政府の監督部門、現地の人によって組織された商工会、蘇州地区における外国の競争者、地元企業のビジネスパートナー）」。そして、社会的相互作用は、次のような質問によって調査される。「私は自宅に現地で雇用した従業員を招いたことがある（はい、いいえ）」。「私は現地の従業員の家に招かれたことがある（はい、いいえ）」。「私は現地の従業員の結婚式に招かれたことがある（はい、いいえ)」。「私は社会問題について現地の従業員と率直に話し合う（はい、いいえ)」。「私は現地の従業員の配偶者あるいは家庭生活を知っている（はい、いいえ)」。

我々は中国人に対するイメージを分析するために、二つの面に注目した。一つが、中国社会における人間関係の重要性であり、もう一つが中国ビジネスにおける地元政府の役人との相互作用の重要性である。前者については、次のような質問で、調査された。つまり、「あなたは非公式な人間関係が公式な契約書よりもより重要だという考え方に賛成ですか？（強く同意する、同意する、簡単に答えられない、同意しない、強く反対する)」。後者については、次のような質問で、調査された。つまり、「ビジネスを行うにあたり、地元政府の役人と接触するのが不可欠であるという考え方に、あなたは同意しますか？（強く同意する、同意する、簡単に答えられない、同意しない、強く反対する)」。

二、モデルと仮説

本稿の目的は、文化資本と社会関係資本との間の関係性を検証することである。M・パトリシア・フェルナンデス・ケリーの議論に基づけば、我々は、次のような思考方法を得ることができる。第一に、象徴の蓄積や相互に創造された意義付け、周囲の状況への従属としての文化資本が社会関係資本を生み出すということである。第二に、社会関係資本は、象徴性の蓄積つまり文化資本の展開に依存するということである。第三に、文化資本は独立して再生産されないものであるが、社会関係資本という特定の形態に囲まれているという条件において、再生産されるということである。[10] 以上の議論に由来する分析モデルを後述の図1に示した。本稿における仮説は、以下の通りである。

仮説一、文化資本（中国語能力や中国についての事前知識、会社が提供する教育）という可変的なものは、社会関係資本

図１　分析モデル（仮説化された関係）

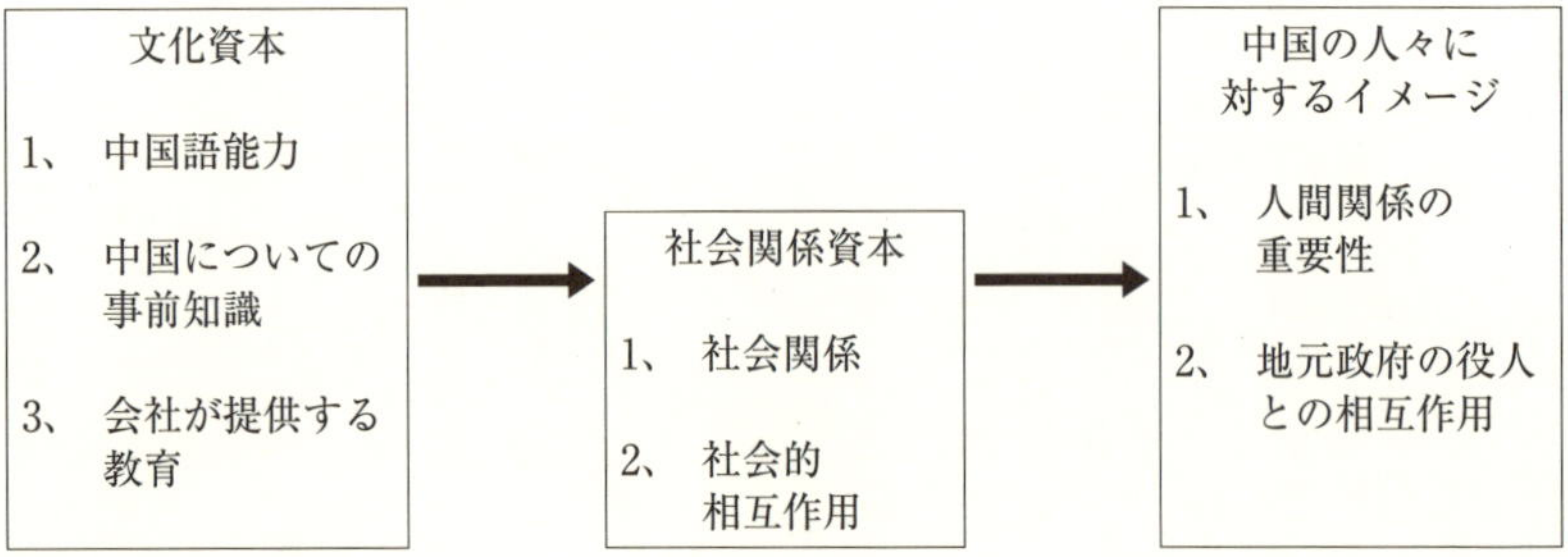

（社会関係と社会的相互作用）を通じて中国人に対するイメージ（地元政府の役人との人間関係と相互作用の重要性）に影響を与えうる。

仮説二、東アジアの駐在員の中国における地元政府役人との人間関係とその相互作用の重要性に関するイメージは、さまざまな種類の社会関係資本によって影響される。

仮説三、東アジアの駐在員の社会関係資本は、彼ら自身によって蓄積された、あるいは会社によって教育された駐在員たちの文化資本によって影響される。

我々は、韓国と台湾そして日本という東アジアの三ヶ国に次のような結論を下すであろう。すなわち、社会関係資本と中国人に対するイメージとの間における関係性、あるいは文化資本と社会関係資本との間における関係性は国によって違うものであると仮定した。そこで、分析モデルをめぐり、それぞれの国別に検証した。

一、データとサンプル

データは、日本学術振興会（ＪＳＰＳ）によって二〇〇〇年から二〇〇二年に共催された国際ワークショップで集められたものである。主な調査手段は、質問項目が配列されたアンケート用紙であり、蘇州と広東地区で主に商工業分野で働く韓国や台湾そして日本の駐在員について調査したものである。

表1　回答者の人口統計上の分布

変数	項目	回答数	%
国籍	1、韓国人	221	35.4
	2、台湾人	184	29.5
	3、日本人	219	35.1
性別	0、女性	42	6.7
	1、男性	573	91.8
学歴	1、高等学校	73	11.7
	2、短期大学、技術短大	65	10.4
	3、大学	392	62.8
	4、大学院	66	10.6
年齢	1、35 歳以下	111	17.8
	2、36 ～ 45 歳	202	32.4
	3、46 ～ 55 歳	210	33.7
	4、56 ～ 65 歳	87	13.9
	5、66 歳以上	7	1.1
会社が中国に進出している年数	1、10 年以上	268	42.9
	2、10 年未満	300	48.1
家族がいるのか	1、いる	267	43.6
	2、いない	346	56.4
中国語学習の経験	1、ある	286	45.9
	2、ない	338	54.1

有効な回答数は全部で六二四件である。その中には、韓国人の回答数は二二一件あり、台湾人の回答者数は一八四件であり、日本人の回答者数は二一九件である。国家間のサンプル数の差は、会社の管理部門からアンケートに対する許可を得ることへの難易度に起因する。人口統計上の変数における数と分布は、次の表1に示されている通りである。

回答者のほとんどは、男性の駐在員であり、全部で五七三人（九一・八パーセント）である。女性は、四二名（六・七パーセント）だけである。これは、女性が中国の蘇州・広東地区に派遣されることが相対的にあまりないことを意味する。七三・四パーセントの回答者が顕著に高い教育レベルでの学位を持つかそれ以上の学歴である。韓国や台湾そして日本を比較すると、韓国の駐在員の教育レベルが最も高く、それに日本と台湾が続く（f= 三・五六一、p=・〇三二）。三六から五五歳までの中高年は、回答者数の六六・一パーセントを占める。平均年齢が最も高いのは日本の駐在員であるが、最も低いのが韓国である。【日本（四八・三二）＞台湾（四五・〇六）＞韓国（四〇・九〇）、F＝一四・六八四、p＝・〇〇〇】。これは、韓国は主に若い駐在員が多く、韓国の駐在員が台湾や日本よりも高学歴であることを示す。

中国駐在の期間から見ると、六七・四パーセントの駐在員は中国滞在歴が五年未満である。最も長いのが台湾（四・三五年）であり、次に、日本（三・五九年）と韓国（二・六三年）が続く（F＝三・五八一、p＝・〇三）。明らかに、台湾企業は中国市場に最も早く進出した企業であり、次が日本であり、最後が韓国である。総回答者数の五六・四パーセントが家族を伴わずに駐在している。韓国人駐在員のほとんどが家族と共に駐在しており、次に多いのが台湾で、一番少ないのが日本である。【韓国（七〇・二パーセント）＞台湾（五〇・〇パーセント）＞日本（三二・九パーセント）、χ　二＝一八・一五二、p＝・〇〇一】。これは、韓国企業が駐在員に対して定住化と中国での現地化を奨励しているからであると考えられる。他方で、日本企業は短期滞在や一時的な海外駐在を好む。

その他の点では、総回答者のうち四五・九パーセントの回答者が中国語学習の経験を有している。特に、韓国企業は中国語学習の経験において、台湾や日本よりも大きな割合を占めている。【韓国（五六・三パーセント）＞台湾（五二・九パーセント）＞日本（三五・一パーセント）、χ　二＝五・九五二、p＝・〇五一】。我々の調査によれば、我々は次の質問に関連した調査結果を示すことができる。その質問は、「あなたの会社はあなたが中国の文化と言語を理解するために十分な時間と機会を与えましたか？（非常に多い、多い、少し、ほとんどない）」というものである。質問の結果によると、韓国企業が最も積極的に現地の言語と文化を学習する機会を提供しており、それに日本と台湾が続く【韓国（二・三〇）＞日本（二・二二）＞台湾（二・〇六）】。同様の傾向が、「あなたは中国ビジネスにおいて中国語を理解することが重要だという考えに同意しますか？（強く同意する、同意する、簡単に言えない、同意しない、強く否定する）」という質問にも見られる。回答を見れば、我々は、日本や台湾以上に韓国の駐在員がこの質問に対して最も強く同意していることが分かる。【韓国（三・七九）＞日本（三・六一）＞台湾（三・三三）、F＝六・〇一三、p＝・〇〇三】。

加えて、韓国人駐在員の中国語能力（会話、リスニング、読解、通訳なしの交流：クロンバックのα係数＝・九〇）もまた、日本よりも優れている。ここでは、比較の対象に台湾は含まない。【台湾（三・三一）＞韓国（二・六二）＞日本（二・三六）、F＝一〇・一三五、p＝・〇〇〇】。読解能力は日本人の方が韓国人よりも優れているが、韓国人駐在員は特にリスニングと会話能力において日本人よりも優れている。他方で、韓国人駐在員は、日本人との比較において、中国でのビジネスにおいて通訳を介さずに意思伝達できるより高い能力を保持している（表2参照）。一般的に台湾人駐在員は、これらのすべての点において、三ヶ国の中では、より優れた能力を有している。

中国についての事前知識について尋ねると、日本人の駐在員が韓国や台湾の駐在員よりも中国についてより多くの知識を持っていることを示す。【日本（二・二五）＞韓国（二・〇四）＞台湾（一・六七）、F＝三・一三一、p＝・〇四七】。これは、中国に駐在する前の段階で、日本人駐在員が情報収集と中国文化および社会への理解という点で最も積極的であることを反映している。

人間関係の重要性という点においても、重大な違いがこれらの国々の間で見られる。韓国人駐在員は非公式な人間関係が公式な契約書よりも重要であるということに最も強く同意している。次に、日本と台湾が続く。【韓国（三・二三）＞日本（二・九二）＞台湾（二・八五）、F＝三・八五六、p＝・〇二四）。韓国人駐在員はまた地元政府の役人との相互作用が必要であるという点においても日本や台湾以上に最も強く同意している。【韓国（三・二九）＞日本（三・二〇）＞台湾（三・〇六）】。そして、現地従業員の自宅に招かれたことがあるかという問いにおいて、台湾人駐在員がより招かれる傾向にある。次に、韓国と日本が続く。【台湾（九四・四パーセント）＞韓国（七〇・八パーセント）＞日本（六二・三パーセント）、x^2＝七・一四七、p＝・〇二八】。したがって、台湾人と韓国人は日本人よりも評判がよいと考えられ、現地の従業員と社会的な絆あるいは個人的な関係を築きたがる傾向にある。

表２　国別の中国語能力

国	会話	リスニング	読解	通訳	全面的な能力
韓国	2.54	2.66	2.44	2.96	2.62
台湾	3.44	3.06	3.18	3.67	3.31
日本	2.32	2.36	2.60	2.12	2.36
	F=11.308 P=.000	F=4.149 P=.018	F=4.683 P=.011	F=27.915 P=.000	F=10.135 P=.000

二、結果

ここでは、より詳細な分析を行うために、七つの変数を使用する。七つの変数は次の通りである。中国語能力、中国についての事前知識、会社が提供する教育、社会関係、社会的相互作用、人間関係の重要性、そして、地元政府の役人との相互作用である。これらの変数の相関関係は、表３で示した通りである。

表によって、我々は変数がもう片方の変数と大きな相関関係にあることに気づくことができる。例えば、次のものがあげられる。すなわち、中国語能力と中国についての事前知識、中国語能力と社会関係、中国語能力と社会的相互作用、中国についての事前知識と会社が提供する教育、社会的相互作用と社会関係、社会関係と地元政府役人との相互作用、人間関係についての重要性と地元政府役人との相互作用である。

モデルの普遍性を見つけ出すための、そして、それぞれの国の中における関係性を類型化するための、より詳細な調査のために、図１の分析モデルに基づき、次のような重回帰分析を用いた。

社会関係＝ａ＋ｂ一＊中国語能力＋ｂ二＊事前知識＋ｂ三＊会社の教育＋ｅ

相互作用＝ａ＋ｂ一＊中国語能力＋ｂ二＊事前知識＋ｂ三＊会社の教育＋ｅ

表３　人の相関行列

変数	中国語能力	事前知識	会社の教育	社会関係
中国語能力				
事前知識	.274**			
会社の教育	.029	.196*		
社会関係	.200*	.091	.035	
相互作用	.399**	.091	.044	.252**
人間関係	.002	－.041	－.030	－.054
地元政府の役人	.076	－.085	－.064	.201*

*　$P \leq .05$

**　$P \leq .01$

表３（続き）　人の相関行列

変数	相互作用	人間関係	地元政府の役人
相互作用			
人間関係	.190		
地元政府の役人	.092	.443**	

**　$P \leq .01$

人間関係＝a＋b一＊中国語能力＋b二＊事前知識＋b三＊会社の教育＋b四＊社会関係＋b五＊相互作用＋e

人間関係＝a＋b一＊中国語能力＋b二＊事前知識＋b三＊会社の教育＋b四＊社会関係＋b五＊相互作用＋b六＊国（韓国と日本）＋e

地元政府の役人＝a＋b一＊中国語能力＋b二＊事前知識＋b三＊会社の教育＋b四＊社会関係＋b五＊相互作用＋e

地元政府の役人＝a＋b一＊中国語能力＋b二＊事前知識＋b三＊会社の教育＋b四＊社会関係＋b五＊相互作用＋b六＊国（韓国と日本）＋e

人間関係は人間関係の重要性をさす。地元政府の役人とは地元政府役人との相互作用である。相互作用は社会

表4　すべての国の社会関係に関する重回帰の決定係数（括弧内はT-検定）

独立係数	計
中国語能力	5.736* (2.140)
事前知識	9.930 (.400)
会社の教育	1.244 (.494)
定数項	.166 (1.836)
Adj.R^2	.022
N	144

*　P ≤ .05

的相互作用である。会社の教育とは会社が提供する教育である。事前知識とは中国についての事前知識である。中国語能力とは中国語の運用能力をさす。aは定数項である。b一からb六は推測される回帰係数である。eはエラー・タームである。よって、六つの回帰モデルを検討していく。

中国語能力は社会関係と関連すると考えられる一方で、中国についての事前知識と会社の提供する教育は関係ないと見られる。そして、仮に駐在員がより高い中国語能力を持っていれば、彼らは他人と社会関係を構築することにより強い興味を持っていると考えられる。他人には、地元政府の監督部門や現地の人によって組織された商工会、蘇州地区における外国の競争相手、地元企業のビジネスパートナーが含まれる。

社会的相互作用の回帰分析は、次の表5で示されている。中国語能力は、すべての国において、社会的相互作用との間で決定的に重要な役割を果たしていると考えられる。これは、仮に駐在員がより高い中国語能力を有していれば、彼らは現地の従業員と社会的相互作用という点でより積極的になるであろうということを意味する。

すべての国の人間関係の重要性に関する回帰分析は表6で示されている。中国社会における非公式な人間関係の重要性に対する認識において、社会的相互作用のみが明確な影響を与えていると考えられる。これは、駐在員が現地の従業員との相互作用においてより積極的であるならば、彼らが中国社会

表５　すべての国の社会的相互作用に関する重回帰の決定係数（括弧内は T- 検定）

独立係数	計
中国語能力	.139**
	(4.874)
事前知識	− 3.962
	(− .112)
会社の教育	1.513
	(.566)
定数項	.264**
	(2.759)
Adj.R^2	.146
N	144

** $P \leq .01$

において公式な契約書よりも非公式な人間関係の方が重要であるという事実を理解していることを示す。そのうえで、我々は表7において韓国と日本の違いを比較した。ここではサンプルが少なすぎるという理由で、台湾人を除外した。このモデルにおける国の独立変数において、ダミー係数は（韓国＝一、日本＝〇）である。国籍の違いは人間関係の重要性に対する認識に明確な影響を与えている。これは、韓国の駐在員が日本との比較において中国での人間関係の重要性をより強く認識していることを意味する。

地元政府の役人との相互作用の必要性に関する回帰分析は、表8および表9において示されている。そこでは、社会関係が地元政府役人との相互作用の必要性についての認識に明確な影響を与えている。これは、中国でのビジネスにおいて、駐在員がより強い社会的な絆や社会的ネットワークを持っていれば、彼らは地元政府役人との相互作用の重要性をより強く認識するということを反映している。そして、ここでは韓国人と日本人の駐在員の間で重大なイメージの違いは見られない。

より詳細な解釈と暫定的な結論を得るために、我々は六つの重回帰モデル（表4から9）とオリジナルの分析モデル（図1）をもとにした後述の分析モデル（図2）について述べてきた。

駐在員の中国語能力は彼らの社会関係と社会的相互作用に対して明確な影響を与える。しかし、彼らの中国語能力は、彼らの社会関係資本、すなわち

表6　すべての国の人間関係の重要性に関する重回帰の決定係数（括弧内は T- 検定）

独立係数	計
中国語能力	− 3.790 （− .444）
事前知識	− 3.954 （− .560）
会社の教育	1.791 （.238）
社会関係	− .315 （− 1.291）
相互作用	.513* （2.005）
定数項	2.925** （11.259）
Adj.R^2	.001
N	144

*　$P \leq .05$

**　$P \leq .01$

表7　韓国と日本の人間関係の重要性に関する重回帰の決定係数（括弧内は T- 検定）

独立係数	韓国と日本
中国語能力	2.214 （.224）
事前知識	− 2.436 （− .326）
会社の教育	− 7.126 （− .086）
社会関係	− .361 （− 1.419）
相互作用	.362 （1.333）
国	.292* （2.140）
定数項	2.809** （10.220）
Adj.R^2	.037
N	126

*　$P \leq .05$

**　$P \leq .01$

表８　すべての国の地元政府役人との相互作用に関する重回帰の決定係数（括弧内は T- 検定）

独立係数	計
中国語能力	− .104 (− 1.296)
事前知識	− 5.386 (− .767)
会社の教育	− 2.948 (− .423)
社会関係	.501* (2.090)
相互作用	.167 (.736)
定数項	3.367** (13.523)
Adj.R^2	.022
N	144

*　$P \leq .05$
**　$P \leq .01$

表９　韓国と日本の地元政府役人との相互作用に関する重回帰の決定係数（括弧内は T- 検定）

独立係数	韓国と日本
中国語能力	− 5.934 (− .574)
事前知識	− 6.197 (− .774)
会社の教育	− 8.220 (− .985)
社会関係	.467 (1.743)
相互作用	5.352 (.207)
国	3.552 (.247)
定数項	3.472** (12.128)
Adj.R^2	− .004
N	126

**　$P \leq .01$

図2　東アジア諸国の分析モデル

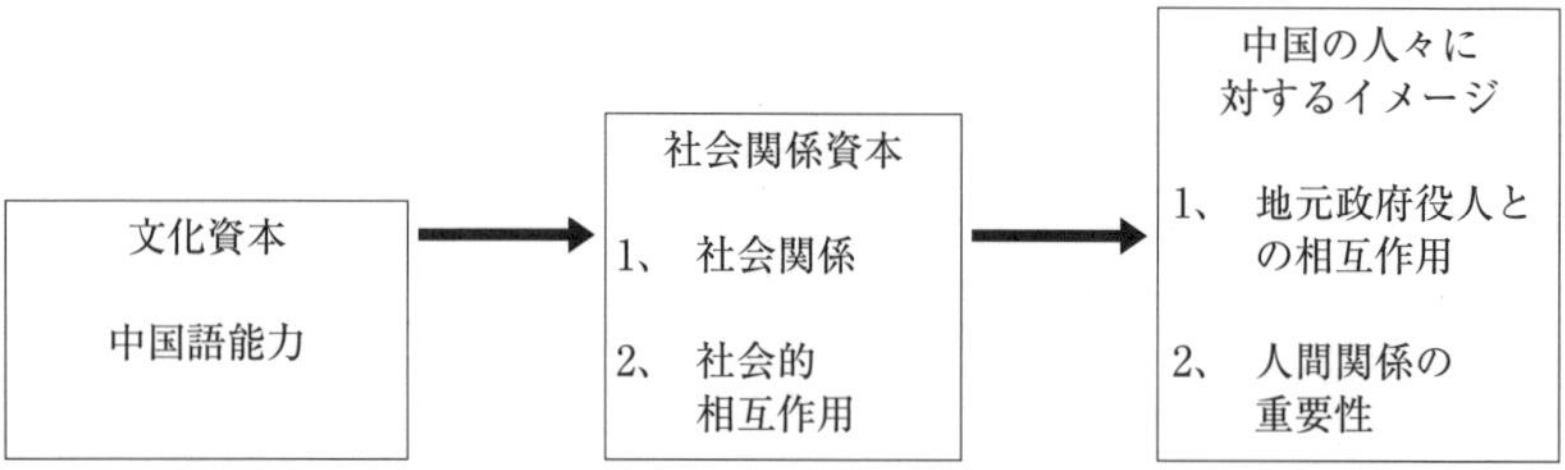

社会関係と社会的相互作用に影響を与えることを通じて、最終的に中国におけるビジネスでの人間関係の重要性および地元政府の役人との相互作用の必要性に対する認識に決定的な影響を与える。韓国と日本の駐在員を比較すると、前者は中国での人間関係の重要性をより強く認識している。

三、結びの言葉

前述の分析から導き出された、いくつかの重要な結論について、以下の通り、慎重にまとめてみた。第一に、中国語能力は駐在員の中国人に対するイメージに直接の影響を与えないということである。しかし、それは、個人的な関係を構築することや現地従業員との相互作用といった密接な交流を通じて形成されるのである。この結果は、文化資本（中国語能力）が社会関係資本（社会関係と社会的相互作用）を通じて中国人に対するイメージ（中国でのビジネスにおける人間関係の重要性と地元政府役人との相互作用の必要性）に影響を与えるという我々の仮説と部分的に一致する。この事実はまた、文化資本は独立的に再生産されないが、社会関係資本という特定の形態に囲まれているという条件でのみ再生産されると主張するケリー[11]の議論に沿う内容である。

第二に、駐在員が現地従業員との間での相互作用により積極的である時、駐在員は中国社会での人間関係の重要性をより強く認識するということである。そして、駐在員がより強固な社会関係を築いていれば、彼らは中国でのビジネスにおける地元政府役人との相互作用の重要性をより強く認識する。これは、駐在員の社会関係資本が彼らの中国人に対するイメージと統計学的に重要な相関関係にあるということを証明している。これはまた、前述の我々の仮説とも一致する。

第三に、駐在員がより高い中国語能力を有していれば、彼らは社会関係の形成および他人との相互作用に対する関心という点でより積極的になるということである。これは、文化資本を示す三つの変数のうちの一つが駐在員の社会関係資本に対して重要な影響を与えるということを意味する。この結果は、東アジア諸国の駐在員の社会関係資本は彼らの文化資本（彼ら自身で身に着けた中国語能力）の影響を受けるという前述の我々の仮説と部分的に一致する。

最後に、台湾人駐在員に対する分析結果から、我々は、彼らが中国語能力に長けていることが、地元政府役人や現地従業員との積極的な接触を容易にしていることを見出せる。日本人駐在員と比較すると、韓国人駐在員は中国語学習に努めている。このことは、非公式な人間関係を構築することをさらに促進し、韓国人が中国で成功するアドバンテージになり得る。

参考文献

Berger, Peter and Samuel P. Huntington, *Many Globalizations: Cultural Diversity in the Contemporary* World. London: Oxford University Press, 2002.

Bourdieu, Pierre, 〝The Forms of Capital.〟 *in Handbook of Theory and Research for the Sociology of Education*, edited by John G. Richardson. Westport. CT: Greenwood Press, 1986. *The Logic of Practice*. Cambridge, MA: Polity, 1990.

Bourdieu, Piere, and Jean-Claude Passeron, *Reproduction in Education*, Society, Culture. Beverly Hills, CA: Sage, 1977.

Burt, Ronald S, 〝The Contingent Value of Social Capital.〟 *Administrative Science Quarterly*42, 1997, pp.339-65.

Burt, Ronald S, 〝Embeddednes in the Making of Financial Capital: How Social Relations and Networks Benefit Firms Seeking Financing.〟 *American Sociological Review* 64,1999,pp.481-505.

Coleman, James S., 〝Social Capital in the Creation of Human Capital.〟 *American Journal of Sociology* 94, 1988, pp.95-121.
Coleman, James S., *Foundations of Social Theory*. Cambridge, MA: Harvard University Press, 1990.
Dekker, Paul, and Eric M. Uslaner, *Social Capital and Participation in Everyday Life*. London: Routledge/ ECPR Studies in European Political Science , 2001.
Granovetter, Mark, 〝The Strength of Weak Ties.〟 *American Journal of Sociology* 78,1973, pp.1360-80.
Granovetter, Mark, 〝Economic and Social Structure: The Problem of Embeddednes.〟 *American Journal of sociology* 91, 1985, pp.481-510.
Grootaert, Christiaan, and Thierry van Bastelaer, *The Role of Social Capital in Development: An Empirical Assessment*. UK: Cambridge University Press, 2002.
Harrison, L. E. and Samuel P. Huntington, *Culture Matters: How Values Shape Human Progress*. New York: Basic Books, 2000.
Hofstede, G., *Cultures and Organizations: Software of the Mind*. New York: McGraw-Hill, 1997.
Kelly, M. Patricia Fernandez, 〝Social and Cultural Capital in the Urban Ghetto: Implications for the Economic Sociology of Immigration.〟 in *The Economic Sociology of Immigration: Essays on Networks, Ethnicity, and Entrepreneurship*, edited by Alejandro Portes. New York: Russell Sage Foundation, 1995.
Lin, Nan, *Social Capital: A Theory of Social Structure and Action*. New York: Cambridge University Press, 2001.
Lin, Nan, Yang-chih Fu, and Ray-may Hsung, 〝Position Generator: A Measurement for Social Capital.〟 *Social Networks and Social Capital*. Duke University, November,1998.
Lin, Nan, Cook Karen, and Burt Ronald S., *Social Capital: Theory and Research*. New York: Walter de Gruyter, Inc, 2001.
Portes, Alejandro, and Julia Sensenbrenner, 〝Embeddednes and Immigration: Noteson the Social Determinants of Economic Action.〟 *American Journal of Sociology* 98（6）, 1993, pp.1320-50.
Portes, Alejandro, 〝Economic Sociology and the Sociology of Immigration: A Conceptual Overview.〟 In *The Economic Sociology of Immigration: Essays on Networks, Ethnicity, and Entrepreneurship*, edited by Alejandro Portes. New York: Russell Sage Foundation, 1995.
Portes,Alex, 〝Social Capital: Its Origins and Application sin Modern Sociology.〟 *Annual Review of Sociology* 22, 1998, pp.1-24.
Putnam, Robert D., *Making Democracy Work: Civic Traditions in Modern Italy*. Princeton, NJ: Princeton University Press, 1993.

Putnam, Robert D., 〝Tuning In, Tuning Out: The Strange Disappearance of Social Capital in America.〟 *Political Science and Politics* 28 (4) , 1995, pp.664-83.

Saegert, Susan, J. Phillip Thompson, and Mark R. Warren, *Social Capital and Poor Communities*.
New York: Russell Sage Foundation, 2001.

Swedberg, Richard, *Economic Sociology*. UK: Edward Elgar Publishing Limited, 1996.

Uphoff, N. , 〝Understanding Social Capital: Learning from the Analysis and Experience of Participation.〟 in *Social Capital: A Multifaceted Perspective*, edited by P. Dasgupta and I. Serageldin. Washington, DC: The World Bank, 1999.

Zukin, Sharon, and Paul Dimaggio,*Structures of Capital: The Social Organization of the Economy*.
New York: Cambridge University Press, 1990.

【注】

(1) Bourdieu, Pierre, *The Logic of Practice*. Cambridge, MA: Polity, 1990. Berger, Peter and Samuel P. Huntington, *Many Globalizations: Cultural Diversity in the Contemporary World*. London: Oxford University Press, 1977.

(2) Bourdieu, Pierre, 〝The Forms of Capital.〟 in *Handbook of Theory and Research for the Sociology of Education*, edited by John G. Richardson. Westport. CT: Greenwood Press, 1986, p.248.

(3) Portes, Alex, 〝Social Capital: Its Origins and Application sin Modern Sociology.〟 *Annual Review of Sociology* 22,1998, p.1.

(4) Portes, Alejandro, 〝Economic Sociology and the Sociology of Immigration: A Conceptual Overview.〟 in *The Economic Sociology of Immigration: Essays on Networks, Ethnicity, and Entrepreneurship*, edited by Alejandro Portes. New York: Russell Sage Foundation, 1995, p.12.

(5) Granovetter, Mark, 〝Economic and Social Structure: The Problem of Embeddedness.〟 *American Journal of sociology* 91, 1985, p.423.

(6) Coleman, James S., *Foundations of Social Theory*. Cambridge, MA: Harvard University Press, 1990.

(7) Putnam, Robert D., 〝Tuning In, Tuning Out: The Strange Disappearance of Social Capital in America.〟, *Political Science and Politics* 28 (4), 1995, pp.664-83.

(8) Uphoff, N., "Understanding Social Capital : Learning from the Analysis and Experience of Participation." in *Social Capital: A Multifaceted Perspective*, edited by P. Dasgupta and I. Serageldin. Washington, DC: The World Bank, 1999.

(9) Lin, Nan, Cook Karen, and Burt Ronald S., *Social Capital: Theory and Research*. New York: Walter de Gruyter, Inc., 2001, p.6.

(10) Kelly, M. Patricia Fernandez, 〝Social and Cultural Capital in the Urban Ghetto: Implications for the Economic Sociology of Immigration.〟, *The Economic Sociology of Immigration: Essays on Networks, Ethnicity, and Entrepreneurship*, edited by Alejandro Portes. New York: Russell Sage Foundation, 1995, p.213, p.220, p.241.

(11) Kelly, M. Patricia Fernandez, *op. cit.*, p.241.

第四部　東日本震災におけるメディアの役割——台湾と日本の事例

三・一一東日本大震災をめぐる台湾メディアの役割と災害意識に関する省察

謝政諭・蔡韻竹（加治宏基 訳）

はじめに――最近十年の「自然災害」に関する省察

この一〇年の間に、世界各地で起きた人類の生存を脅かす大規模自然災害としてまず想起されるのは、一九九九年九月に台湾の南投県で発生した「九二一大地震」であるが、それは同地にとって世紀の災害だったと言えよう。その後間もない二〇〇一年には桃芝台風や納莉台風が、二〇〇四年にはインド洋大津波が、そして二〇〇八年には四川大地震が発生した。さらに、二〇〇九年に台湾を直撃した台風八号（Morakot）により八八カ所で水害が発生し、高雄県全域や屏東県東部で村落が流失・埋没した結果、台湾行政院の劉兆玄院長が辞任に追い込まれる事態となった。再三にわたる天災は、多分に人災という要素を含んでおり、人々が「天」もしくは「自然」といかに向き合うのかという重大な問いを投げかけた。しかしながら、近代化においては「天を征服すること」を当然のこととし、天はすべての物をもって民を養うことが自然の道理と理解される。他方で、ここ数年、地震や台風、津波、火山の噴火、地球温暖化、海面上昇、およびゲリラ豪雨といった大きな災害が断続的に起こっているが、フロイトは、人間が環境に適応するには二つの方法があると指摘した。一つは、自身が変化することで環境に適応する方法で、もう一つが、自身に適応するように環境を変えることである。近代化は後者を志向することで多くの成果を収めてきたが、それは必ず「環境難民」を伴うものだった。目下のところ人類は、環境に適応するために自身を変化させることが改めて迫られているが、気候（climate）変動（change）とそれがもたらす前代未聞の挑戦（challenge）にいかに対応すべきか、すなわち炭素削減と地球温暖化の抑制をどう実践するかという三Ｃ意識を養うことが、全世界にとって最も喫緊のアジェンダとなった。

一、自然災害の原因——資本主義政治と経済のロジックに関する省察

二〇〇年来の資本主義政治では、経済成長の追求に核心的価値が置かれ、この近代化成長モデルでは人が自然と地球の統治者とされる。近代社会の潮流とその起源については、ルネサンスや宗教改革、産業革命ならびに啓蒙運動などにより萌芽し、生産技術の進歩や「価値倫理」の転換をもたらした結果、人類の生活環境は飛躍的に進歩を遂げた。およそ一七〇年前にかのマルクス（K. Marx）は、（現代社会の主流としての）ブルジョアジーの登場により、人類がどれほどの偉業をなしうるのかが初めて証明されたと称賛している。また、近代社会では、エジプトのピラミッド、ローマ水道やゴシック教会をはるかに凌ぐ芸術的な奇跡を起こし、民族大移動や十字軍が色あせるような遠征に乗り出した（マルクス、エンゲルス、一九六五：四六九）。啓蒙運動後の技術革命により人類は、空前の進化を遂げた一方で、

そこでは哲学自体と価値倫理の逆転とズレが隠蔽された。科学主義や啓蒙運動が興隆して以来三〇〇年間に西欧哲学者のデカルト、ニュートンやダーウィンらが提唱した学説には、いくつか重要なポイントがある。一つは、存在論に関しては二元論的学説に基づいて、心と物、人と自然の関係を二項対立的に理解し、人の自然界からの独立性を強調する。二点目は、人と自然の法則および思索については、分析主義や直線的な思考をとる。三点目は、自然の事象は人から乖離した客観的なもので、人の意志に左右されないと主張する。西欧で培われた豊富な自然法哲学は、概して自然法論を追求してきたと言えよう（文潔華、二〇〇一）。よって、科学が発展するに伴い「自然を征服すること」が人類の統治意識や価値観となっていった。啓蒙運動以降、男／女、左／右、善／悪、有限／無限という西欧の二元論的思想は、あらゆる手段と権利を尽くして大自然を支配する思考方法ならびに行動パターンを形成していく。

一九六八年、一〇カ国から三〇名の学者（日本人の大来佐武郎も参加）がイタリアのデイ・リンチェイ（Dei Lincei）に集結し（その後ローマクラブを設立）、従前の知識と技術では対応しきれぬ環境破壊や規制・制度の老朽化、そして伝統的価値観への反発といった「人類の危機」について幅広い議論を展開した。また彼らは、一九七二年に出版した『成長の限界』（Meadows, etc. 一九七五）において、我われの文明発展モデルが限りある資源に依存している点を的確に指摘し、環境汚染などの負荷を低減すべく「世界システムの均衡状態」を提唱した。また「持続可能な発展」というディスコースは、一九八七年の開発と環境に関する世界委員会でも提起されたが、人類の開発路線が上述の教示を生かし是正されることはなかった。ただし、環境問題の解決を模索するなかで、多くの環境保全政策や制度、法令が制定され始めた。例えば、経済効率と法的公正に鑑みて、政策的に汚染物質の減少を奨励する経済的インセンティブ方式や受益者負担などが運用されつつある（OECD, 一九八九）。しかし筆者は、こうした方式も「近代化」理論の呪縛から逃れられてはおらず、環境問題を解決しえないと懸念している。

二、「グリーンな」政治経済時代の到来

いわゆるグリーン・ポリティクスやグリーン・エコノミーとは、自然や地球を征服すべき対象とみなす価値観でなく、人と生態系とが相互依存的な共同体であるとの認識に立ち成長を目指す政治経済のあり方である。環境学者のバーツラフ・シュミル（Vaclav Smil, 一九八九）は、環境意識の覚醒は、西欧での近代社会の三種の神器、すなわちルネサンス、宗教改革、そして産業革命に似た影響をもたらすだろうと述べた。しかし、近代社会で生成された環境危機は、人と自然との関係をめぐる誤解や失調に起因するもので、ポスト近代社会の環境倫理（Environmental Ethics）が何を捨て何を採るべきかが、今日の研究者らがおしなべて重視する点である。

この二百有余年の間、人類は文明、経済規模の拡大と大量消費を通じた、また化石燃料を主たるエネルギーとした発展モデルを形成してきた。また、発展経路（development pathway）に適した基盤として政治システム、文化的価値観、および世界観を築いてきたが、このような発展経路によって人による自然に対する専制関係は築かれ、地球環境は大きく傷つけられてきた。私たちはオルタナティブな道を策定せねばならず、それは、低炭素化と低汚染化という生態主義に根ざし、エネルギー自給力をより高めた自然と調和した共存可能な路線である。「第三の道」を提唱した英国人学者ギデンズ（Giddens）は、『気候変動の政治学』（二〇〇九）のなかで、もし私たちがこれまで同様に石油や天然ガス、石炭を使用し高度経済成長を求め続けるならば、地球の平均気温は二一〇〇年に六度上昇し、海面も二六から五〇センチメートル高くなると指摘した。

そこで、いかにして気候変動に対応すべきかについて、世界的に著名な学者らが各種方策を提起している。ポスト社会民主主義と協商民主の先駆的研究者であり環境政治研究のパイオニアでもあるドライゼク（Dryzek）は、著書

『地球の政治学』（一九九七）のなかで、生態学的近代化とは、環境が受容可能な範囲内で資本主義政治経済モデルを再構築するために、政府や企業、そして穏健なエコロジストと科学者らが手を携えた産物である、と指摘した。ポスト近代社会では、資本主義政治経済が志向する戦略とロジックを逆転せねばならず、それが実現すれば環境および生態学的な問題を解決しうる。ギデンズ（二〇〇九）も、公共政策と気候政策を連動させることで「政治的収束」（political convergence）が実現すれば、気候変動問題の解決に向けて大きな力学を形成でき、解決するインセンティブを高めることも可能であると説いた。例えば、人々の移動にかかるサービスの質を改善または補う政策により、個人の自動車購入や運転を減らせるだろう。さらに、「経済的収束」（economic convergence）についても、公共政策と気候政策を連動させることで実現可能である。例えば、省エネや低炭素化を奨励する政策によって環境負荷の高い産業に制約を課すという具合に、地方から国際社会に至るまで各レベルでの政策を「パッケージ」として一元的に策定することもできよう。オーストラリア人研究者のシェアーマン（David Shearman）とスミス（Joseph Smith）は、『気候変動問題と民主主義の失敗』（二〇〇七）において以下の諸点を指摘した。自由民主主義とその制度は、当初の利他的思想から強国特有のメカニズムへと変容してしまい、その強国はビジネスという侵略によって世界を支配した。しかし今日、生態学により提起される民主主義批判は、人類が直面する環境危機を基盤として発展してきた。あらゆる問題は温室効果ガスの排出に端を発するもので、かつては「黒い金」と称された石油もいまや「悪魔の排泄物」に過ぎない。よって、人々は安全で代替可能なエネルギーを探し出さねばならず、すべての生命体が相互依存のなかで生きていける生態系と命のネットワークを構築せねばならない。シカゴ大学政治学部のポズナー（E. A. Posner）とサンスティーン（C. R. Sunstein）両教授による報告書「気候変動と正義」は、「矯正的正義」に言及している。過去に誤った政策を採ったことがあるか、また目下のところ高度経済成長路線を推進しているかに関わらず、温室効果ガスの排出国は問題解決に向けてこれまで以上に有益な資源を提供することで「矯正的正義」を担保しうると、同書は提唱する。ただ、二〇一一年に発生した三重の災害を受けた日本の各界は、「生態学的近代化」、「政治的収束」、そして「矯正的正義」の諸問題についてどれほど真剣に省察しているのだろうか。

古代文明のなかには人と自然との調和のとれた関係から得られた経験と英知が内包されており、「前近代」の環境思想や態度は今日の環境論議にとっても重要な手本や参考になる。例えば仏教の経典にある欲望の解消や衆生平等、儒家思想の天人合一のほかに、「慈愛、全体論と環境倫理」を提唱するオーストラリア人学者ローレンス・E・ジョンソン（Lawrence E. Johnson）は、「全体論」、「宇宙道徳」といった環境哲学は今日の環境論議にも応用できると主張する（荘慶信、二〇〇二）。中国『易経』の生命観によれば、絶えることのない生命循環の観念は宇宙万物が共存共栄する証左であるが、一九九二年にブラジルで開催された地球サミットでも、ネイティブアメリカンの「自然」と調和したライフスタイルが展示されていた。生態学の父アルド・レオポルド（Aldo Leopold）は、「生態系を保全するとは人と大地の調和を持続すること」であり、すなわち専制的な近代化史観を修正し、「万物が傷つけ合うことなく共存し、互いに矛盾を孕むことのない」道理へと回帰することだと述べている。米国の詩人エマーソン（Emerson）も、一八三六年に森林伐採に対する抗議活動を始めるとともに、祖先が享有していた美しい体験と道徳に由来する自然との直接的なつながりを取り戻すべきだと主張した。エッセイストのソロー（Thoreau）が、マサチューセッツ州のウォールデン池の畔で二年間居住し『ウォールデン――森の生活』を著したことから、同地は環境保全運動発祥の地として多くの人に知られるようになった。同書に「最もお金を使わずに快楽を享受できるのが、最も豊かな人である」との一文があるように（Giddens, 二〇〇九）、私たちは、自然と生態系の調和のなかに生み出された生態学的英知を大切にせねばならない。

三、二〇一一年、日本の多重災害をめぐり台湾人が投影した「当事者意識」

二〇一一年の東日本大震災に際して台湾の民衆は、日本での複合的災害に対して前代未聞の巨額の義捐金を支援した。その社会心理的な要因を解明するには、(台湾の日本に対する)当事者意識を喚起した深層心理、ひいては歴史的ないし文化的淵源に関する討究が必要である。その当事者意識の投影には、大別すれば以下六つの要因があった。

(一) この百年の歴史のなかで生まれた台湾の対日コンプレックス

一八九五年から一九四五年に至る日本の台湾に対する植民地支配により、重層的な「愛憎」が生まれた。台湾大学の許介鱗教授は、『戦後台湾史記』(一九九八、巻一:一五~二〇)において以下のように述べている。日本が台湾に残した植民地支配の傷跡は、台湾での「皇民化」と「工業化」、そして「南進基地化」という三位一体政策とともに植えつけられた三層一体的なコンプレックスである。それは、台湾人が日本に対して投影する複雑に交錯した一心同体の感情を醸成するうえで効果的だった。

(二) 今日の政治家による台日間の情誼深厚

李登輝や陳水扁、そして馬英九は、所属党派に関わらず台湾と日本との友好関係を維持するための努力を惜しまない。よって当然のことながら、台湾と日本の友情はいっそう深まりつつある。

(三) 台湾と日本の企業間の関係において形成された利害共同体

この百年の間、食品産業や医療公衆衛生産業、自動車産業などでの日本から台湾への技術移転と協力を通じて、両者の関係は密接になってきた。そうであるがゆえに、日本の被災に関して台湾産業界は、ビジネスと感情の両面において特別な影響を受けた。

(四) 台湾と日本の地理的環境とエネルギー構造をめぐる類似性

今回、日本で発生した三・一一の複合災害に関していえば、台湾は海に囲まれた島という地理的環境と気候において類似するとともに、原子力発電所が抱えるリスクをも共有している。日本の被災は台湾にとっても同様の脅威を喚起するもので、当事者意識が生じたことは言うまでもない。

(五) 台湾と日本の密接な民間交流と連携

台湾と日本の間には、エンターテイメント、体育、公益団体や宗教団体などにより非常に綿密で長い歴史をもった交流が重ねられており、東日本大震災が発生した際には非常に多岐にわたる民間団体が、自発的かつ速やかに被災者支援を惜しまなかった。著者の関係する中華民国童軍総会、嘉義市童軍会、東呉大学、淡江大学、および台中龍族童軍は、寝袋やテントなどの支援物資のほか、各地の赤十字会に義捐金や人的支援を提供した。また、東呉大学茶道サークルも同様の支援活動を行っている。

（六）東アジアの政治経済情勢の変遷——台湾と日本の安全保障に関する連携促進

冷戦の前後を問わず数十年来の東アジア情勢についていえば、台湾、日本、韓国、北朝鮮、中国、そして米国により展開される政治経済の情勢と関係性は変化を遂げたものの、台湾と日本の関係は一貫して親密なものだった。

上述の六大要因が相互に作用した結果、台湾と日本の間には「災害」発生と同時に、一心同体という感情が醸成された。このことから、今般の日本の複合的災害にかかる台湾からの義捐金総額は、世界一多い二〇〇億円以上に達した。

五、東日本大震災をめぐり台湾メディアが果たした役割

本稿は、台湾メディアによる今般の災害関連報道には、台湾も震災（あるいは放射能の脅威）に晒されているといった「一心同体」的な当事者意識を喚起したとの特徴があったと考える。さらに、台湾と日本の間にある歴史的コンプレックス、民間交流や産業連携など上述した多重要因がシナジーを起こしたことで、台湾人は震災後の日本に対して高い関心を注ぎ、義捐金を惜しまなかった。他の重大災害と比較してこの震災が台湾人の広範な関心を集め、彼ら彼女らがあれほどの支援活動に駆り立てられたのはなぜか。本稿では伝播理論を引用しつつ、その要因を解析する。そしてこの因果関係について、東日本大震災をめぐって台湾メディアが採った報道集中とニュース選定の方法により、台湾人は自発的に多額の復興資金を提供したとの仮説を検証する。

（一）台湾メディアでの東日本大震災の取り上げ方

地震発生から一時間後、台湾では地震と津波のニュースが報じられた。最も広範なニュースを収録する検索システム「立法院新聞知識管理系統」によれば、台湾時間で当日の午後一時四六分の地震発生以降、台湾の主要メディアは半日足らずの間に一九四件もの関連ニュースを報じている。台湾東部沿海部の津波警報と行方不明者の安否を除く報道内容には、死傷者数などの被害状況、捜索活動の進捗、さらに工業原料のサプライチェーンなど、台湾への経済的影響が主題として含まれている。ただ、活字メディアにも、当日の報道で焦点とされた地震の規模や初期の死傷者情報が多いものの、後に世間の耳目を集める福島第一原発については触れられていない。

地震発生後に台湾東部の海岸は津波警戒区域に指定されたため、当該地域の各自治体、学校や公共交通機関は、津波到達予想時刻までに臨時休講や警察・消防人員の派遣や住民避難、公共交通機関の停止・運休のほか、津波警報関連の詳細情報を集中的に報道するなど、緊急対応措置を講じた。結局、台湾東部沿海部に津波が到達することはなく、人的・物的損失も出なかったが、大多数の台湾人が地震発生後の一時間以内に、日本で起きたマグニチュード九・〇の甚大な地震とそれに伴う大規模津波により、震源地を中心とする東北地域が壊滅的な被害を受けたことを認識した。ここ数年来に近隣各国で断続的に発生した重大災害と比較すると、台湾東部沿海部が津波警戒区域に指定され、また今回の地震に関する大量の情報が短時間のうちに報じられたことで、台湾人が持続的に高い関心を向ける結果となった。

まず、地震関連の報道量について考察する。台湾メディアが取り上げたニュース件数は多く、この地震に関するメディアと台湾社会の関心の高さがうかがえる。二〇一一年三月一一日から二〇一二年までの一年間に（検索対象時期：地震発生から一年プラス三日）、台湾の主要活字メディアは一万九四三八件もの記事を掲載している。二〇〇八年五月一二日に起きたマグニチュード八の四川大地震では六万九二二七名が死亡したが、同条件で検索したところ、台湾メディアは七五四三件しか報じておらず、また二〇〇四年一二月二六日にインド洋沿海の諸国家に数十万人規模の犠牲者をもたらしたインド洋大津波に関しては、一万六一五件と、東日本関連の報道件数に遠く及ばない。これは、台湾社会全体における東日本大震災に対する高い関心を改めて確認できる具体的事例である。

次に、台湾メディアによる報道内容について見ていく。総じていえば、地震関連情報は三つに分類できる。一つは震災とその事後的状況に関する報道で、二つ目は日本の事案を基に台湾の現状と課題を報じている。三点目は、台湾各種産業に対する正負両面の影響に関する予測・分析であった。

日本での地震に関して台湾メディアが関心を向けたのは、第一に地震とその後の被害、救護活動の状況であり、台湾からの旅行者、留学生など在日台湾人の安否について、さらに被災後の交通機関、電力システムの復旧状況などであった。例えば以下の記事を含む。「震災後　小規模集落で一万人以上が行方不明」（『中央社』、国外社会版、二〇一一年三月一二日）、「在日留学生に懸命に連絡」（『台湾時報』、第四版、二〇一一年三月一二日）、「日本　台湾からの緊急救援物資に期待」（『中央社』、国内政治、二〇一一年三月一三日）、「日本の大地震　仏光山で救援物資の輸送開始」（『中央社』、地方版、二〇一一年三月一三日）。そして地震から二日目以降、台湾メディアの関心は福島第一原発の事故へと向かい、以下のように報じられ始めた。「福島放射能の恐怖　原子炉内の圧力上昇」（『自由時報』、第四版、二〇一一年三月一二日）。特筆すべきは、台湾と日本の公式または非公式な深い交流に基づいて、多くの政財界の代表的人物が驚きと哀悼の意を表し日本を見舞った。中でも馬英九総統が周美青夫人とともに、震災から六日目に開催されたチャリティ企画で義捐金受付電話に自ら応じたことは、最も象徴的である（『台湾時報』、第六版、二〇一一年三月一七日）。また、ある匿名企業家は、福島原発を死守すべく事故現場に赴いた五〇名の方々の家族に五千万元を寄贈した（『中央社』、国内文教版、二〇一一年三月一八日）。野党民進党と台湾団結連盟も、党務主幹に対して一日分所得を寄付するとともに、率先して義捐金の募集を要請することで、被災者支援の意志を表明した（『自由時報』、第A〇八版、二〇一一年三月一五日）。これら政党および著名人の具体的な復興支援活動は、メディアによってリアルタイムで台湾全土に周知され、人々に一層深い感動を与えた。彼らの言動を通じて台湾の人々は、地震と津波による被災者が復興への道を歩むべく支援の手を必要としていることに共鳴した。

台湾も、一九九九年九月に甚大な損失を被った九二一大地震を経験しており、多くの台湾人にとって地震発生とその後の救援状況、収束から復興への過程は記憶に新しい。よって、台湾メディアの関心対象として二つ目に挙げるのは、「台湾に対する日本からの教訓」である。緊急事態への対応や社会秩序の維持、復旧活動などをめぐる政府と民間の経験について、台湾の九二一大地震と今回の地震を比較するのみならず、多くのメディアが、日本の震災状況に基づき、台湾に同様の事態が起きた場合にいかなる状況が想定されるか、また官民による現行の防災・準備体制に不備はないかという点に言及した。その内容として例えば以下の記事がある。「日本での地震が再発した時　いかに予防・補強すべきか」（『聯合報』、第A一三版、二〇一一年三月一二日）、「同レベルの地震が発生すれば全壊のおそれ？」（『自由時報』、第A一〇版、二〇一一年三月一二日）、「大規模災害への対応　日本の防災に台湾が学ぶ点」（『中央社』、国内政治版、二〇一一年三月一三日）、「日本の震災を手本に　国家科学委員会が津波資料館を設立」（『中央社』、国内政治版、二〇一一年三月一三日）。福島第一原発の問題が次第に注目されると、台湾メディアは以下のように台湾と日本における原発の事故対応能力を比較検討している。「隣接する山に活断層　台湾第一、第二原発が孕む深刻なリスク」（『民衆日報』、A〇二版、二〇一一年三月一三日）、「日本を鏡として　台湾原発の安全性を検査」（『中央社』、国内影劇、二〇一一年三月一四日）。これら報道では、著名な文化人の発言や専門家の論述を掲載しており、以降、台湾では反核の新たな思潮と言論が形成された。

三点目としては、産業構造の観点から三・一一後の原料需給状況を精査し、台湾産業への影響の有無や世界規模での経済・金融秩序への影響などを分析する内容である。例として、「震災後　RAMが大幅値上げ」(『中央社』、国内財経版、二〇一一年三月一四日)、「株価と為替が激震か?　国安基金は様子見」(『聯合報』、第A七版、二〇一一年三月一四日)がある。理論的にはすでに述べたとおり、台湾と日本の経済交流は成熟しており、IT産業や自動車産業に限らず多様な伝統的生産業についても不可分の「利害共同体」を形成している。台湾メディアによる報道において、もう一つの焦点となってしかるべきであろう。

(二) 台湾メディアの三・一一大震災報道に関する分析

地震発生からひと月ほどが経つと、メディアは各国からの支援金額を報じ始めた。『自由時報』によれば、「『毎日新聞』一八日付夕刊は、台湾人からの義捐金が一三日現在で累計四八億五三七四万元(約一三九億円)を超えたと報じており、人口二三〇〇万人なので、一人あたり平均金額は六〇〇円であると指摘した。また、人口四九〇〇万人の韓国は、四月中旬段階で四二億円(聯合通信社統計による)、米国は人口三億人で、三月末段階の義捐金額は九九億円に上ったと報じている。比較すると『台湾からの義捐金は突出しており、世界の耳目を集めた』」(『自由時報』、第A〇八版、二〇一一年四月一八日)。各種ルートを通じた台湾からの義捐金総額は、同年七月までにおよそ一九〇億円に達し、その大半が一般市民の自発的寄付によるものであった。地震や津波、そして放射能の脅威に晒される日本の被災者に対して台湾が、短期間にこれほどの金額の義捐金を拠出した要因は、日台の各界が一心同体であることに加え、台湾メディアによる震災報道の量と内容にあると考える。

伝播理論のひとつであるフレーミング理論(Framing Theory)とは、大衆メディアが特定の語彙や言葉、フレーズを用いてある経験や観点を強調することで、視聴者の脳裏にその事象と一定の評価を長期的に定着させうるというものである。新たな出来事が起こり、最新ニュースに関するフレームが形成される過程では、視聴者の心のなかに元々あるフレームもしくは認識要因が大いに作用する。つまり、その認識枠組みが、視聴者の最新ニュースに関する解釈や評価、判断ならびにその出来事に対する態度を決定する。これをいわゆる「フレーミング効果」(framing effect)と呼ぶ。注目すべき点は、往々にして最も印象深い記憶が作用するのであって、脳のすべての記憶が影響するのではない(陳憶寧、二〇〇三、六)。とりわけて強調したいことは、ニュースメディアがある出来事を伝える際に、特定の観点や評価の上に立った報道であるならば、視聴者へのフレーミング効果はより顕著となる。

また、蔡琰と臧国仁の論考によれば、台湾では報道メディアが重大災害事件などの「悲惨なニュース」を報じるうえでは、時間と紙面の制約を受けるため、より多くの視聴者や読者に関連する素材を整理、編集したうえで管理部署のチェックを経て、ようやく発行することができる。九一一、九二一などの被災情報に関する報道では、事件の悲惨さ、憐憫、惨さ、混乱、恐怖や無秩序という要素が、内容の精査を経ることで加味されて視聴者の脳裏にある経験値を喚起し、感情移入を促した結果、台湾全土での全社会的行動を形成するのに影響した(二〇〇三)。

フレーミング理論とニュースの報道内容が視聴者に感情移入を促したとの観点から、東日本大震災に対する台湾での集団的反応を理解、解釈することができよう。震災発生直後に台湾全土の人々に広く知覚させ、その後、メディアは長時間のうちに大量の情報を繰り返し報じ続けた。そして台湾の人々は、地震と津波による衝撃的な画像や紙面をつうじて、東北の被災者らや東京の状況を継続的にフォローし、彼ら彼女らがなす術もなくただ救援物資を待ちわびる表情を心に刻んだ。さらに福島原発が白煙を上げ爆発するシーンが、電子媒体や活字メディアの断続的報道をつうじて台湾市民の目前に広がったことも、多くの台湾人の心のなかで、地理的歴史的近似性や文化的経済的側面での共通点、そして台湾自身が経験した九二一大地震の苦痛に満ちた記憶など、台湾と日本をつなぐ各種認知要因を活性化させる契機となった。これに加えて、台湾メディアが三・一一大震災の関連情報を取捨選択した結果、一つが震災後の台湾による日本支援、次に台湾における地震、津波および原発事故への防災整備、最後に台湾の産業界への影響と、ニュース報道の半数近くは三つのフレームに集約された。また、計一万九四三八件のニュースのうち、日台関係に言及したものが八六七七件を占めた。要するに、台湾メディアによる日本の震災関連報道によって、台湾の人々の心のなかで台湾と日本が関連付けられた認知要因が形成されただけでなく、大量のニュースや情報が断続的に台湾の人々に届いたことで、そのフレーム形成と感情移入が促された。多くの視聴者は、地震のニュースに触れたのみならず、この震災をめぐって一心同体的な「当事者意識」と「同情」が共鳴し、巨額の義捐金という目に見えるかたちで台湾社会全体が期せずして行動を共にした。三・一一の震災前後に行われた調査の結果から、津波と原発事故に対する台湾社会の意識変化を間接的ながら検証しうる。台湾のTVBS民意調査中心が二〇一一年四月八日に公表した世論調査の結果では、およそ六割（五八パーセント）の人が徐々に脱原発を望むと回答している（資料：TVBS民意調査中心、二〇一一）。他方で、二〇〇九年にもこれに似た調査が行政院原子力エネルギー委員会により行われており、六一・二パーセントの人が台湾における原発運営の安全性に信頼を寄せている（出典：九八年度「民衆対核安全相関議題」民意調査総結報告）。

つまり、今回の日本での大地震に始まる一連の災害と事故に関して、台湾メディアが示した強い関心は、台湾社会のこの出来事に対する認識のあり方に影響した。多くの台湾人が、報道をつうじて地震やその後の関連情報を得たことで、ニュースメディアによる世論形成の過程でフレーミング効果と感情移入がもたらされた。彼ら彼女らは、大きく揺れる画面などの震災情報が溢れるメディアの洗礼を受け、自らの集団的記憶と経験をこの震災と事故に投影していった。そして、被災地への哀悼と日本を見舞う集団行動へと動いていったのである。

おわりに

この十数年の間に、日本と台湾はともに重大な天災を経験し、「自身が変化することで環境に適応する」か、もしくは「自身に適応するように環境を変える」ことで環境変化や気候変動といった自然の抵抗に対応を迫られている。こうした自然の抵抗に対して、世界の学者が解決の道を提起してきた。例えばシカゴ大学政治学部教授のポズナーとサンスティーン（Posner & Sunstein、二〇〇八）は、気候変動の正義という文脈から「矯正的正義」を提唱する。当該問題の解決には、各国が国際社会に対してこれまで以上に資源を提供せねばならない。台湾は二〇〇九年に台風八号（Morakot）が直撃し、日本も二〇一一年に三重災害を経験したことで、「生態学的近代化」、「政治的収束」や「矯正的正義」という問題に対する具体的行動を考える時がきた。

「日本のために祈ろう！」というスローガンは、東日本大震災を目の当たりにした台湾社会の共通した心情である。この心情は台湾と日本の多層的な関係性、すなわち地縁的、歴史的、政治経済的、そして文化的な交流をつうじた各集団の記憶に根差すもので、台湾のニュースメディアが報じた大量の関連情報に触発されるかたちで人々の間に広まった。今般の災害に関する台湾メディアの一連の報道については、台湾も震災（あるいは放射能の脅威）に直面しているといった「一心同体」的な当事者意識を喚起した点が特徴である。また、台湾の人々が事後情報にも高い関心を払ったことが、多額の義捐金が寄付された主たる要因であった。

本稿は、三・一一大震災をめぐる台湾メディアの報道量とその内容について分析を行った。その結果、報道量は極めて多く、近年来、周辺諸国で発生した重大災害に関する報道量を遥かに凌ぐことが確認された。次に、台湾メディアが震災報道において示した関心対象であるが、「震災とその事後的状況」、「日本の事案から台湾についての考察」、そして「台湾各種産業に対する正負両面の影響」という三点に大別される。また本稿は、伝播理論の一種であるフレーミング理論と報道内容が視聴者に与える感情移入の効果を引用し、今般の震災に対する台湾における社会的反応を解明した。台湾の人々は、地震と津波による衝撃的な画像や紙面、東北の被災者らや東京の状況を継続的にフォローし、彼ら彼女らがなす術もなくただ救援物資を待ちわびる表情を心に刻んだ。さらに、福島原発が白煙を上げ爆発するシーンが、電子媒体や活字メディアの断続的報道をつうじて台湾市民の目前に広がったことも、多くの台湾人の心のなかで、地理的歴史的近似性や文化的経済的側面での共通点、そして台湾自身が経験した九二一大地震の苦痛に満ちた記憶など、台湾と日本をつなぐ各種認知要素を活性化させる契機となった。メディア報道により、台湾の視聴者のフレーム形成と感情移入が促されたことで、今回の震災をめぐって一心同体的な「当事者意識」と「同情」が共鳴し、積極的な援助活動へと発展した。

つまり、今回の日本での大地震に始まる一連の災害と事故に関して、台湾メディアが示した強い関心は、台湾社会のこの出来事に対する認識のあり方に影響した。多くの台湾人が、報道をつうじて地震やその後の関連情報を得たことで、ニュースメディアによる世論形成の過程でフレーミング効果と感情移入がもたらされた。彼ら彼女らは、大きく揺れる画面などの震災情報が溢れるメディアの洗礼を受け、自らの集団的記憶と経験をこの震災と事故に投影していった。そして、被災地への哀悼と日本を見舞う集団行動へと動き出し、最終的には台湾自身も驚くべき義捐金の額に達したのである。

参考文献

文潔華、二〇〇一、「初探生態女性主義与儒教哲学中的自然観」、賴品超、李景雄編著、『宗教与中国社会研究叢書（二）－儒耶対話新里程』、香港中文大学崇基学院宗教与中国社会研究中心、一〇四－一二三頁。
馬克思、恩格斯著、馮世熹、唯真等訳、一九六五、「共産党宣言」、『馬克思恩格斯全集』第四冊、北京人民出版社、四六一－五〇四頁。

莊慶信、二〇〇二、『環境哲学——一個整合的進路』、五南。
許介鱗、一九九三、『戦後台湾史記』巻一、文英堂。
陳憶寧、二〇〇三、「当天然災難可能成為政治災難——策略框架效果再探」、『中華伝播学刊』、第三期、三－三五頁。
臧国仁、一九九八、「新聞報導与真実建構——新聞框架理論的観点」、『伝播研究集刊』、第三集、一－六〇頁。
蔡琰、臧国仁、二〇〇三、「由災難報導検討新聞美学的「感性認識」——兼談新聞研究向美学転向的幾個想法」、『新聞学研究』、第七四期、九五－一二〇頁。

Dryzek,John.1997,The Politics of the Earth. Oxford: Oxford University Press.
Giddens, Anthony. 2009,The Politics of Climate Change, MA. Cambridge: Polity.
Meadows, Donella H., Dennis L. Meadows, Jorgen Randers, and William W. Behrens III.1975,The Limits to Growth, London: Cavaye Place.
OECD,1989, Economic Instruments for Environment Protection, Paris.
Posner, & Sunstein 著，劉仁勝訳，二〇〇八，〈気候変遷的正義〉，曹栄湘主編，『全球大変暖——気候、経済、政治与倫理』，社会科学文献出版社，二六一－三三三頁。
Shearman, David& Joseph Wayne Smith, 2007, The Climate Change challenge and the Failure of Democracy, CT: Praeger Press.
Smil,Vaclav.1989,Our changing Environment, Current History, January ,1989, PP. 9-48.

三・一一震災報道にみる国際関係

——日本・中国・台湾の相関関係を中心に

楊　韜

はじめに

二〇一一年三月一一日一四時四六分、日本の東北地方太平洋沖でマグニチュード九・〇の大地震が発生し、それに伴って高さ最大四〇・五メートルの津波が発生した。そして、この地震と津波により引き起こされた原子力事故が、災害後の復興をいっそうとてつもなく困難なものにした。震災発生以降、日本と世界各国のメディアはおしなべて、この震災をめぐって長期にわたり多層的な報道を繰り広げた。三・一一震災の重大な影響、深刻さ、複雑さ、不明確性などの特異な性質は、市民の間に震災関連情報への強いニーズを生み出した。災害発生時のメディア報道と一般市民の情報の入手については、すでに多くの研究が行われている。そこで筆者は、それらとは異なる視座から、三・一一震災発生以降の日本メディアにおける「国際社会と震災支援」に関する報道について、初歩的な分析を試みる。とくに、台湾における関連報道の分析をとおして、日本、中国、台湾の三者間の複雑かつ微妙な相関関係を浮かび上がらせることが本稿の狙いである。三者間のこうした相関関係は、無論、その歴史的要因と不可分である。とりわけ台湾は、かつて五〇年日本に統治され、社会と日本との関係が密接であり、日本に対し特別な感情を抱いてもいる。三者の政治外交面の現状は、政府と民間の三・一一震災後の支援活動に多層性をもたらすと同時に、日本国内のメディア報道の方向性とスタンスに否が応でも影響を及ぼした。

ここでは、主に日本の新聞を分析対象として取り上げる。日本における代表的な全国紙である『朝日新聞』と『読売新聞』の二紙の関連報道について考察するほか、『産経新聞』と『河北新報』の二紙も精査する。『朝日新聞』と『読売新聞』に比べ、『産経新聞』は比較的右派だと言われており、中国や台湾についてのその報道スタンスは他紙とは異なっているからである。そして、『河北新報』は宮城県仙台市に総局を置く地方紙で、購読者層は主に宮城県を中心とする東北地方、すなわち三・一一震災の主な被災地域に分布している。そのため、やはり注目する必要がある。

一、災害メディア研究及び本稿の視座

メディア・コミュニケーション研究のテーマの一つである災害メディア研究には独自性があるが、政治コミュニケーション研究や広告研究と比べると、先行研究はさほど多いとは言えない。自然災害の多い日本では、災害は常に行政学、情報学の角度から分析と考察が行われてきた。早くには一九八六年、東京大学新聞研究所、すなわち現東京大学大学院情報学環境・学際情報学府出版の『災害と情報』(1)において、災害警報、救災/防災の情報システム、マス・メディアによる災害情報の提供、災害とデマなどの角度から、災害現象についての分析、考察が行なわれている。一方、阪神・淡路大震災のあった一九九五年以降の数年においては、比較的多くの関連研究の成果が上げられた(2)

表1

原文	訳文
The nature of news as an event account	出来事を報じるというニュースの本質
Timing of events and news cycles	出来事が発生したタイミングとニュースのサイクル
Reporting and transmitting resources available	報道に際して利用可能な資源
The operation of international news agencies	国際通信社の活動
News values	ニュース・バリュー
Geography, trade and diplomacy	地理、貿易、外交
Cultural affinity and language	文化的親近感と言語

出典：McQuail, Denis. McQuail's Mass Communication Theory, 5th edition. Lodon: Sage, 2005. pp.261-263.

が、基本的には『災害と情報』の考察の視点や分析方法の延長であった。二〇〇〇年代に入ると、インターネットなどのニュー・メディアの出現によって災害メディア研究に新たな考察の視座がもたらされ、研究対象ももはや活字メディアやテレビメディアに制限されることはなくなった。またそれに伴って、デジタルメディア時代を反映した研究(3)も行われるようになった。翻って、同じく自然災害の多発する台湾でも、災害メディア研究はやはり少なくない。とくに一九九九年、台湾中部などの地域で発生した九・二一大地震の影響は甚大で、ここでは一々取り上げないが、相当多くの研究成果が出された。

本稿では、以上のような先行研究の考察の視点は踏襲せず、国際関係の角度から三・一一震災に関連する報道を掘り下げる道筋を拓きたい。メディア研究者マクウェール（McQuail）は国際ニュースについて論じ、そのテーマの選択の方向性が影響を受ける要素には以下のようなものがあると指摘している（表1）。

無論、マクウェールの指摘するこれら数点で、国際ニュースのテーマの選択が影響を受けるあらゆる要素を網羅できるわけではない。ガンズ（Gans）やタックマン（Tuchman）らの研究(4)がすでに、メディア機関及びその関係者も、国際ニュースのテーマの選択に大きな影響を及ぼし得ると示している。だが、ここでは、マクウェールの提起した要素のうち表1の六番目と七番目――地理／貿易／外交、及び、それらと密接に関連する文化的親近感／言語に着目したい。つまり、ここで提起したい分析の視点は、三・一一震災以降の日本メディアにおける台湾をめぐる報道は、日本と台湾の多層的で複雑な関係を基盤にして成り立っているものだということである。その具体的な状況の詳細を、以下に述べていきたい。日本メディアの報道の分析に入る前に、まず、日本と台湾の関係、とくに一九七〇年代、日台外交の局面において大きな変化が訪れて以降、日本側はどのように台湾を見てきたか、また、どのような方法によって、どのようなルートを経て台湾との関係を保持してきたかという問題を、振り返って整理しておく。

二、一九七〇年代以降の日台関係

一九四九年一二月に内戦に敗れた国民党政府は台湾に移った。その後、日本と中華民国の関係が日台関係に重なるかたちとなった。すなわち、「台湾内部の台湾社会と日本との関係と、国民党を中心とする中華民国政府や外省人との関係という、日台／日華という二重関係が「日本と台湾の関係」として形成された」[5]。

一九七〇年代に入り、中国とアメリカが接近し始めた。一九七二年九月に日本と中国の外交関係が正式に結ばれ、台湾の中華民国政府は対日断交宣言を発表し、日本と台湾との間には、もはや正式な外交関係が存在しなくなった。その後、日本と台湾の間には政府間の対話はなくなったが、半官半民の性質を持つ交流と対話は存在した。こうした半官半民の対話は国家間のような正式な関係ではないが、完全に民間の領域の交流であるとみなすこともできない[6]。

日台間の定期航空路線など一九七〇年代半ばから後半に出現した問題を経験した後、日台関係は比較的安定した時期に入った。この間、日台間の経済貿易関係はさらに深まり、日本／中国／台湾の三者間には大きな動揺もなかった。

一九八〇年代後半から、台湾の民主化が徐々に実現し始めた。その後、日台間の政府トップレベルでの政治的接触が増え、李登輝という人物、そして彼と日本政界の密接な関係によって、日台関係はより複雑さを増した。

二〇〇〇年以降になると、台湾の政権交代に伴って「台海危機」が発生した。二〇〇八年に馬英九が総統に選出され、国民党が再び政権を奪回した。その後は、台湾と中国間の経済貿易関係が間断なく深まっていき、民間の行き来も増える一方となった。馬英九の総統選出に対し、日本は当初少なからず懸念と不安を抱いていた。無論、これは馬英九が尖閣諸島（中国名・釣魚島）問題について強硬な立場をとっていたことと関連しているが、二〇〇〇年以降の日台関係は比較的安定していたと見ることができる。

以上、第二次世界大戦終結後の日本と台湾の状況を振り返ってみたが、日台関係は一九七二年の国交断絶以降、起伏に富んでいるものの、基本的には良好な発展を遂げてきたことが見てとれる。それと同時に、台湾問題に対する日本の立場は一貫して変わることはなく、台湾独立を支持せず、「一つの中国」の立場を堅持している。そして、日本国内のメディアは台湾に関する報道に際し、こうした政府の姿勢に続き、従っている。メディア研究の角度から見ると、国内におけるニュース報道ではメディアは比較的自主性を持っており、さまざまな手法を使って政府内部にある暗黒の一面を明るみに出しさえする。だが、国際関係に話が及ぶと、自国とほかの国や地域が関係する場合は、政府への依存度が比較的高い。とりわけ、日本のように記者クラブ制度のある国は、メディアは政府の発表に大きく依存しなければ情報を得られない。したがって、国際関係を扱う報道において、メディアは国／政府の姿勢・動向に追随するあるいは制限を受けるという現象が比較的顕著である。こうした傾向は自ずと大なり小なり台湾関連の報道に反映される。以下において、三・一一震災以降の日本メディアの報道について、具体的に考察する。

表2

	掲載日	記事見出し
1	2011年4月 2日	台湾の寄付、100億円超す
2	2011年5月13日	台湾立法院長ら300人、北海道入り
3	2011年7月27日	台湾希望の旅、第一陣14人到着
4	2011年9月29日	台湾オペラ、福島を鼓舞

三、日本メディアにおける台湾関連報道

まず、一つの例から日本のメディアがどのように台湾による支援活動を報道したか見てみたい。『朝日新聞』は二〇一一年三月一八日から「世界から被災地へ、東日本大震災」というコラムを設け、国際社会の三・一一震災被災地域への支援活動を報じた。このコラムは二〇一二年一月まで続き、合わせて八九本の記事が掲載された。全記事をとおして、二〇以上の国や地域の人や出来事について触れられたが、そのうち台湾に関連するものは、表2のとおりである。

表2の一では、震災発生後から一か月経たないうちに台湾から一〇〇億円以上の寄付金が集まったと報じた。表2の二では、台湾立法院院長王金平率いる三〇〇人の代表団が北海道入りしたことを報じ、北海道は安全で秩序ある観光地であることを述べている。表2の三は、台湾が被災した日本人の台湾訪問を受けたという報道である。表2の四は、福島市内で台湾の伝統的なオペラ(歌仔戯)が上演され、地元住民を鼓舞した様子を描写したものである。これらの報道は、どれも多角的に台湾による被災者への支援活動について報道している。以下の節で、いくつかの側面から、日本メディアの報道の具体的な内容と存在する問題について見てみたい。

（一）支援募金と感謝広告

台湾の支援活動関連の報道において、もっとも目を引いたのは義援金についてのものである。震災発生以降、世界中が奮って日本の復興を支援し、続々と募金活動が呼びかけられた。台湾の義援金額がそのなかでもっとも多く、日本のメディアはこれを重ねて報道した。以下は『朝日新聞』の記事である。

〈世界から被災地へ〉台湾の義援金一四四億円集まる

東日本大震災を受けて台湾で集まった義援金の贈呈式が二一日、東京・六本木の財団法人交流協会であった。台湾外交部（外務省）によると、これまでに集まった義援金は官民合わせて一四四億円にのぼり、この日はその一部を日本赤十字社宛てに渡した。贈呈式のため訪日した台湾の王金平・立法院長（国会議長）は「（台湾での）地震や水害の際に日本が支援してくれたことを、我々は忘れていない。今回の被害を台湾の人々は自分のことのように受け止めた」と話した。（『朝日新聞』、二〇一一年四月二二日）

世界各国からの復興支援に対し、日本政府もその都度感謝を表明した。日本政府は震災の発生から一か月後、世界各国の主要な新聞に感謝広告を出し、管直人首相（当時）の各国からの支援に対する謝辞を掲載した。広告は「絆」という漢字をタイトルとし、さまざまな言語で各国に対し救援物資や死傷者の捜索活動、医療救助活動など各方面にわたる感謝を表していた。広告掲載の詳細についての『朝日新聞』の報道は以下のとおりである（資料1）。

世界の「絆」に感謝　首相、各国有力紙にメッセージ広告

資料1

朝日新聞

○トップ　ニュース　○スポーツ　○エンタメ　○ライフ　○ショッピング　○Astand　○トピックス

社会　ビジネス　政治　国際　文化　サイエンス　社説　コラム　天気　交通　動画　マイタウン　English

現在位置：asahi.com ＞ニュース＞特集＞菅政権＞記事

世界の「絆」に感謝　首相、各国有力紙にメッセージ広告

2011年4月12日7時0分　　ソーシャルブックマーク　印刷

英字新聞に掲載された菅直人首相の「絆」と題するメッセージ＝遠藤真梨撮影　拡大

日本政府は11日、東日本大震災から1カ月に合わせ、海外からの支援に謝意を表明する菅直人首相のメッセージを各国の有力紙に広告の形で掲載した。「絆」という漢字1文字の下に、救援物資、捜索活動、医療活動などへの謝意を各国語で表明している。

メッセージは菅直人首相の署名で「絆に感謝します」とのタイトル。「海外の皆さんの助けが私たちに希望をもたらし、勇気づけてくれた」と記している。福島第一原発の事故については「総力をあげて安定化への努力を続けています」と説明し、日本は「必ず再生し、復活し、より強くなります」と強調。「世界の皆さまから頂いた温かいご支援に対し、恩返しをいたします」と誓った。

外務省によると、この日掲載したのは国際英字紙インターナショナル・ヘラルド・トリビューン、米紙ウォールストリート・ジャーナル、英紙フィナンシャル・タイムズ、中国の人民日報、韓国の朝鮮日報、ロシアのコメルサント、フランスのフィガロで、広告費は計約3500万円。シンガポール、ベトナム、ミャンマーの新聞社からも要請があり、無料で掲載したという。（鶴岡正寛）

外務省によると、この日掲載したのは国際英字紙インターナショナル・ヘラルド・トリビューン、米紙ウォールストリート・ジャーナル、英紙フィナンシャル・タイムズ、中国の人民日報、韓国の朝鮮日報、ロシアのコメルサント、フランスのフィガロで、広告費は計約三五〇〇万円。シンガポール、ベトナム、ミャンマーの新聞社からも要請があり、無料で掲載したという。（『朝日新聞』、二〇一一年四月一二日）

台湾市民の温かい日本支援の理由についても、日本のメディアはある程度報じた。それは日本側の推論にすぎないものだが、日本人の台湾の援助を受け入れる心理状態を窺い知ることもできよう。『朝日新聞』の投書欄には、以下のような投書[7]もあった。

台湾の日本統治時代、八田與一という日本人によって台湾南部に巨大ダムが建設され、地元住民の暮らしが豊かになった。その功績は台湾の教科書に掲載され、台湾人に称えられた。この投書では、現在の台湾人の日本に対する積極的な支援は、過去の在台湾日本人による貢献と直接関連

していると述べられていた。

このほかに、元交流協会台北事務所の代表及び元外務省アジア局局長の立場で『朝日新聞』に自らの観点を発表した池田維もいる。(8) 彼は『朝日新聞』のコラム「私の視点」において、台湾からの多額の義援金は台湾人の二つの感情と関連があると指摘している。一つは、もちろん今日に至るまでの日本と台湾の歴史によって作られた、ある種の普遍的な親日感情、もう一つは、台湾の置かれている国際環境から生まれた台湾人の不安感情である。台湾は、日本、アメリカ、中国の三国が互いに牽制し合うことを必要としている。それによって、当面の現状維持ができるからである。現状維持は台湾海峡の安定につながる。台湾人は日本という牽制作用のある力点を失いたくない。したがって、日本国内の安定と復興は台湾に直接関わるのである。これは、外交の専門家から出された比較的的確な意見であると言える。

(二)「謝謝台湾計画」

しかしながら、日本政府の感謝広告はやはり日本の民間に不満感情を引き起こした。その理由は政府の台湾に対する態度にあった。二〇一一年五月三日、台湾の『自由時報』と『聯合報』にページの半分を占める大きな広告が出された。これは、日本のインターネットユーザーおよそ六〇〇〇人が、台湾による復興支援への感謝を表明するため、自発的に掲載した感謝広告である。広告には日本語で「ありがとう、台湾」、中国語で「您的愛心、非常感謝、我們是永遠的朋友」と書かれていた。この「謝謝台湾計画」について、『読売新聞』は以下のように報じた(資料2)。

義援金一六〇億円　台湾にも感謝広告を

日本政府は米国、中国、韓国などの大手七紙に震災支援感謝の有料広告を出したが、約一六〇億円もの義援金が集まった台湾は含まれていなかった。川崎市のフリーデザイナー、木坂麻衣子さん(三七)が簡易投稿サイト

資料２

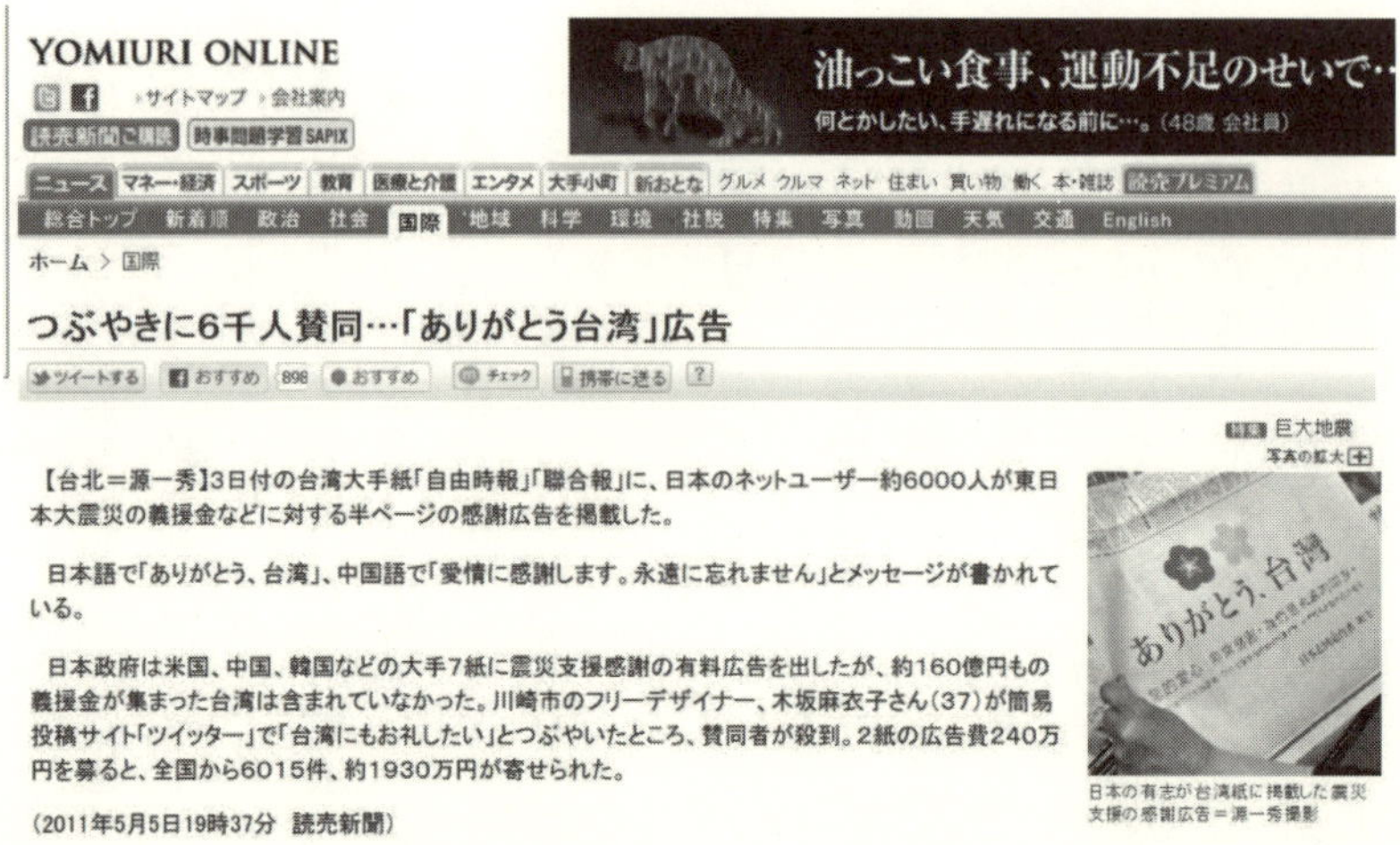

つぶやきに6千人賛同…「ありがとう台湾」広告

【台北＝源一秀】3日付の台湾大手紙「自由時報」「聯合報」に、日本のネットユーザー約6000人が東日本大震災の義援金などに対する半ページの感謝広告を掲載した。

日本語で「ありがとう、台湾」、中国語で「愛情に感謝します。永遠に忘れません」とメッセージが書かれている。

日本政府は米国、中国、韓国などの大手7紙に震災支援感謝の有料広告を出したが、約160億円もの義援金が集まった台湾は含まれていなかった。川崎市のフリーデザイナー、木坂麻衣子さん（37）が簡易投稿サイト「ツイッター」で「台湾にもお礼したい」とつぶやいたところ、賛同者が殺到。2紙の広告費240万円を募ると、全国から6015件、約1930万円が寄せられた。

（2011年5月5日19時37分　読売新聞）

日本の有志が台湾紙に掲載した震災支援の感謝広告＝源一秀撮影

「ツイッター」で「台湾にもお礼したい」とつぶやいたところ、賛同者が殺到。二紙の広告費二四〇万円を募ると、全国から六〇一五件、約一九三〇万円が寄せられた。木坂さんは「軽い気持ちだったのに、まさか実現するとは思わなかった」とビックリ。広告費以外は日本赤十字社に寄付するという。台湾行政院（内閣）の楊永明・新聞局長は「お礼を期待していたわけではないので、みんな感激している」と話した。
（『読売新聞』、二〇一一年五月四日）

この出来事について、埼玉県川越市の一七歳の高校生が『朝日新聞』に投稿し[9]、自身の意見を発表した。この高校生は、日本高校生台湾訪問研修団に参加し台湾を訪れたことがあるが、そのとき、日本と台湾の間にある歴史的背景は複雑だが、人々は自分の国のように日本を愛してくれていると感じたと述べている。また、最後の部分では、今回のことは日本政府の中国政府への配慮だろうと指摘し、支援をしてくれたすべての国々にお礼を言いたいと結んでいる。この投書は日本の若い世代の心の声を反映しているものと言えるだろう。

同じくインターネットユーザーが発動した活動に、もう一つ取り上げておくべきものがある。二〇一一年三月一一日に大地震と津波が発生したその数時間後、ある台湾のインターネットユーザーが掌に「日本の平安を祈ります」と書き、その写真をインターネット上にアップロードしたところ、二時間ほどのうちに一〇〇人を超えるユーザーからの反響があった。一二時間が経つ頃には、二〇〇人を超えるユーザーがそれぞれの写真をアップロードした。皆同じように掌に「日本の平安を祈ります」と書き、それぞれの日本への声援を表現していた。その後は、「日本の平安を祈ります」とペットの顔に書いたり直接自身の顔に書いたりして声援を表現した写真もアップロードされた。この動きは地方紙の『河北新報』が社説[10]で取り上げ、詳細を述べるとともに、国際社会の声援が復興の原動力となると報じた。

（三）東日本大震災一周年の報道

以上、海外からの支援に対する日本の民間の反応を鑑み、日本政府はほかの方法とルートでも台湾に感謝を表明した。とくに、二〇一二年三月の東日本大震災一周年追悼式の前後には、交流協会をとおして台湾に謝意を表した。『読売新聞』は当時の状況を以下のように描写している。

> 巨額義援金の台湾へ感謝の言葉…交流協会がＣＭ
> 東日本大震災で巨額の義援金を寄せた台湾では一一日、日本側の交流窓口機関である交流協会が、感謝を示すＣＭを主要テレビで放映した。ＣＭには実際に被災した親子、漁師、中学生らが登場し、震災に負けず元気に暮らしている姿を見せるとともに、台湾への感謝の言葉を述べている。ＣＭ放映は一七日まで。交流協会は、一一日の台湾主要各紙一面にも感謝の広告を掲載した。（『読売新聞』二〇一二年三月一二日）

資料3

msn 産経ニュース　ニュース検索　bing

トップ　速報　事件　政治　経済　国際　スポーツ　エンタメ　ライフ　科学　地方

政局　政策　地方行政　選挙　トピックス　写真　ランキング

「あなたのお家、今いくら？」60秒入力«オンライン無料査定» [PR]

政治

ブログに書く　引用ブログ（35件）　ツイート 1,797　いいね！ 659

追悼式で台湾冷遇、指名献花から除外　首相が陳謝

2012.3.12 21:03　[野田首相]

政府が１１日に主催した東日本大震災の一周年追悼式典で、台湾代表として出席した台北駐日経済文化代表処の羅坤燦（らこんさん）副代表が指名献花から外されるなど冷遇されたことが分かった。１２日の参院予算委員会で世耕弘成氏（自民）が明らかにした。

野田佳彦首相は「台湾の皆さまに温かい支援をいただいた。その気持ちを傷つけるようなことがあったら本当に申し訳ない。深く反省したい」と陳謝した。藤村修官房長官は「十分にマネジメントできていなかったことについてはおわびしたい」と述べた。

世耕氏によると、政府は約１６０の国と国際機関の代表に会場１階に来賓席を用意したが、羅氏は「民間機関代表」と位置付け、２階の企業関係者などの一般席に案内。指名献花からも外し、羅氏は一般参加者と献花したという。

世耕氏は「台湾の友情に応えるべきではないか。一人の日本人として台湾の皆さまにおわびしたい」と政府の対応を強く批判した。

台湾は、大震災の際、世界最大規模の約２００億円の義援金を寄せた。政府は昭和４７年の日中国交正常化後、台湾を国として承認していないが、代表処は事実上の大使館にあたる。

（四）その他の報道

だが、この一連の感謝キャンペーンが交流協会で行われた同じとき、東京で催された東日本大震災一周年追悼式では、また一波乱あった。台北駐日経済文化代表処の羅坤燦副代表が台湾代表として追悼式に出席した際、二階の一般席に座るよう案内されただけでなく、「指名献花」の一覧からも外されていた。結局、羅坤燦は一般参加者として一般市民とともに献花した。原因は「指名献花」の際の来場者へ向けた「指名献花者」の国名のアナウンスである。日本と台湾は一九七二年に国交を断絶している。この件に関する日本のメディアの言及は、極めて少なかった。（資料3）

日本メディアが台湾関連を扱う報道に際しては、ある大きな原則があるが、それは日台間に存在しない正式な外交関係という問題の回避だろう。したがって、そうなると自ずと台湾の派

表3

国・地域	物資の内容
アメリカ	寝袋、石油ストーブなど計2000トン以上
中国	テント900張り、毛布2000枚など
台湾	発電機590台、ストーブ900台など
モンゴル	防寒着約800着など
タイ	缶詰約2.8万個、懐中電灯約330個など
キルギス	ミネラルウォーター約2.5トン
フランス	医薬品5トン、消毒用アルコール12トンなど
韓国	即席ラーメン約13万袋、長靴4000足など
ロシア	ミネラルウォーター約3.6トン
フィリピン	防じんマスク5000枚など
パキスタン	牛乳パック9トンなど
イスラエル	携帯トイレ150個、コート1万着など

出典：『読売新聞』2011年4月5日

遣した駐日代表者をニュースの焦点とすることは不可能になる。また同時に、台湾政府あるいは台湾の政治家の発言には、慎重な態度をとり、できる限り報道を控えてしまう。台湾とほかの国や地域の名称を同時に扱う際においても、比較的慎重となる。しかしながら、若干の例外もある。海外から派遣・発送された救援隊及び救援物資についての報道では、台湾はほかの国や地域とともに名前を挙げられた。一つの例を見てみよう。二〇一一年四月五日の『読売新聞』は、一覧表で海外からの救援の内容を報じた（表3）。

表3から、救援物資についての報道では、台湾と中国が併記されていることがわかる。この報道の具体的な記述の対象は、イスラエルとインドの救援隊だった。だが、その翌日、同じく『読売新聞』の世界各国の元首が日本の震災に言及した発言の一覧表には、台湾総統の名前はなかった（表4）。三・一一震災発生以降の国際的な救援活動の報道においては、筆者が調査した資料を見るかぎり、台湾と中国の特殊な関係が引き起こした問題は扱われていなかった。だが、救援活動によって引き起こされた国際関係上の問題は、往々にして一部のメディアによって煽られやすい。そのうえ、メディアの操作によってさらに政

表4

アメリカ	オバマ大統領
	クリントン国務長官
ロシア	プーチン首相
英国	キャメロン首相
フランス	サルコジ大統領
ドイツ	メルケル首相
中国	胡錦濤国家主席
韓国	李明博大統領
インド	シン首相
イスラエル	ネタニヤフ首相

出典：『読売新聞』2011年4月6日

治化あるいは事件化しやすい。肖小穂のケース・スタディ(11)が説得力あるその事例である。これは軽視できない一側面でもある。

事実、三・一一震災以降の台湾関連の報道は全面的であったとは言えない。例としては、二〇一一年四月、台湾中天電視台の番組で、お笑いタレントが日本の天皇皇后両陛下の被災者慰問の様子をパロディにしたコントが放映された。番組の意図は日本の天皇皇后両陛下と民間の近さを表現することだったが、その内容は視聴者に不快感を与えた。放送後、番組は日本と台湾のインターネットユーザーから強く非難された。これを受けて、中天電視台は速やかに対応し、公開陳謝した。だが、この件についての日本メディアによる報道はごくわずかだった。(資料4)

おわりに

以上、三・一一震災以降の台湾をめぐるいくつかの報道をとおして、日本メディアにおける「国際社会と震災支援」報道について、初歩的な分析を行った。無論、こうした台湾を取り巻く報道の背後には中国に対するデリケートな側面がある。まさに日中・日台・中台の相関関係の複雑さであり、それが日本メディアに、三・一一震災以降、台湾関連の報道に際し微

資料４

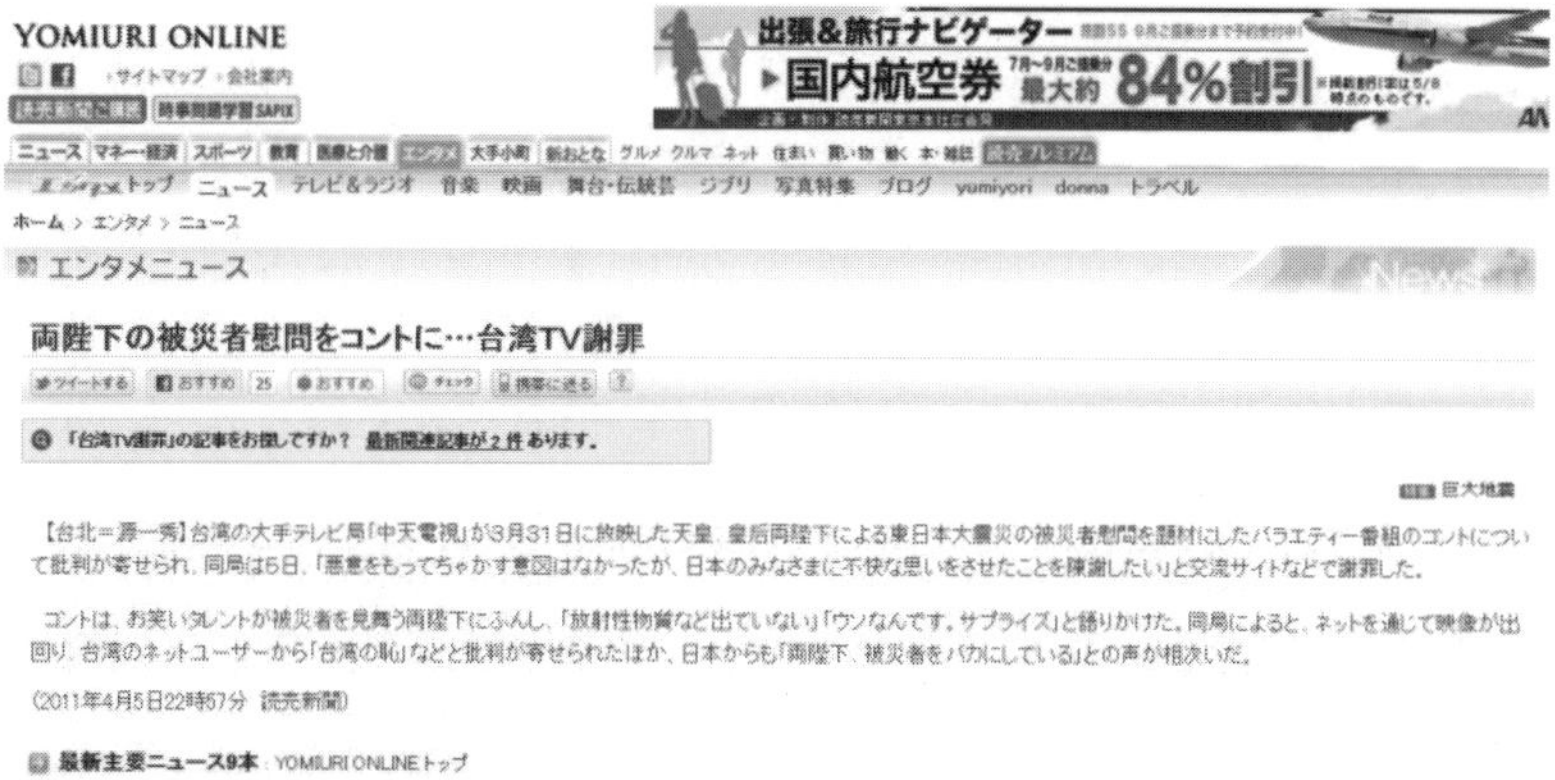

YOMIURI ONLINE

ホーム ＞ エンタメ ＞ ニュース

エンタメニュース

両陛下の被災者慰問をコントに…台湾TV謝罪

「台湾TV謝罪」の記事をお探しですか？ 最新関連記事が２件あります。

巨大地震

【台北＝源一秀】台湾の大手テレビ局「中天電視」が3月31日に放映した天皇、皇后両陛下による東日本大震災の被災者慰問を題材にしたバラエティー番組のコントについて批判が寄せられ、同局は5日、「悪意をもってちゃかす意図はなかったが、日本のみなさまに不快な思いをさせたことを陳謝したい」と交流サイトなどで謝罪した。

コントは、お笑いタレントが被災者を見舞う両陛下にふんし、「放射性物質など出ていない」「ウソなんです。サプライズ」と語りかけた。同局によると、ネットを通じて映像が出回り、台湾のネットユーザーから「台湾の恥」などと批判が寄せられたほか、日本からも「両陛下、被災者をバカにしている」との声が相次いだ。

（2011年4月5日22時57分 読売新聞）

最新主要ニュース9本 : YOMIURI ONLINEトップ

妙な態度を取らせてきた。国際関係学研究者ミラー（Miller）は、その著作[12]のなかでメディアの外交政策への影響のプロセスについて分析し、メディアが国際政策の制定や実施に対しさまざまな影響力を持つことを考察している。しかしながら、彼の分析対象は主に一九九〇年代のイラク戦争を取り巻く欧米の国々である。本稿において着目したのは、日本、中国、台湾という東アジアという一つの地域に位置する三つの対象であり、この三者間の関係を検討するにあたっては、清朝末以来の歴史に遡らねばならない。以上の分析から見えてきたような多層的なメディア報道の状況の背後には、三者間の複雑な関係があった。この点から見るに、メディアは外交政策に対する影響力であるというよりは、メディアの行動は基本的に政府の外交政策に属していると言える。

また同時に、こうした経過のなかでのインターネットメディアの影響も見て取ることができた。日本政府が各国の有力紙に掲載した感謝広告には、台湾は含まれていなかったが、この件に対する不満感情は、インターネットユーザーによる民間の「謝謝台湾計画」を立ち上げさせた。こうした現象が考慮され、二〇一二年三月の東日本大震災一周年の際、日本政府はさまざまな方法とルートで台湾への感謝を表明した。この一連の経過において、国際関係だけでなく、日本国内の政府と民間の温度差、政府を動かす世論の力もある程度垣間見えたのである。

【注】

(1)東京大学新聞研究所編『災害と情報』(東京大学出版会、一九八六)。

(2)FCT市民のテレビの会編『テレビと阪神大震災』(FCT市民のテレビの会、一九九五)、ニューズワーク阪神大震災取材チーム著『流言兵庫――阪神大震災で乱れ飛んだ噂の検証』(碩文社、一九九五)、小城英子著『阪神大震災とマスコミ報道の功罪――記者たちの見た大震災』(明石書店、一九九七)。

(3)平塚千尋著『災害情報とメディア』(リベルタ出版、二〇〇〇)、同新版(リベルタ出版、二〇一二)。遠藤薫編著『大震災後の社会学』(講談社、二〇一一)。

(4)Gans, H.J. Deciding What's News: A Study of CBS Evening News, NBC Nightly News, Newsweek and Time. Random House, 1979. Tuchman, Gaye. Making News. Free Press, 1980.

(5)川島真「日華・日台二重関係の形成――一九四五－四九年」川島真ほか著『日台関係史1945-2008』(東京大学出版会、二〇〇九)、一三－一四頁。

(6)清水麗『戦後日中台関係とその政治力学――台湾をめぐる国際関係』(筑波大学大学院国際政治経済学研究所博士論文、二〇〇一)、四四－四五頁。

(7)谷本晃子「台湾の支援、先人が築いた絆」、『朝日新聞』二〇一一年一二月一一日。

(8)池田維「台湾の義援金　心と絆と地域の均衡維持」、『朝日新聞』二〇一一年八月一日。

(9)長谷川楓「若い世代　支援国に分け隔てなく感謝を」、『朝日新聞』二〇一一年五月七日。

(10)「社説　祈り、称賛を誇りに変えて」、『河北新報』二〇一一年三月二一日。

(11)肖小穂、《好心没好報?:由地震救援行動引発的跨社群面子論争》、《新聞学研究》第七三期、二〇〇二年、九五－一三〇頁。

(12)Miller, Derek. *Media Pressure on Foreign Policy*. New York: Palgrave Macmillan, 2007.

あとがき

愛知大学国際問題研究所にとって、本書のもとになった国際シンポジウムのように台湾の大学との共催による二日間にわたる大規模な実施は初めての経験であった。国際シンポジウムの開催のために、愛知大学と学術協定を結んでいる東呉大学の人文社会学院政治学系の謝政諭教授が事前に来日され、東海地区の中国現代史研究者と学術交流をするとともに、国際シンポジウムの打ち合わせを行った。打ち合わせ自体は、互いに面識があるせいか大変スムースに行われた。そして台湾側の参加者の招請は東呉大学にお任せするとともに、日本側の報告者、司会者、コメンテーターは愛知大学側で招請することになった。その後、日本の台湾・中国研究者に連絡し、報告者、コメンテーター、司会をお願いしたところ皆さん快く引き受けていただいた。会議自体は二日間にわたって計一三〇名の参加者があり、成功裏に終了した。

その後会議の論文集を発行することになり、すでに中央研究院台湾史研究所と愛知大学東亜同文書院大学記念センターと東方書店との提携出版『近代台湾の経済社会の変遷――日本とのかかわりをめぐって』を出版した(株)東方書店から、愛知大学国際問題研究所と東呉大学と東方書店の提携出版として本書を出すことを引き受けていただいた。会議の開催から本書の出版まで序文にも記した謝政諭教授をはじめとする東呉大学の先生方、ならびに愛知大学現代中国学部の黄英哲教授に大変お世話になった。編集にあたっては(株)東方書店の川崎道雄氏に大変お世話になった。その他お忙しい中、本書の各論文を執筆していただいた台湾、中国、日本の方々、翻訳をしていただいた方々に感謝したい。また会議の開催から本書の出版まで多大の助力をしていただいた愛知大学国際問題研究所の加藤智子職員と田中知里職員にもお世話になった。以上の方々に感謝の意を表したい。

二〇一四年三月

愛知大学国際問題研究所所長、現代中国学部教授
馬場毅

か

き

く

索引

執筆者一覧

編　者

馬場毅（ばば　たけし）

早稲田大学博士（文学）、現愛知大学東亜同文書院大学記念センター長、国際問題研究所所長、現代中国学部教授。中国近現代史、日中戦争史、中国秘密結社史、中国水利史。

共著『中国八路軍、新四軍史』東京：河出書房新社、1989年。単著『近代中国華北民衆と紅槍会』東京：汲古書院、2001年。共編『改革・変革と中国文化、社会、民族』東京：日本評論社、2008年。共編『文化、民主与両岸関係的東亜観点』台北：松慧文化、2012年。編著『近代台湾の経済社会の変遷――日本とのかかわりをめぐって』東京：東方書店、2013年。

謝政諭（Hsieh,Chen-yu）

1955年生まれ、台湾・国立政治大学法学博士、アメリカ・プリンストン大学客員研究員、香港中文大学客員研究員、台湾中央研究院欧米研究所客員研究員、現台湾・東呉大学政治学科教授兼人文社会学院長。比較憲法、中国政治思想、両岸関係及び東アジア文化専攻。

主著:『文化、国家与認同:打造両岸民族新肚臍』台北:幼獅文化出版、2007年。「台湾における『ナショナル・アイデンティティ』の変動（1991-2000）」『中国21』24号、愛知大学現代中国学会、2006年。「百年来中華民国国会体制及其後設理念之探討」『中華民国発展史，政治与法制（上）』、台北:聯経出版公司、国立政治大学出版、2011年。

執筆者　※掲載順

趙永茂（Chao, Yung-mau）	台湾大学政治学系教授兼中国政治学会理事長
河辺一郎（かわべ　いちろう）	愛知大学現代中国学部教授
黄秀端（Hawang, Shiow-duan）	台湾・東呉大学政治学系教授兼系主任
楊鈞池（Yang, Chun-chih）	台湾・高雄大学政治法律学系副教授兼系主任
趙建民（Chao, Chien-min）	台湾・中国文化大学大陸問題研究所講座教授
呉志中（Wu, Chih-chung）	台湾・東呉大学政治学系副教授兼台湾フランス学会理事長
加々美光行（かがみ　みつゆき）	愛知大学現代中国学部教授
松本はる香（まつもと　はるか）	アジア経済研究所副主任研究員
加治宏基（かじ　ひろもと）	三重大学地域戦略センター研究員
呉介民（Wu, Jieh-min）	台湾・中央研究院社会学研究所副研究員
張家銘（Chang, Chia-ming）	台湾・東呉大学社会学系教授兼教務長
謝政諭（Hsien, Chen-yu）	台湾・東呉大学政治学系教授兼人文社会学院院長
蔡韻竹（Tsai, Yun-chu）	台湾・東呉大学政治学系助理教授
楊韜（Yang, Tao）	名古屋大学大学院国際言語文化研究科助教

翻訳者一覧　※掲載順

小嶋祐輔（こじま　ゆうすけ）	翻訳家
三好祥子（みよし　よしこ）	翻訳家
加藤紀子（かとう　のりこ）	中部大学第一高等学校非常勤講師
佃隆一郎（つくだ　りゅういちろう）	愛知大学東亜同文書院大学記念センター研究員、豊橋技術科学大学非常勤講師
大野太幹（おおの　たいかん）	国立公文書館アジア歴史資料センター研究員
広中一成（ひろなか　いっせい）	三重大学共通教育センター 非常勤講師
有田義弘（ありた　よしひろ）	愛知大学大学院中国研究科博士後期課程
加治宏基（かじ　ひろもと）	三重大学地域戦略センター研究員
野口武（のぐち　たける）	愛知大学大学院中国研究科博士後期課程

民主《みんしゅ》と両岸関係《りょうがんかんけい》についての東《ひがし》アジアの観点《かんてん》

二〇一四年三月三一日　初版第一刷発行

編　者●馬場毅・謝政諭
発行者●山田真史
発売所●株式会社東方書店
東京都千代田区神田神保町一―三　〒一〇一―〇〇五一
電話〇三―三二九四―一〇〇一
営業電話〇三―三九三七―〇三〇〇
組　版●株式会社シーフォース
装　幀●堀博
印刷・製本●大日本印刷株式会社

定価はカバーに表示してあります

Printed in Japan
ISBN978-4-497-21403-4　C3031
乱丁・落丁本はお取り替えいたします。
恐れ入りますが直接小社までお送りください。